노년기
목회돌봄과 상담

양병모 지음

초고령사회를 눈앞에 둔 한국 교회의 고령화

노년기 목회돌봄과 상담

양병모 지음

PASTORAL CARE

&

COUNSELING

FOR

THE ELDERLY

목차

머리말

　필자는 아주 어린 나이에 어머님을 여위었습니다. 그래서 새 어머님이 오시기 전까지 어린 유아 시절을 할머님 손에서 자랐고 할머님께서 돌아가시기 전 중학교 3학년까지 할머님과 같은 방을 쓰며 함께 지냈습니다. 더구나 손자라고는 본인 하나뿐이라 할머님의 사랑과 관심이 지극했던 것 같습니다. 그래서 그런지 어르신을 대하는 마음이나 태도가 또래 친구들보다 비교적 더 편안하고 자연스러웠던 것 같습니다.

　그래서 학교에 적을 두고 강의와 연구를 하기 시작했을 때부터 노인과 관련된 강의를 개설하였고 언젠가는 관련 도서를 출간하려고 마음먹었었습니다. 하지만 이런저런 사정으로 결국 은퇴를 눈앞에 둔 지금까지 노인 관련 연구들은 틈틈이 하였지만, 출간은 결국 하지 못했습니다. 그러다 얼마 전 같은 학문의 동역자인 김용민 박사가 필자의 노인 관련 연구들을 보여주며 은퇴 전 노인돌봄 관련 출간을 제안하였습니다. 이에 용기를 얻어 그간 출간을 염두에 두고 준비한 자료들과 노

인 관련 소논문들을 묶어 늘 마음 한편에 아쉬움으로 남아있던 노인돌봄 관련 책이 출판되게 되었습니다. 부족하지만 이 자료가 한국 사회의 고령화와 이보다 더 급속히 진행되고 있는 한국 교회의 고령화에 조그마한 도움이 될 수 있기를 기대해 봅니다.

끝으로 본 저술이 출판되기까지 물심양면으로 애쓰고 수고하신 동역자들인 김용민 교수, 이석곤 목사, 하주안 센터장, 그리고 장은호 전도사에게 다시 한번 깊이 감사드리며 이제까지 저의 교수 사역과 연구를 함께 하신 하나님께 감사와 영광을 올려 드립니다.

2023년 가을이 짙어가는 아름다운 하기동 교정을 바라보며
양병모

1장

고령화 사회와 노년기 목회돌봄

'고령화(Aging)'란 용어가 1956년 유엔(UN)에서 처음으로 채택된 이후 고령화는 세계적인 추세이며 예측 가능하며 준비 가능한 미래의 충격으로 인식되고 있다. 선진국형 인구구조라 할 수 있는 고령화는 저출산, 의학, 과학 기술의 발달, 생활환경의 개선, 소득 증가 등의 영향으로 더욱 가속화되고 있다.[1] 한국사회의 고령화는 21세기를 넘어오면서 더는 다른 나라의 얘기나 먼 미래의 문제가 아니라 곧 닥쳐올 임박한 문제이며 그 영향은 이미 사회 전반에 걸쳐 일어나고 있으며 앞으로 더욱 심각하게 다가올 것이다. 한국은 1999년 말을 기점으로 전체

---

1 박동석 외 2인, 「고령화 쇼크」 (서울: 굿인포메이션, 2003), 20.

인구수 대비 65세 이상의 노인인구가 차지하는 비율이 7%를 넘어서서 고령화 사회(Aging Society)에 진입하였고,[2] 통계청에 따르면 2025년 65세 이상 연령층이 총인구의 20% 이상을 차지하는 초고령사회에 진입할 것으로 예상된다. 2018년 고령사회에 들어선 후 불과 7년 만에 초고령사회에 진입하는 것으로 11년이 걸린 일본이나 15년이 걸린 미국보다 빠르게 진행되고 있다.[3] 그리고 2050년에는 노인인구가 전체인구의 38.2%를 차지해 세계 최고령국이 되는 것으로 분석되었다. 특히 앞으로 의료·요양 수요가 많은 중·고령 노인(75세) 이상 노인인구 비중이 큰 폭으로 증가할 것으로 예측되고 있다. 이러한 급속한 고령화는 기대수명 연장(2005년의 78.6세에서 2050년 86세)과 저출산으로 인한 것으로, 이러한 저출산 고령화 현상이 지속되어 2020년 5,183만 명을 변곡점으로 2021년 5,174만 명, 2022년 5,169만 명으로 점차 감소 추세다.[4]

고령화는 단순히 해당 노인에게만 영향을 미치는 것이 아니라 사회 전체 구성원들의 삶의 질과 안녕에 영향을 미치기 때문에 고령화는 21

---

2 조성남, 「에이지붐 시대」 (서울: 이화여자대학교출판부, 2004), 23; 박동석 외 2인, 「고령화 쇼크」, 19-20. 유엔이 정의한 바에 따르면 일반적으로 고령노인(65세 이상의 노인)이 전체 국민의 7% 이상이 되면 고령화 사회(Aging Society)라 하고, 14% 이상인 경우 고령사회(Aged Society), 그리고 20%가 넘으면 초고령사회라고 한다. 이 밖에 65세 이상의 노인인구가 전체 인구에서 차지하는 비중이 4% 미만인 국가를 유년 인구국, 4-7%인 국가를 성년인구국, 7% 이상인 국가를 노년 인구국이라고 구분하고 있다.

3 "초고령화 시대와 노인빈곤", 「충북일보」, [온라인 자료] https://www.inews365.com/news/article.html?no=782885, 2023년, 10월 11일 접속.

4 "한국의 총인구 5,169만 명, 2년 연속 줄어들었다", 「시사IN」 https://www.sisainco.kr/news/articleView.html?idxno=50856, 2023년 10월 11일 접속.

세기 인류가 준비해야 할 그리고 준비할 수 있는 미래이며 이에 실패할 경우 그 나라의 미래는 밝지 않다. 한국사회의 고령화는 교회에도 영향을 미치며 교회는 그에 대해 적절하고도 효과적으로 대처해야 한다. 본 저술은 시대 상황적으로 고령화에 처한 교회와 목회자가 효과적인 목회돌봄을 제공하는데 도움을 주고자 준비되었다. 한정된 지면에 고령화라는 거대한 주제를 담기에는 무리가 있어 좀 더 구체적인 방안들을 제시함에는 미흡하나 고령화 시대에서 교회가 노인들을 돌보는 일에 도움을 주는 일에 적으나마 도움이 되고자 노력하였다. 이를 위해 한국 고령화의 특성과 고령화의 영향 및 목회돌봄의 과제를 살펴본 후, 목회돌봄에 선행되어야 할 고령화 시대에서의 노인에 대한 전인적 이해를 바탕으로 하여, 교회에서 적용 가능한 고령화 시대에서의 노인의 목회돌봄에 관련된 제안들을 서론적으로 제시하고자 한다.

1. 고령화의 현실과 목회돌봄의 과제

고령화는 개인의 삶과 가족, 그리고 산업구조, 재정과 금융, 주택시장, 문화, 직업 환경 등 전체 사회에 큰 파장을 가져온다.[5] 또한 노인 세대를 둘러싼 사회 여건이 변화함에 따라 노인 자신들의 의식이나 생활의 여건과 가족관계 등도 변화하고 있다. 이러한 교회 환경을 둘러싼 고령화의 영향을 받는 개인과 사회의 여러 영역들을 이해하는 일은

---

5 조성남, 「에이지붐 시대」, 31-2.

교회의 목회돌봄에서 선행되어야 할 과제이다. 이를 위해 한국사회의 고령화 특성과 고령화에 영향을 받는 여러 영역들을 살펴본 후 이에 대응하는 목회돌봄의 과제를 제시한다.

1) 한국 사회 고령화의 특성

한국의 고령화는 급격한 사회적 변화 속에서 짧은 기간에 노인인구가 급증하고 있기 때문에 고령화에 따른 문제가 더욱 심각하게 나타나고 있다. 이러한 현상은 전후 베이비붐 세대가 노년기에 접어듦에 따라 더욱 가속화될 것이다. 이로 인해 교회를 둘러싼 오늘날의 한국사회 고령화에 따른 변화의 특성을 살펴보면 다음과 같다.

⑴ 빠른 노령화 속도 및 고령노인 증가

2001년 11월에 발표된 통계청의 장래인구추계에 의하면 65세 이상의 노인인구가 2030년에는 전체인구의 23.1% 2050년에는 33.4%에 이를 것으로 예측되고 있다. 이러한 우리 사회의 급격한 인구 고령화는 평균수명의 연장과 출산율의 감소가 그 근본 요인이다.[6] 이와 함께 노인인구의 빠른 증가와 함께 고령 노인의 증가가 또 다른 특징이다. 이는 한국전쟁 이후에 출생하여 현재 장년기에 속해 있는 베이비붐 세대(1955년~1963년생)가 한꺼번에 노년기에 접어드는 것이 가장 결정적인 요인이 되고 있다.[7]

---

6 권중돈, 「노인복지론」 (서울: 학지사, 2005), 24.

고령 노인의 증가는 장애 노인이나 거동 불편 노인이 늘어간다는 것을 의미하기에 앞으로 80세 이상의 고령 노인의 증가가 심각한 문제로 등장할 것이다. 특히 핵가족화와 남녀 평균수명의 차이로 인한 독거노인 가구, 그중에서도 독신 여성가구가 증가할 것이기 때문에 고령 노인들을 위한 건강 및 장기요양보호서비스의 사회적 준비가 필요하다.[8]

(2) 심화되는 노인인구 성비의 불균형과 지역별 차이

고령화는 한국사회에서 남녀 노인의 심각한 성비의 불균형을 초래하고 있다. 남녀 노인 간의 평균수명의 차이로 인하여 노인인구 구성에 있어서 여성 노인인구의 비율이 점점 증가하고 있으며 나이가 많을수록 이러한 현상은 더욱 심화된다. 여성 노인인구의 절대 수와 상대적 비율이 높으며 80세 이상의 고령인구에서는 여성 노인인구의 비율이 더욱 높아진다.

한국 사회의 급속한 고령화의 특징인 남녀 노인의 심각한 성비 불균형과 준비되지 않은 노년 부양비로 인한 사회 전체의 경제적 부담감이 높아지는 결과를 가져오고 있다. 따라서 우리나라 노인 문제는 여성노인 문제와 밀접한 관련성을 지닌다.[9]

성비 불균형의 심화와 함께 노인인구의 지역별 거주 분포의 차이를

---

7 「대전일보」, 2009년 1월 22일 23면; 2003년 고령자통계 (통계청 2003, 10), 권중돈, 「노인복지론」, 28에서 재인용.
8 Ibid., 25.
9 권중돈, 「노인복지론」, 28-9.

볼 때 일반적으로 절대적 노인인구의 60% 정도는 도시에 거주하고 있으나, 비율을 볼 때 농촌지역의 고령화 현상이 훨씬 빠르게 진행되고 있다.[10] 그러므로 농어촌 지역에 거주하는 노인들에 대해서는 도시중심의 접근방법이 아닌 농어촌 지역의 특성을 살린 노인 돌봄의 방안이 강구되어야 한다.

(3) 예상되는 노인인구의 질적 변화

현재 노인 계층은 주로 경제적으로 힘든 시기에 성장기를 보냈기에 적절한 공식교육을 받을 기회가 적어 문자를 해독할 수 없는 문맹 노인이 29% 정도를 차지하고 있으며 특히 여성 노인의 문맹률이 41%에 이른다. 하지만 앞으로 고학력 노인인구가 차지하는 비중이 더욱 높아질 것으로 예측되며, 이 세대는 또한 국민연금과 함께 개인연금으로 노년을 준비한 세대로서 경제력을 지닌 새로운 노인세대의 등장이 예견된다.

2) 고령화의 영향

(1) 개인에 미치는 영향

고령화 사회에서 오늘날 한국의 노인들이 겪는 가장 심각한 문제는 경제적인 빈곤으로 말미암은 고통이다. 한국에서 매년 생활보호대상

---

10 Ibid., 26-7.

자로 지정되는 사람들 중 60% 정도가 60대 이상의 노인들이다.[11] 이러한 노인 빈곤의 원인으로는 노화에 따르는 노동력의 상실, 복지제도의 미비, 노후 준비의 미흡, 가족부양 기능의 약화 등을 들 수 있다.[12]

고령화는 또한 노인 개인의 건강 및 의료보호 혜택에 영향을 미친다. 65세 이상 노인의 약 52%가 여러 가지 건강상의 문제로 인해 일상생활에 어려움을 겪는다.[13] 고령화로 인한 노동생산성의 약화로 경제성장률이 둔화하며 이로 인하여 국가재정수지가 심한 불균형을 나타내지만, 노인인구 증가에 따른 의료보장 확대에 따른 재정지출과 국민 부담이 늘어남으로 인해 노인 의료비에 직접적 영향을 주는 의료보험재정이 압박하게 된다.[14] 따라서 노인 개인이 부담하는 의료보호 비용이 증가하게 된다.

고령화는 또한 사회 구성원 개인이 이전보다 더 많은 경제적인 부담을 지게 만든다. 인구구조의 변화로 인해 14세 이하의 유년 인구에 대한 생산가능인구의 부양 부담은 줄어들고 있지만, 노인인구에 대한 부양 부담은 증가하게 된다. 15~64세의 생산가능인구가 부양해야 할 노인인구의 비율을 의미하는 노인부양비는 1960년 5.3%에서 2000년 10.1%, 2020년 2.3%, 그리고 2050년에는 62.5%로 증가할 것으로 예측된다. 이는 2000년에는 생산인구 10명이 1명의 노인을 부양하면 되

---

11 안동철, "한국교회 노인목회의 현주소", 「교회와 교육」 (2004년 여름): 57.
12 김한곤, 「인구노령화의 과제와 전망」 (경산: 영남대학교출판부, 2000), 9.
13 Ibid., 11.
14 박재간 외 8인, 「노인상담론」 (경기: 공동체, 2006), 32-3.

었지만, 2050년에는 생산인구 1.5명이 1명의 노인을 부양해야 하는 상황이 됨으로써 생산인구의 노인부양에 따르는 부담이 급격히 늘어날 것으로 예측된다.[15]

(2) 가족에 미치는 영향

사회복지 체제가 충분하지 않은 상황에서 급격하게 진행되고 있는 한국의 고령화는 가족의 삶의 구조와 관계유형에 직접적인 영향을 미치고 있다. 노인부양에 따른 경제적인 부담은 이전의 전통적인 조손관계나 확대가족의 가족문화를 유지하기 어렵게 만들고 있다. 노후를 제대로 준비하지 못한 현 노인세대들의 자식들에 대한 기대와 사회적 현실의 괴리는 세대 간의 갈등을 심화시키며 나아가서 부모 유기 및 방임, 학대 등의 문제를 일으키고 있다. 또한 고령화가 진행됨에 따라 이전에는 없었던 '매트릭스형' 가족형태가 생겨나고 있다.[16]

(3) 사회에 미치는 영향

고령화의 주된 요인은 계속된 저출산과 의학의 발달로 인한 평균수

---

15 권중돈, 「노인복지론」, 26-7.
16 박재간 외8인, 「노인상담론」, 25. 연소노인 세대들이 자녀들과는 별거하여 살지만 자신들의 부모 세대인 고령노인들의 간병이나 돌봄의 필요 때문에 함께 동거하는 주거형태가 증가하는 현상 및 배우자를 일찍 사별한 연소노인 혹은 중고령 노인들의 경우, 자매간 혹은 친구 간 합가하는 형태의 주거형태 혹은 노인들의 재혼가정으로 인한 새로운 가족이 생겨나는 것 등이 이에 속한다.

명의 증가이다.[17] 이러한 고령화로 인한 사회적 변화는 지대하다. 우선적으로 고령화는 노동시장의 변화와 경제성장에 부정적 영향을 미친다. 고령화는 생산이 가능한 연령층(15~64세)의 규모와 비중을 축소시키며 동시에 노동에 참여하고 있는 인구 중에서도 나이가 많은 고령자들이 차지하는 비중을 증가시켜 산업인력의 고령화를 가져오며 산업전반에 걸친 노동생산성을 감소시킨다.[18] 노동생산성의 감소는 수입의 감소를 가져오며 저축률을 떨어뜨리고 저축률의 감소는 산업생산을 위한 투자의 감소로 이어지고 결과적으로 경제성장의 둔화로 이어진다. 생산인구의 감소는 또한 노후생활을 위한 연금재정의 수급불균형을 초래하여 부족분을 국가재정으로 보충하나 이마저도 경제성장의 둔화로 충분하지 않게 되어 결국은 국가재정의 부족을 초래하고 나아가서 재정적자의 악순환을 초래한다.[19]

고령화는 산업구조와 부동산 시장의 변화를 가져온다. 고령화는 산업구조에서 노인층을 대상으로 한 주거, 요양시설, 재가복지서비스, 의료 및 복지용품, 금융, 보험, 여가 분야 등의 다양한 실버산업을 성

---

17 사미자, "노년의 심리", 「한국교회와 노인목회」, 대한예수교장로회 총회교육부 편 (서울: 한국장로교출판사, 1995), 59.

18 박동석 외 2인, 「고령화 쇼크」, 11-2, 32, 42-3, 산업인력의 고령화는 한국의 주력산업전반에 걸친 공통적 현상이다. 2000년 기준으로 전통 주력산업인 철강, 화학, 섬유, 조선업종에 종사하는 근로자의 평균연령은 37~39세로 나타났다. 이중 섬유, 화학 산업의 경우는 평균연령이 42세이며, 대표적인 조선업체인 현대중공업의 생산직 평균연령은 44.5세에 이른다.

19 김현진, "고령화 사회 늙어가는 대한민국", 「더불어 사는 사회」, 2008년 11월, 106-7; 박재간 외 8인, 「노인상담론」, 31; 조성남, 「에이지붐 시대」, 39.

장 산업으로 등장시키고 있다.[20] 또한 고령화는 부동산 시장에 변화를 가져온다. 서구의 경우 노인인구가 증가함으로 주택가격이 전반적으로 하락하고 주택에 대한 수요도 낮아질 것으로 예측되는 반면, 노인들이 주거하기에 알맞은 지역의 부동산 시장이 활성화될 것으로 보인다.[21] 하지만, 한국의 경우는 국토가 좁고 자녀와 별거하는 독거노인의 비율이 급격히 증가함에 따라 인구 고령화에도 불구하고 부동산 가격은 계속 상승할 가능성이 크고 노인복지시설과 같은 집단주거시설의 확대가 지속적으로 증가할 것으로 보인다.[22] 또한 부동산을 담보로 노후 생활비를 마련하는 역모기지제도 또한 활성화될 가능성이 있다. 이밖에 고령화로 인해 세대 간 갈등이 심화될 위험이 있으며, 노인 세대들의 정치적 영향력이 증가되며, 인구 고령화로 인해 여가 또는 레저활동의 주도계층 변화, 교육제도의 재편 등과 같은 변화가 나타날 수있다.[23]

---

20 박동석 외 2인, 「고령화 쇼크」, 250, 2000년에 16조 원이었던 65세 이상 연령층을 대상으로 한 실버산업시장이 2010년에는 37조 원으로 10년 사이에 약 2.3배가 넘는 규모로 성장할 것으로 예상된다.

21 Peter G. Peterson, 「노인들의 사회 그 불안한 미래」, 강연희 역 (서울: 에코리브르, 2002), 262-3.

22 「조선일보」, [온라인 자료] http://www.chosun.com, 2009년 1월 21일 접속; 박재간 외 8인, 「노인상담론」, 31.

23 조성남, 19, 31-2, 40, 2007년 대통령 선거에서 후보 중의 한 사람은 노인에 대한 적절하지 않은 표현으로 곤욕을 치러야 했으며 결국 낙선했다. 고령화시대의 노인들은 사회에서 새로운 정치적 경제적 압력집단으로 등장하여 사회변화에 영향을 미치고 있다.

3) 목회돌봄의 과제

이상에서 살펴본 개인과 사회에 지대하게 영향을 미치는 고령화 사회에서의 목회돌봄의 **첫 번째 과제**는 고령화와 고령화의 주체인 노인과 노인이 처한 상황에 대한 올바른 이해이다. 오늘날 교회가 노인들을 향한 적절한 목회돌봄을 제공하지 못하는 이유는 교회가 노인과 노인들이 처한 상황을 제대로 알고 있지 못하기 때문이며, 동시에 노인들의 필요와 욕구에 대한 잘못된 이해가 또한 노인들에 대한 적절한 돌봄을 방해하고 있기 때문이다. 노인들의 현실을 정확하고 올바르고 건강하게 이해할 때 고령화 사회에서의 목회돌봄의 사역은 올바른 방향을 지니게 된다.

고령화 사회에서의 목회돌봄의 **두 번째 과제**는 이전까지의 노인 세대에 대한 부정적인 고정관념의 변화이다. 노인들에 대한 편견과 세대 간의 가치관 차이가 노인들에 대한 교회의 목회돌봄을 방해한다. 즉 이제까지 노년을 의존적이고 상실과 쇠락한 의미로만 여겼으나 이제는 노년의 시기가 하나님의 창조섭리의 자연적 과정으로서 하나의 성숙과 성장 및 도전의 시기임을 새롭게 인식해야 한다. 그래서 앞으로의 노인 사역은 돌봄의 사역과 함께 자기 능력과 자기 존중감 계발의 사역이 동시에 필요하다. 노인을 대상으로 한 목회돌봄은 글자 그대로의 돌봄의 사역과 함께 노인의 자기 결정권과 자주성의 신장을 위한 사역도 필요하다.[24]

---

24 강용원, "노인사역을 위한 교회 교육적 대안", 「교회와 교육」 (2004 여름): 64.

목회돌봄의 **세 번째 과제**는 노인이 되는 것에 대한 두려움의 해소이
다. 노인들에 대한 교회의 관심을 방해하는 것은 일반 교인들이 무의
식적으로 갖는 노인이 되는 것에 대한 두려움이다. 노인들을 가까이
보게 되면 자신들이 두려워하는 미래의 자기 모습을 보게 되기에 회피
하며 무관심해지려고 노력하게 된다.[25] 하지만 인생은 태어나면서부터
죽을 때까지 전 생애를 통하여 성장한다. 노화는 삶의 자연적인 한 부
분이며 하나님의 무조건적인 사랑에 기초해 있다. 따라서 노인이 되는
것은 하나님의 사랑과 돌봄의 창조 질서 아래에서 자연스럽게 진행되
는 과정으로 이해하고 수용하는 자세가 필요하다. 이러한 자세가 바탕
이 될 때 비로소 세대 통합적인 유익을 주는 노인 사역이 가능하다.[26]

2. 목회돌봄을 위한 노인 이해

앞서 살펴본 바와 같이 고령화는 오늘날의 사회와 교회에 깊은 영향
을 끼치고 있다. 이러한 상황은 교회로 하여금 사회적 변화에 대응한
적절한 목회돌봄을 요구하고 있다. 이러한 목회돌봄의 바람직한 시작
은 이미 목회돌봄의 과제에서 언급했듯이 노인에 대해 올바르고 정확
한 이해에서 출발한다. 따라서 본장에서는 노년기 특성과 문제와 욕구

---

25 Robert M. Gray and David O. Moberg, *The Church and the Older Person* (Grand Rapids, MI:
    Wm. B. Eerdmans, 1977), 49-53.

26 Robert R. Carkhuff, The Art of Helping VII (Amberst, MA: Human Resource Development, 1993),
    230; John A. McConomy, "Ministry with the Aging", *Word & World*, vol. 2, no. 4 (Fall 1982):
    387.

등에 대하여 살펴봄으로 목회돌봄을 위한 준비에 도움을 주고자 한다.

1) 노년의 특성과 노인문제

미국 심리학자 스키너(B. F. Skinner)와 본(M. E. Vaughan)은 "만약 당신이 늙는다는 것이 어떠한가를 알고 싶다면, 당신의 안경에 두꺼운 먼지를 묻히고, 귀에는 두꺼운 솜을 막고, 신고 다니기에 너무 큰 신발을 신고, 장갑을 낀 채로 일상적인 하루를 지내보라"라고 말하였다.[27] 고령화에 적절한 교회의 목회돌봄을 위한 준비로는 노년의 특성을 이해하는 일 또한 필요하다. 그리고 이러한 이해는 노인을 전인적인 관점에서 바라볼 때 좀 더 효과적으로 수행될 수 있다.[28]

(1) 노년의 특성[29]

전인적이고도 학제적인 관점에서 살펴본 노년의 첫 번째 특성은 **계속성과 변화**이다. 노년기에도 발달적 변화와 성장이 계속된다. 삶의

---

27 B. F. Skinner and M. E. Vaughan, Enjoy *Old Age: A Program of Self Managemen,* (New York, NY: W. W. Norton & Co., 1983), 38.

28 Kimble, "Pastoral Care of the Elderly": 271.

29 국제노년학회에서는 노인의 특성을 환경변화에 적절히 적응할 수 있는 자체조직에서 결핍이 있는 사람, 자신을 통합하려는 능력이 감퇴되어 가는 시기에 있는 사람, 인체기관, 조직기능 등에 있어서 감퇴현상이 일어나는 시기에 있는 사람, 생활 자체의 적응이 정신적으로 결손 되어 가고 있는 사람, 그리고 인체의 조직 및 기능저장의 소모로 적응이 감퇴되어 가는 시기에 있는 사람 등의 다섯 가지를 제시하고 있다. *Report on the 2nd International Conference of Gerontology,* 1951: 5. 현외성 외 4인, 14, 이장호, 김영경, 3에서 재인용; 목원대 권중돈 교수의 정의, "노화의 과정 또는 그 결과로서 생리, 심리, 사회적 기능이 약화되어 자립적 생활능력과 환경에 대한 적응능력이 약화되고 있는 사람", 권중돈, 「노인복지론」, 17.

단계에서 노인에게 필요한 발달과제는 자아통합의 과제이다. 이러한 자아통합의 과제에는 삶의 의미 추구가 포함된다. 노인의 자아통합은 과거 및 현재의 인생을 바라던 대로 살았다고 받아들이고 의미 있게 생각하며 다가올 죽음을 인정하고 준비하는 태도로 나타난다.[30] 이 시기에 노인들은 현재의 자신을 있는 그대로 인정하고 수용하는 태도가 필요하다. 나아가서 노인으로서의 새로운 자신의 역할에 대한 적응 또한 발달과정에서 배워야 한다. 새로운 역할은 가정에서의 역할의 변화, 사회에서의 경제적 주도권의 변화, 교회와 속한 집단에서의 역할의 변화 등이 포함된다. 노인의 건강한 자기 역할 변화의 수용과 전환은 사회경제적인 상황, 건강, 그리고 자기 가치감 등이 갖추어졌을 때 어렵지 않게 수행된다.[31] 한국 상황에서의 노인의 발달·적응 과업은 세대 차와 사회변화의 이해, 은퇴 후 생활에 필요한 지식과 생활 습득, 건강증진을 위한 폭넓은 지식의 습득과 규칙적 운동, 자신에게 적합한 새로운 직업이나 일의 모색, 수입 감소에 적응하기, 죽음에 대한 심리적 재정적 준비와 배우자 사망 후의 생활 적응, 일과 책임의 순리적인 이양과 건강한 조손관계 정립 등이 있다.[32]

노년의 두 번째 특성은 **상실**이다. 노화의 과정을 사회학적인 관점에서 볼 때 일련의 상실의 과정이라 할 수 있다. 이러한 노화 과정에서 경험하는 상실은 먼저 신체적 측면에서의 상실을 들 수 있다. 프루이

---

30 이장호·김영경, 「노인상담」, 6.
31 사미자, "노년의 심리", 69-70.
32 이장호·김영경, 「노인상담」, 7-8.

저(Paul Pruyser)는 노화 과정의 복합적인 상실과 획득의 과정을 주목하면서 노화의 여러 특성에서 신체적인 특성을 종(鐘) 모양의 증가기와 쇠퇴기로 표현했다.[33] 신체적 노화와 관련하여 목회돌봄에서 관심을 가지는 두 가지 영역은 청각과 시각의 감퇴이다. 대부분 40대가 넘어서면서 청각과 시각의 문제를 겪게 되는데 70이 넘어서면서부터는 상당한 정도의 어려움을 겪게 된다. 따라서 이를 고려한 교회에서의 노인 사역이 필요하다.[34]

노화와 관련된 또 하나의 심각한 상실의 영역은 사회적 역할 상실이다. 사회적 역할에는 직업과 관련된 역할, 경제적인 역할, 가족에서의 역할, 속한 조직에서의 역할 등이 있다. 사회적 역할은 경제적으로 안정된 계층일수록, 전문적인 직종에 종사하는 사람일수록 사회적 역할 상실에 따른 위협의 영향을 적게 받는다.[35] 노인들의 사회적 역할 상실은 노인들의 정체성과 자기 가치감에 직접적 영향을 미친다. 직업을 포함한 사회적 역할을 권위와 권력 부와 생산성이란 관점에서 볼 경우 노화에 따르는 정체성의 상실은 심각할 수 있다. 하지만 사회적 역할을 사회를 위한 봉사와 성실과 정직 그리고 사랑과 같은 개인 성품의 계발이란 관점에서 볼 경우 노화에 따르는 정체성의 상실은 그렇게 심각하지 않을 수 있다.[36]

---

33 Paul Pruyser, "Aging: Downward, Upward or Forward?" in *Toward a Theology of Aging*, ed. Seward Hiltner (New York: Human Sciences Press, 1975), 102-18.

34 Arthur H. Becker, *Ministry with Older Persons* (Minneapolis, MN: Augsburg, 1986), 52-3.

35 Ibid., 55.

36 Ibid., 57.

노화에 따르는 정체성 상실은 노인의 영적인 영역에도 영향을 미친다. 사회적 역할의 상실로 인해 낮아진 자존감과 사회적 무관심, 그리고 냉대는 노인들의 자기 결정권이나 자기 의견 개진의 기회가 줄어들게 만든다. 그리고 이러한 자기 결정권의 약화나 박탈은 하나님의 형상을 닮은 존재로서 자신의 삶에 대한 책임을 진 온전한 영적 존재로서의 한 개인의 영적인 존엄성을 무시하게 되는 결과를 초래한다.[37] 이로 인해 노인이 되면서 신앙형태가 부정적이기 쉬우며 무조건 교리적 비판에 치우치거나 독선적이 되거나 변화를 거부하는 형식적 혹은 고답적인 신앙을 고수하는 고립적인 신앙 자세를 지니기 쉽다.[38] 이 밖에 노화의 과정에서 발견되는 노년의 특성으로는 성격적 특성을 들 수 있는데, 노인은 신체적, 경제적 능력의 쇠퇴로 말미암아 경제적, 신체적, 정서적, 사회적, 의존성이 증가하게 된다.[39]

(2) 노인들이 직면한 문제들

특성의 이해와 더불어 고령화 사회에서 노인들이 직면하고 있는 문제들과 그들의 욕구를 이해하는 일은 더 나은 목회돌봄에 필수 불가결한 과정이다. 노인 문제는 상실이라는 개념과 관련하여 겪는 사회생활의 여러 가지 곤란을 의미한다고 할 수 있다.[40]

---

37 Ibid., 62.
38 주선애, "교회노인교육과정", 「한국교회와 노인목회」 대한예수교장로회 총회교육부 편 (서울: 한국장로교출판사, 1995), 88.
39 이장호·김영경, 「노인상담」, 5.
40 고양곤, "한국사회의 노인문제와 노인복지의 근황", 「한국교회와 노인목회」 대한예수교장

현대사회의 노인 문제는 인구학적 요인에 따른 노인인구의 증가, 가족형태의 변화로 인한 핵가족화와 이에 따른 자녀의 부양의식 변화, 사회적 요인, 즉 소득감소, 고용구조의 변화, 보건 의료문제 주택문제 등이 개별적으로 혹은 복합적으로 작용함으로 인하여 발생한다.[41] 한국노인의 전화 통계를 분석한 결과에 따르면, 지난 15년간 급속한 변화를 겪는 한국 사회에서 노인들의 가장 많은 상담주제는 1994년부터 1997년까지는 취업 문제였다. 1998년부터 2000년까지는 시설 문의였으며, 2001년부터는 가족관계였다.[42]

이러한 사실은 사회변동에 따라 사람들의 의식구조가 가족주의와 집단주의에서 개인주의 합리주의로 변화되어 가면서 노인들 역시 자식에 대한 의존보다는 독립적인 삶을 추구하는 경향이 늘어났다는 사실을 보여주고 있다. 이로 인해 이전에 가족들이 담당했던 주거와 의료 및 생계 문제가 오늘날 노인들의 현실적인 문제로 다가왔으며, 이로 인한 노인부양의 문제는 가족 간에 긴장과 갈등을 가져와 노인을 둘러싼 가족 문제가 더욱 심각해지고 있으며 이와 관련된 노인들의 빈번한 자살문제 역시 사회적으로 심각한 상황이다.[43] 또한 노인들의 건강이 증진되고 평균수명이 늘어남으로 인해 이전에는 생각하지 못했던 외로움에 따른 노인의 이성 교제 및 성문제, 재혼 문제, 그리고 노

로회 총회교육부 편 (서울: 한국장로교출판사, 1995), 130.

41 Ibid.
42 이장호·김영경, 「노인상담」, 16.
43 Ibid., v. 한국의 노인자살률은 OECD 국가 중 최상위를 기록하고 있다.

인폭력과 범죄의 증가 문제가 부각되고 있다.[44]

이상에서 살펴본 바와 같이 고령화의 사회적 현실은 단순히 노인 세대만을 위한 문제해결이나 이해를 넘어서 미래사회의 예측과 현재의 젊은 세대가 당면한 시대적인 상황을 이해하는데 도움을 주고 있다. 하지만 이러한 고령화에 따른 노인 문제에 대한 사회과학적 혹은 정부의 정책적인 연구나 대안 제시는 많지만 교회의 목회돌봄의 차원에서의 논의나 제안은 그리 많지 않은 편이다. 따라 다음에서는 이러한 고령화 사회에서 교회가 관심을 가져야 할 목회돌봄의 유의점과 방향 및 내용 들을 살펴본다.

3. 목회돌봄을 위한 제안

고령화 사회에서의 목회돌봄은 그 주체인 노인에 대해 문제 중심으로 접근하기보다는 인간 발달과정의 자연스러운 하나의 과정으로 이해하고 접근하는 태도가 필요하다. 또한 노인을 사역의 대상인 동시에 사역의 주체로 인정하는 동역의 자세가 필요하다. 이러한 돌봄에서의 태도변화는 노인에 대한 올바른 이해를 가로막는 노화에 대해 잘못된 고정관념의 변화가 선행될 때 가능하다.[45] 본 장에서는 이제까지의 연구를 바탕으로 노년에 대한 고정관념의 변화를 포함한 고령화 시대를

---

44 Ibid., 17-8.
45 안동철, "한국교회 노인목회의 현주소": 61-2; Kimble, "Pastoral Care of the Elderly": 270.

위한 목회돌봄의 유의점, 기본 방향, 내용을 제시하고자 한다.

1) 목회돌봄의 유의점

고령화 사회에서 효과적인 교회의 목회돌봄을 위해서는 먼저, 기존의 노인에 대한 고정관념이 아닌 노인에 대한 성서적인 이해가 필요하다. 즉 노인을 수동적이고 의존적인 존재로 보며 무능력하고 가난한 존재로 인식하는 부정적인 편견과 고정관념을 버리고 노년을 하나님의 인생을 향한 성숙과 성장의 자연스러운 창조의 섭리 과정으로 인식하는 자세가 필요하다. 나아가서 노년은 하나님의 은총과 지혜와 존경의 대상으로 생산적인 존재로서 새롭게 이해될 수 있도록 해야 한다. 즉 노인으로 그리스도를 믿는 믿음 안에서 계속 예수 그리스도의 장성한 분량으로까지의 성숙을 추구하는 존재로 이해해야 한다.

둘째, 교회와 사역자들의 노인에 대한 전인적 이해를 바탕으로 한 노화의 독특성과 구체성에 대한 이해가 필요하다. 노인들의 노화를 획일적이고도 기계적으로 다루지 말고 개인적으로 독특한 과정을 밟는다는 사실을 기억하여 개인에 알맞은 돌봄을 베푸는 유연성과 세심함이 필요하다.[46] 연소노인의 경우는 은퇴 후의 새로운 의미 있는 사회 활동을 찾는 것이 중요하다. 중고령 노인의 경우는 자신의 죽음의 문제를 직면하기 시작하기에 과거의 죄책감과 미래에 다가올 죽음 준비의 문제를 다루어야 한다. 죄책감과 죽음을 어떻게 직면하고 수용하는

---

46 윤진, 「성인·노인 심리학」, 197.

가에 따라 삶의 자세가 달라진다.[47] 신앙이 있는 노인의 경우는 죽음에 대해 비교적 긍정적으로 반응한다. 대체로 현재 만족할만한 노후생활을 지내고 있는 노인의 경우 죽음에 대해서도 비교적 긍정적인 자세를 지니고 있다.[48] 고령 노인의 경우는 죽음 자체도 관심이지만 동시에 죽음에 동반하는 질병의 고통과 그로 인해 자신의 존엄을 잃어 가는 것에 대한 두려움을 도와주어야 한다.[49] 이러한 돌봄에 있어서 교회는 단순히 다른 교회의 프로그램을 가져오는 것이 아닌, 자기 교회와 지역 공동체 노인들의 필요를 구체적으로 파악하여 이에 적합한 돌봄의 사역을 개발하여야 한다. 끝으로, 이상에서 언급한 사안들과 함께 노인 사역 혹은 노인의 목회돌봄 사역을 단순히 교회 성장의 도구로 삼지 않도록 주의해야 한다.[50]

2) 목회돌봄의 방향

교회에서 노인을 돌보는 사역의 기본 방향을 다음과 같이 모색해 볼 수 있다. 첫째, 돌봄의 사역은 단순한 물질적 시설적인 차원의 지원을 넘어 노인 개개인에게 삶에서의 소망과 의미 그리고 신앙의 성숙을 가져오는 자기계발의 방향으로 나아가야 한다.[51] 현재 한국 교회의 노인

---

47 Viktor Frankl, *Psychotherapy and Existence* (New York: Wasington Square Press, 1967), 30.

48 Larry Trachte, "The Meaning of Aging: Viktor Frankl's Logotherapy and the Elderly" (MA thesis: University of Iowa, 1982), 60-1.

49 Dorothee Soellw, *Suffering*, trans. Everett R. Kalin (Philadelphia: Fortress, 1975), 70-8.

50 안동철, "한국교회 노인목회의 현주소": 62.

51 James W. Ellor, "Beyond Visitation: Ministries with the Homebound Elderly" *The Journal of*

사역은 노인을 돌봄의 대상으로만 인식하는 사역, 특정 목표를 지닌 노인 집단을 지원하는 사역, 그리고 돌봄의 사역과 함께 노인의 자기 결정권과 자주성의 신장을 위한 사역의 세 가지로 분류할 수 있다.[52] 오늘날 고령화 사회에 적합한 노인의 목회돌봄 방향으로는 세 번째 사역방향이 바람직하다. 이를 위해 노인을 위한 사역도 중요하지만 노인에 의한 사역을 추구하는 방향 역시 필요하다. 즉 노인이 사역의 대상인 동시에 주체로서 능동적 역할을 하며 이들이 교회 전체 사역의 방향 결정에 영향을 주는 형태의 사역이 필요하다.

둘째, 노인 세대만의 단절된 사역프로그램이 아니라 세대 간 혹은 세대 통합적인 방향의 상호호혜적인 프로그램이 필요하다. 즉 노인들이 젊은 세대나 교회, 그리고 지역사회에 기여할 수 있는 프로그램 개발이 필요하다. 이를 위해 전 교회적인 조력 그룹이나 노인 가족의 세대 간 돌봄의 프로그램을 개발하는 노력이 필요하다.[53]

셋째, '가서 돌보는 사역'과 '와서 참여하는 사역'의 균형이 필요하다. 교회는 연령별 노인들의 필요와 욕구가 차이가 있음을 인식하고 '가서 돌보는 사역'과 '와서 참여하는 사역'을 교회의 상황에 적합하게 균형 있게 제공하도록 하여야 한다. '와서 참여하는 사역'의 경우는 연소 노인과 중고령 노인이 주 대상일 것이고, '가서 돌보는 사역'은 고령 노인들이 주 대상이 될 것이다. 이러한 노인들의 필요와 욕구를 파악하고 민

Pastoral Care, vol. 39, no. 1 (March 1985): 18.

52 강용원, "노인사역을 위한 교회 교육적 대안": 64.

53 McConomy, "Ministry with the Aging": 388-91.

감하고 적절하게 대응하는 프로그램 계발과 사역자 양성이 요구된다.[54]

3) 목회돌봄의 종류

고령화 사회에서 요구되는 교회에서의 목회돌봄의 종류에는 다음과 같은 것들을 들 수 있다.[55]

(1) '지지적인 목회돌봄(Pastoral Care for Supporting)'

지지적인 목회돌봄은 우선적으로 내담자 혹은 노인의 내면 깊이 머물러 있던 가장 큰 두려움이나 감정들을 표현할 수 있도록 도와주고, 그러한 감정들을 비판단적으로 이해해주는 사역이다. 이러한 돌봄의 가장 중요한 기법 중의 하나는 '공감적 경청(Compassionate Listening)'이다. 노인들의 염려와 표현하는 상처들, 두려움과 공포 등을 교정하거나 가르치려는 태도보다는 그러한 일들을 함께 겪는 자세로 들어주고 공감하는 자세로 듣는 것은 매우 중요하다. 목회자의 이러한 공감적 경청은 노인들로 하여금 그동안 자신의 체면 때문에 혹은 자식들 때문에 자신들의 내면 깊이 감춰두었던 불안과 상처들과 외로움과 자괴감 등을 드러낼 수 있게 만든다.[56] 이러한 과정에서 돌봄을 받은 노인들은 자신들의 내면의 짐들을 내려놓을 수 있으며 이로 인해 이제까지와는

---

54 박광선, "목회자가 본 한국교회의 노인목회 현실과 전망", 「한국교회와 노인목회」 대한예수교장로회 총회교육부 편 (서울: 한국장로교출판사, 1995), 274.

55 Becker, *Ministry with Older Persons*, 137-8, 143-4.

56 Ibid., 139-40.

다른 각도로 자신이 지닌 내면의 문제들을 직면할 수 있게 된다. 이 과정에서 목회자는 결코 너무 성급하게 결론을 맺거나 섣부른 잘못된 확신을 심어주지 않도록 유의해야 한다.

(2) '자기 이해를 돕는 목회돌봄(Pastoral Care for Self-understanding)'

일련의 상실과 퇴행을 겪는 노인들에게 있어서 올바른 자기 이해는 영적으로나 정서적으로 건강한 삶을 사는데 있어서 중요하다. 하나님의 사랑과 은혜 안에서 인간은 늘 성장하고 발달하며 변화한다. 그렇기에 성공적인 노화를 위해서는 자기 이해 및 자기 평가가 필요하다. 자신이 느끼는 상실과 그에 따르는 해결되지 않은 슬픔, 후회와 분노, 인생의 의미와 가치에 대한 탐색은 노후를 성숙하고 의미 있게 보내는 데 필요한 과정이다. 일반 목회사역에 종사하는 목회자들은 교인들의 자기 이해를 돕기 위한 시간이나 훈련이 부족할 수 있다. 하지만 특별한 절기나 다른 경우에 한해 목회자는 나이 든 노인 교우들과 시간을 정하여 만나 하나님 앞에 비췬 그분들의 삶이나 영적 순례에 관해 대화를 나누는 방식도 의미가 있다.[57]

(3) '문제해결을 위한 목회돌봄(Pastoral Care for Problem Solving)'

노인을 위한 목회돌봄에서 결정을 내리는 일을 조언하고 그 일이 진행되도록 돕는 지도와 인도를 통해 노인들을 돌보는 영역은 비교적 많

---

57 Ibid., 142.

은 편이다.[58] 여러 가지 노인성 질환으로 고통 중에 있는 힘든 노인들이 건강한 사람들처럼 자신들이 처한 상황을 객관적으로 보고 가장 적절한 선택을 하기는 쉽지 않다. 또한 노인을 돌보는 가족들이 겪는 여러 가지 문제에서도 적절한 조언을 통하여 목회적 지도와 인도를 제공하는 일은 목회현장에서 모두에게 매우 유용하며 필요한 일이다. 문제해결을 돕는 과정은 다음과 같다. 먼저, 내담자인 노인의 관점에서 문제를 파악한다. 만약 문제를 정확히 파악하고 있지 못할 경우 문제 명료화 과정을 거쳐 문제를 명확히 한다. 둘째, 파악한 문제를 바탕으로 해결 목표를 설정한다. 셋째, 문제해결을 위한 여러 가지 대안을 모색한 후, 그중 현재 노인 내담자의 관점에서 가장 가능하고 적절한 방안을 선택한다. 넷째, 선택한 방안을 실행할 수 있도록 구체적으로 돕는다.[59]

(4) '위기 상황을 위한 목회돌봄(Pastoral Care for Crisis)'

클라인벨(Howard Clinebell)은 위기란, "시간적으로 참으면 되는 위험이나 고통, 긴장 이상의 것"이라고 정의한다.[60] 스위하트(J. J. Swihart)와 리차드슨(G. C. Richardson)은 "자신이 해결하기 어렵다고 깨달은 위협이나 적응으로 말미암은 심리적 불안정감"으로 설명하고 있다.[61] 노

---

58 이 영역에 대한 좀 더 자세한 안내서는 Patricia Alpaugh and Margaret Haney의 *Counseling the Older Adult* (San Diego: University of Southern California, 1978)를 참조하시오.

59 Becker, *Ministry with Older Persons*, 150-5.

60 Howard J. Clinebell, 「현대목회상담」, 박근원 역 (서울: 대한기독교출판사, 1991), 68-9.

61 Judson J. Swihart and Gerald C. Richardson, *Counseling in Times of Crisis* (Waco, TX: Word Books, 1987), 16.

화의 과정에 필연적으로 동반되는 여러 가지 형태의 상실은 슬픔과 고통을 가져온다. 이러한 슬픔과 고통을 개인이 감당할 수 없는 수준으로 겪을 경우 위기가 닥쳐온다.

　노화의 과정에서 노인들은 발달적 위기, 상황적 위기, 실존적 위기, 그리고 환경적 위기 등과 같은 다양한 종류의 위기에 노출된다.[62] 구체적인 위협의 발생과 그로 인한 상실과 그 상실의 인지는 위기를 구성하고 있는 세 가지 요소들이다. 이 중 특히 위기 발생으로 인한 위협이나 상실의 인지는 위기 상황에서 목회자가 노인들을 영적으로나 정서적으로 도와 사건을 잘 처리할 수 있도록 도움을 줄 수 있는 구체적인 영역이다. 이를 위해 먼저 목회자는 위기 당사자인 노인에게 관심을 가지고 접촉하여 경청을 통하여 공감과 조력의 관계를 형성한다. 다음으로 목회자는 당사자가 겪고 있는 위기 상황을 본인이 해결할 수 있을 정도로 문제의 핵심을 파악하여 분석하고 세분화한다. 그리고는 이렇게 해결할 수 있을 정도로 만들어진 문제들을 해결할 수 있도록 적극적인 대응을 위한 구체적인 방법을 강구하고 실행하도록 돕는다.[63]

62　Lawrence M. Brammer, *The Helping Relationship: Process and Skills,* 3rd ed. (Uppersaddle River, NJ: Precntice Hall, 1985), 94-5. 발달적 위기는 인간이 성장하고 발달해 나가는 가운데 발생하는 위기이다. 예를 들면 아이의 출생이나 대학 졸업, 중년기의 직업변화, 은퇴와 같은 사건 등을 들 수 있다. 상황적 위기는 일반적으로 말하는 위기로서 사람이 예견하거나 통제할 수 없는 드물고도 극히 이례적인 사건이 발생할 때 나타난다. 자동차 사고나 유괴, 강간, 직업 상실, 갑작스러운 질병, 죽음과 같은 사건 등이 그 예이다. 실존적 위기는 삶의 목적이나 책임감, 독립성, 자유, 책임 이행과 같은 중요한 인간적 이슈에 동반되는 갈등과 불안을 포함한다. 환경적 위기는 개인이나 집단에 자연이나 전쟁이나 인종청소 등의 인간이 일으킨 재해가 갑자기 덮쳤을 때 발생한다.

63　Howard W. Stone and Geoffrey Peterson, 「위기상담」, 오성춘 역 (서울: 대한기독교출판사,

위기란 노화의 진행 과정에서 피할 수 없는 일들이나 이러한 위기의 경험 가운데서 하나님의 사랑과 긍휼과 함께하심과 위로하심을 더욱 깊이 깨닫고 성숙하게 된다.

(5) 노인 가족을 위한 목회돌봄

노인에 대한 돌봄만큼이나 노인 가족들 역시 돌봄을 필요로 한다. 고령화 사회에서의 노년기 가족을 위한 돌봄은 '가족생활주기상의 돌봄'과 '상황적인 위기에서의 돌봄'으로 나눌 수 있다. 노인들은 개인뿐만 아니라 가족과의 관계 속에서 자신의 삶을 계속해간다. 이러한 가족의 삶은 노인들의 삶을 풍요롭게 만들기도 하지만 동시에 아이들이 성인이 되고 부모 세대가 노인이 되면서 여러 가지 오래된 잠재된 갈등들이 표출되기도 하고 이와 함께 새로운 갈등이 생기기도 한다. 이러한 때 목회자는 노인 가족을 돌볼 수 있는 가장 적합한 존재가 된다. 목회자는 대체로 오랫동안 가족들을 알아 왔고 가족들 각자에게 쉽게 접근할 수 있는 위치에 있기 때문에 문제를 들어주고 파악하면 직면시키는 일을 용이하게 할 수 있다.[64]

노인 가족의 문제를 돕기 위해 먼저, 목회자는 가족체계에 대하여 기본적인 개념이나 설명 등을 이해하고 있을 경우 도움이 된다. 가족들의 진정한 문제를 파악하기 위해 문제 가족들이 종종 공통적으로 지

1986), 46-64.

64 Becker, *Ministry with Older Persons,* 169-70.

니는 가족 문제의 희생양이나 소외된 구성원을 제대로 파악할 필요가 있다. 또한 아이들이 커가면서 부모·자녀 관계에 변화가 오는데 따른 오래 묵은 갈등이 표출되기 쉬운 가족들 간의 역할 전이 과정을 주의 깊게 관찰할 수 있어야 한다. 그리고 가족 간의 건강한 관계가 유지되고 있는지를 영역의 유연성과 경직성 그리고 혼재 등을 통하여 진단하여야 하며 이는 갈등의 방지와 예측에 유용한 정보를 제공해 준다. 또한 가족 간의 삼각관계를 파악하여 문제의 원인을 분석하도록 하여야 한다.[65]

따라서 고령화 시대에 접어든 앞으로의 목회는 이전 세대와는 다르게 노인세대와의 접촉 증가와 동역자 관계 속에서 이루어질 것이다. 그리고 고령화시대의 노인들은 이전 세대와는 질적으로 양적으로 다른 특성을 지니게 되며 이는 이전까지의 노인사역방향과 접근과는 다른 새로운 접근이 요구됨을 의미한다.[66] 고령화 사회에서 목회자는 이전의 목회자보다 점점 더 많은 시간을 노인들과의 접촉과 돌봄에 할애하게 된다. 따라서 교회나 교단은 정책적이고도 체계적으로 이 문제에 대처하여야 미래에 닥칠 교회가 직면할 고령화의 예측된 어려움들을 예방 및 준비할 수 있다.

무엇보다도 먼저 교회와 교단은 신학교육에서 예비 목회자들에게 사회 전체의 고령화를 준비할 수 있는 대안들을 가르치고 기존의 교과

---

65 Ibid., 170-1.
66 James P. Jones, "A Life-Cycle Approach to Ministry with the Aging", *The Journal of Pastoral Care* (Fall 1999), vol. 53, no. 3: 324.

과정에 더하여 고령화 사회에 알맞은 노인사역에 관한 영역들을 개설하고 가르치도록 해야 한다. 고령화는 또한 기존 교회의 집회 공간과 프로그램 시간의 배치에 영향을 미치기 때문에 노인들에게 적합한 예배 시간의 조정 및 예배보조기구들의 조정 등이 요구된다. 또한 교회는 노인들에게 적합하지 않은 냉난방의 문제나 입구의 높은 계단, 쇠약한 노인들이 여닫기에 무겁거나 끈끈한 문들 등 이러한 여러 가지 장애물들에 관심을 가지고 노인들이 교회와 친숙하게 되도록 도와야 한다. 교통수단의 어려움, 헌금에 대한 과도한 부담, 그리고 시력과 청력이 감퇴한 노인을 배려하지 않은 교회의 주보와 목회자들의 설교 음성 역시도 교회로부터 노인들을 유리시키는 요인이 되기에 적합하게 변화되어야 한다. 고령화는 사회 전체의 경제적인 영역에서의 어려움을 줄 뿐만 아니라 교회에도 구성원들의 은퇴 후의 수입의 감소와 더불어 개인 질병과 여가 활동을 위한 비용의 증가로 인해 교회를 위한 재정적인 영역이 줄어들게 된다.

끝으로 고령화는 교회 구성원들의 단순한 연령의 증가 이상의 문제가 있다. 즉 교회 조직 자체의 노년화의 진행이라는 문제이다. 교회의 주요 의사결정 과정에 개입하는 노인층들의 비율이 높아지면서 도전과 변화보다는 현실 안주적인 교회조직으로 변모해 가는 것이다. 그러므로 고령화 시대에서의 목회돌봄은 이제까지의 노인사역과는 달리 노인들을 수동적이거나 의존적이지 않고 독립적인 노년을 준비하도록 도우며, 현재의 자신과 자신을 둘러싼 상황을 직시하고 수용하는 건설적인 자세를 준비시킨다. 나아가서 그리스도의 장성한 분량까지 성장 성숙하도록 자신들을 준비시키는 방향으로 전개되어야 한다.

노년의 다면적 이해 및 노인인구 영향

　노년기 목회돌봄은 사회적으로나 교회적으로 목전에 닥친 긴급한 사안이며, 이를 위해 노년을 위한 목회돌봄의 연구와 실행에서 선결되어야 할 사안은 돌봄의 대상이 되는 '노년' 또는 '노인'의 개념과 정의이다. 그리고 노년을 둘러싼 신체적, 심리적, 사회적, 영적 이해 등의 다면적 이해는 노년 돌봄의 구체적 방향 설정에 도움이 된다. 나아가서 노인 문제는 사회의 다른 영역과 불가분의 연관성이 있기에 노년 인구의 급격한 증가가 가져올 사회적 변화를 살펴보는 일은 노년기 목회돌봄을 위한 체계적 접근에 필요한 것들이라 할 수 있다. 따라서 본 장에서는 노년의 개념과 다면적 이해 및 노인 인구의 증가로 인한 사회적 변화 등을 살펴보고자 한다. 이를 위해 우선 노년 또는 노인이라고 규정하는 우선적 기준이 되는 연령과 관련된 몇 가지 사항을 짚어

보면 다음과 같다.

1. 연령의 의미

　연령에는 적어도 다음의 5가지가 있으며, 동일인의 경우라도 연령의 종류가 일치하지는 않는다. 우선, 흔히 '나이'라고 말하는 생활연령(chronological age)이 있으며, 동년배 사람들과 비교하여 물리적, 사회적 환경에서 잘 기능하는가를 의미하는 기능적 연령(functional age)이 있다. 이러한 기능적 연령은 생물학적 연령(biological age), 심리적 연령(psychological age), 그리고 사회적 연령(social age)으로 나눌 수 있다. 끝으로 연령에는 자신이 스스로 느끼는 나이(self-awaring age. 자각연령)가 있다.[67] 먼저 흔히 나이를 말할 때 떠올리는 생활연령을 알아보기로 한다.

1) 생활연령(Chronological Age)

　생활연령이란 달력에 의한 나이를 의미하는 것으로 사람들이 일상적으로 나이라고 말하는 것이다. 법적 연령(음주, 운전, 투표, 결혼)은 주로 이 생활 연령에 의한 것이다. 하지만 인간의 성장 발달과 쇠퇴와 소멸이 단순히 시간의 흐름에 좌우되는 것은 아니다. 발달의 속도에 개인차가 있으며 같은 사람이라도 특정 영역은 빨리 성장하고 다른 면은

67　윤 진, 「성인, 노인 심리학」 (서울: 중앙적성출판사, 1985), 44-6; 정옥분, 「성인발달의 이해」 (서울: 학지사, 2000), 21-3.

느리게 성장할 수 있다.[68]

2) 기능적 연령(Functional Age)

기능적 연령을 세분화하여 살펴보면 생물학적 연령, 심리적 연령, 그리고 사회적 연령으로 나누어 각 영역에 따라 기능을 설명해볼 수 있다. 첫째, 생물학적 연령(Biological Age)이다. 개인이 어느 정도로 신체적 활력을 갖고 있는가를 의미하는 것으로 개인의 생물학적, 생리적 발달의 수준과 신체적 건강 수준을 나타내는 나이이다. 폐활량, 혈압, 신진대사, 근육의 유연성 등이 이에 포함된다. 생활연령이 같다고 하더라도 생물학적 연령은 다를 수 있다.[69] 즉 동일한 연령이라 할지라도 각 개인이 자신의 신체를 돌보아온 정도에 따라 생물학적 기능은 개인별로 차이가 있을 수 있다.

둘째, 심리적 연령(Psychological Age)이다. 심리적 성숙도를 의미하는 것으로 생활연령이 같은 사람들과 비교하여 환경변화에 얼마나 잘 적응하며 스트레스에 얼마나 잘 대처하는가로 측정할 수 있다. 신체적 나이는 많아도 심리적으로는 덜 성숙한 사람이 있으며, 반대로 신체적 나이는 어리지만 어른보다 성숙한 청소년도 있을 수 있다.[70]

---

68 Ibid., 21-2, 예를 들면, 신체적·성적으로 성숙한 사람이 사회적 상황에서는 매우 미숙할 수 있다.
69 예를 들면, 운동을 규칙적으로 하는 50대가 전혀 운동을 하지 않는 40대 보다 생물학적 연령이 더 젊을 수 있다. 그러므로 생활습관을 바꿈으로써 생물학적 연령을 어느 정도 늦출 수 있다.
70 직업도 없이 부모 집에 얹혀살면서 다른 사람과 의미있는 관계를 형성하지 못하는 50세 중

셋째, 사회적 연령(Social Age)이다. 개인이 속한 사회에서 하나의 규범으로 정해진 나이를 말하는 것으로 자신의 연령에 적합한 역할을 잘 수행하는가를 의미하는 나이이다. 교육, 결혼, 취업, 출산, 은퇴 등에 적절한 나이가 있다는 사회적 기대가 있어서 사람들은 이러한 사회적 시간대에 따라 자신의 인생의 중요한 인생 사건들을 맞추려는 경향이 있다.[71]

이러한 기능적 연령 이해와 아울러 객관적 기준의 연령과는 달리 각자 스스로가 의식하고 느끼는 주관적인 의미의 연령 역시 사람에 따라 다르다. 이를 자각연령이라 한다.

3) 자각연령(自覺年齡, Self-awaring Age)

사람들이 스스로 느끼는 나이를 의미한다. 비록 신체적 나이가 70이 넘었다 하더라도 스스로 50세 장년이라 느끼고, 그 수준에서 사업과 사회적 활동에 적극적으로 참여한다면 그의 자각연령은 50세라 할 수 있다. 또한 신체적 연령이 50세라 하더라도 정년퇴직이나 손자녀 출생으로 인하여 주관적으로 노인으로 느낀다면 이는 사실상 노인이 되는 것이다. 그러므로 청년, 중년, 노년을 규정하는 또 다른 기준은 자

년 남성의 경우 독립적이고 자신의 인생을 잘 통제할 수 있는 20세 청년보다 심리적 연령이 더 어릴 수 있다.

71 예를 들자면, 40대 중반에 첫아기를 가진 여성은 동년배에 비해 늦게 부모의 역할을 하게 되므로 이 여성의 사회적 연령은 젊다. 또한 20대 청년의 경우 적극적이고 용감하게 행동해야 하며, 70대 노인의 경우 조부모로서의 자상함과 원숙함을 보여야 한다. 사회적 기대에 미치지 못하는 행동을 하는 경우 사회적 연령이 미숙하다고 여겨지며 비난받게 된다.

신이 자신의 나이를 어떻게 느끼느냐 하는 자각에 달려있게 된다.

위에서 살펴본 바와 같이 한 개인의 나이를 이해하기 위해서는 단순하게 흔히 말하는 생활연령을 포함한 다섯 가지 기준 위에서 그 사람의 사실상의 나이를 종합적으로 평가해 보아야 한다. 예를 들어, 생활 나이가 30세인 청년이 부모 사망 후, 동생들을 돌보며 가정의 모든 책임을 지고 성숙한 심리적 특성을 지니고 있다면 40대의 심리적 나이를 가질 수 있지만, 아직 취업이나 결혼을 하지 않은 상태라면 사회적인 나이는 20세 정도가 된다. 반면에 혈압·맥박·소화기장애 시력감퇴 등 생리적 신체적 문제가 많이 있다면 생물학적 나이로는 60~70대가 될 수 있다. 이처럼 노년 또는 노인을 규정하거나 이해하는데 필요한 연령의 기준은 다양하고 복합적이라 할 수 있다.

2. 노년(노인)의 정의

1) 노년의 개념화의 어려움

노인을 규정하는 우선적 기준이 되는 연령의 의미가 복합적이듯, 노년기는 언제이며 노인은 몇 세부터인가에 대한 문제는 정확히 규정하기 어렵다. 그 이유는 다음과 같다. 첫째, 연령의 의미가 생물학적 과정만이 아니라 그 시대의 사회·문화·정치·경제 등 여러 요인과 밀접하게 관련되어 있기 때문이다. 둘째, 노화의 개인차가 있기 때문이다. 노화가 시작되는 시기는 개인에 따라 차이가 있으며 한 개인의 신체 각 기관 역시 노화의 시기와 속도 및 정도가 다르게 나타난다.[72] 이상에서와 같이 노년을 규정하기 어렵다는 점을 염두에 두고 노년을 규정하는 일반적 기준을 살펴보면 다음과 같이 다면적으로 규정할 수 있다.

2) 노년의 일반적 기준

일반적으로 학자들이 노인을 정의하는 기준을 살펴보면 다음과 같이 4가지로 나누어 볼 수 있다. 첫째, **늙음 자체**를 근거로 하여 노년기를 규정한다. 즉, 노인을 인간의 노화과정에서 나타나는 생리적, 심리적, 환경적 행동의 변화가 상호 작용하는 복합형태의 과정으로 보아 "생리적·육체적으로 변화기에 있는 사람, 심리적인 면에서 개성의 기능이 감퇴되고 있는 사람, 그리고 사회적 변화에 따라서 사회적 관계가 과거에 속해 있는 사람"으로 정의할 수 있다.[73]

둘째, **생활연령**(혹은 역연령 - 歷年齡: Chronological Age)을 기준으로 하여 노년을 파악하려는 기준이다. Bernice Neugarten[74]은 노인 집단을 생활 연령에 따라 다음의 세 단계로 분류하여 이해하고 있다. 연소 노인(young-old)으로서 55~64세, 대부분 일을 할 수 있으며 경제적 능력과 사회적 인정이 최고조에 달해 있을 때이다. 중고령 노인(middle-

---

72 최순남, "노년학의 소개", 「노년학의 이해」, 한국노년학회편 (서울: 대영문화사, 2000), 15.

73 L. B. Breen, "The Aging Individual", In C. Tibbitts ed., *Handbook of Social Gerontology.* (Chicago: University of Chicago Press, 1960, 최성재 장인협. 「노인복지학」 (서울: 서울대학교 출판부, 2005), 47에서 재인용.

74 Chicago University의 행동과학과 명예교수였으며 노년연구의 선구자로서 Society and Education (1957), *Personality in Middle and Late Life* (1964), *Middle Age and Aging* (1968), *Adjustment to Retirement* (1969), and Social Status in the City (1971) 등의 저서를 남겼다. 2001년 7월 22일 별세하였다.

old)으로서 65~74세, 여기에는 퇴직자들이 많이 포함된다. 고령 노인 (old-old) 75세 이상으로서 신체적으로 약하고 병약하며 고립되고 궁핍한 계층의 노인들이다.[75] 이러한 노인의 생활연령에 대한 구분은 의학, 생물학 등의 발달로 인간 수명이 연장되면서 조금씩 늘어나고 있다.[76]

우리나라는 만 60세를 회갑으로 하는 전통이 이어져 내려오고 있으나, 1961년에 발효된 생활보호법에서 보호 노인 대상자를 65세 이상으로, 노인복지법에서는 65세를 노인으로 규정하고 있다. 정부 부처에서도 부처의 성격에 따라 노인을 다르게 분류하고 있지만, 대체로 사회경제적 그리고 의학적 발달로 인해 60세보다는 65세를 전후하여 노인이라고 인식하는 경향이 나타나고 있으며, 앞으로 이 연령은 평균 수명의 연장과 노인의 건강상태의 향상 등으로 조금씩 더 늘어나게 될 것이다.

셋째, 사회적 역할 수행 능력 정도를 기준으로 하여 노년을 규정한다. 심신의 노화로 인해 사회활동을 할 수 없는 사람을 노인으로 규정하는 견해로서 사회학적 연령의 개념이다. 정년이나 연금 수급 연령이 사회적 역할 수행 능력에 따라 정해지나 이것 역시 각 사회에 따라 조금씩 다르다. 서구에서는 연금 수급 연령이 60세 이상이 일반적이며 한국은 국민연금제도의 수급 연령이 61세이고, 정년제의 경우 서구에서는 법으로 정한 은퇴 연령이 없으나 한국은 대부분 기업 정년이

---

75 현외성 외, 「노인상담: 이론과 실제」 (서울: 유풍출판사, 1998), 16.

76 R. C. Atchiley는 자신의 책 *Social Forces and Aging* (1988)에서 연소 노인을 60~74세, 중고령 노인을 75~84세, 그리고 고령 노인을 85세 이상으로 분류하고 있다.

55~58세이다. 현재 국가적으로 연금의 제도적 개선을 심도 있게 논의 중이며, 국민연금의 고갈을 방지하기 위해 연금수급연령은 지금보다는 상향될 전망이다.

넷째, 늙음에 대한 자각을 노년의 기준으로 삼는다. 이 기준은 사람들이 자신의 늙음을 자각하고 스스로 노인임을 인정하는 심리적 자각을 의미하는 것인데, 이러한 심리적 자각은 신체적 증후와 정신적 및 사회적 경험으로부터 영향을 많이 받는 것으로 나타나고 있다.

우선 신체적 증후와 심리적 자각이다. 신체적 증후에 의해 늙음을 자각하는 경우는 쉽게 피로하게 되고, 이러한 피로가 쉽게 회복되지 않을 때, 기력이 약화되고 신체가 허약하여 신체적 활동이 부자유할 때, 그리고 신체의 부분에 대해 늙었다고 느끼는 경우는 보행의 부자유, 시력 감퇴, 청력둔화, 치아 탈락, 흰머리 및 탈모, 성욕 감퇴, 기억력 감퇴 등을 들 수 있다. 이러한 증후를 자각하는 데는 개인차가 있지만 대부분의 사람들은 55세를 전후해 자신이 쇠퇴기에 있다는 자각을 시작하여 60세가 넘으면 자신의 노성 자각을 실감하는 것 같다. 한국보건사회연구원(1994)의 조사에 의하면, 우리나라 노인의 늙는다는 자각의 시기는 60~64세가 37.7%, 65~69세가 19.8%, 그리고 70~74세가 22.3%로 60~70세 사이에서 대부분의 노인이 자신을 노인이라고 생각하고 있다.

다음으로는 정신적 증후와 심리적 자각에 대해 살펴보자. 노년을 자각하는 정신적 증후들은 다음과 같은 경우에 발생한다. 은퇴하였을 때, 가장의 역할을 잃었을 때, 배우자 또는 동료와의 사별, 자식이나 친지의 사별, 자녀의 성정과 손자녀의 출생, 일반 사람으로부터 할아버지 할머니라 불렸을 경우 등이다. 이러한 정신적 증후가 노인자각에 미치는 영향은 교육수준이 높을수록 높게 나타난다. 이 같은 경향은 학력에 따라 종사하는 직업의 차이, 즉 정신적 직업과 육체적 직업과의 차이가 노인자각과 깊은 관계가 있다는 사실을 시사해 준다.

이제 마지막으로는 늙음에 대한 자각과 저항이다. 노년기의 노인들 대부분은 노화를 현실로 받아들이는데 심리적 저항을 가지고 있다. 그래서 여러 가지 형태로 거부하지만 궁극적으로 자아를 재편성하고 수용하고 인정하는 태도가 필요하다. 이러한 노인의 자아 재편성 과정에서 신경성, 우울증 등의 증후가 나타나 심각한 자아갈등을 수반하는 경우가 있다.

3) 노년의 정의

이상에서 노년의 개념화에 따른 어려움과 그럼에도 불구하고 노년의 일반적 기준을 간략히 살펴보았다. 이를 바탕으로 학문적으로 노년을 정의해보면 다음과 같이 제시할 수 있다. 널리 사용되는 노인에 대한 고전적이고도 학문적인 정의는 1951년 제2회 국제노년학회에서 노인을 "인간의 노령화 과정에서 나타나는 생리적, 심리적, 환경적 변화 및 행동의 변화가 상호작용하는 복합형태의 과정에 있는 사람"이라 정의한 국제노년학회(International Association of Gerontology)가 정의한 노년의 정의이다.[77]

이러한 정의와 함께 국제노년학회에서 제시하고 있는 노년의 다섯 가지 특성은 다음과 같다. 첫째, 환경변화에 적절히 적응할 수 있는 자체조직에서 결핍이 있는 사람. 둘째, 자신을 통합하려는 능력이 감퇴되어 가는 시기에 있는 사람. 셋째, 인체기관, 조직기능 등에 있어서 감퇴현상이 일어나는 시기에 있는 사람. 넷째, 생활 자체의 적응이 정신적으로 결손되어 가고 있는 사람. 다섯째, 인체의 조직 및 기능저장의 소모로 적응이 감퇴되어 가는 시기에 있는 사람이다.[78]

이러한 노년의 정의와 아울러 앞서 언급한 생활연령(혹은 역연령)에 의한 개념 정의나 개인의 자각에 따른 정의, 그리고 실정법상이나 공식적, 행정적 규정에 의한 개념 정의 등이 있다.[79] 그리고 이상에서 살펴본 노년의 개념적 이해와 정의를 바탕으로 효과적인 노년 돌봄을 위해서는 노년 또는 노인을 다면적으로 바라볼 필요가 있다.

3. 노년의 다면적 이해

효과적인 노년 돌봄을 위해 필요한 노년의 다면적 이해를 위해 생물학적, 심리적, 사회적 및 영적인 측면으로 노년 이해를 접근하고자 한다. 먼저 노년의 생물학적 이해를 살펴보면 다음과 같다.

---

77 현외성 외, 「노인상담: 이론과 실제」 (서울: 유풍출판사, 1998), 14.

78 Report on the 2nd International Conference of Gerontology, 1951: 5. 현외성 외, 「노인상담. 이론과 실제」 (서울: 유풍출판사, 1998), 14에서 재인용. 목원대 권중돈 교수의 정의, "노화의 과정 또는 그 결과로서 생리, 심리, 사회적 기능이 약화되어 자립적 생활능력과 환경에 대한 적응능력이 약화되고 있는 사람", 권중돈, 「노인복지론」 (서울: 학지사, 2004), 17.

79 노인복지법이나 생활보호법에서는 노인을 65세 이상으로 규정하고 있으며 국민연금법상 노령연금 급여대상자로서 노인은 60세부터로 규정하고 있다.

1) 노년의 생물학적(신체, 의학적) 이해

(1) 노년의 신체적 특징의 개념

노년의 신체적 특징은 **생물학적 노화의 한 영역**으로 "시간이 지남에 따라 또는 나이가 들어감에 따라 신체구조 및 신체 내부의 세포, 조직, 장기 등 유기체 전반에 걸쳐 일어나는 쇠퇴적 발달 현상을 의미한다."[80] 이러한 생물학적 노화는 신체적 노화와 생리적 노화라고 하는 두 가지 하위 영역을 포함하고 있는데, 신체적 노화는 신체구조와 기능의 쇠퇴로 인한 활력의 상실과 질병에 대한 저항력을 상실하는 노화를 의미하며, 생리적 노화는 유기체의 기관, 조직체, 세포, 생체, 통제 기제 중에서의 쇠퇴와 기능 저하를 의미한다.

이러한 생물학적 노화의 과정은 모든 사람에게 보편적으로 일어나지만, 노화의 정도나 속도는 개인적으로 차이가 있으며, 신체적으로 부정적 영향을 미치며 질병에 대한 저항능력이 저하되는 결과를 초래하고 궁극적으로는 죽음에 이르게 된다. 생물학적 노화는 노년기의 심리적 기능과 사회적 기능에 있어서도 중요한 영향을 미친다. 생물학적 노화를 자연스러운 과정으로 수용하고 이에 적응해 나갈 경우, 사회·심리적 기능을 유지 또는 발전시킬 수 있는 반면 생물학적 노화에 지나치게 집착하거나 몰두하게 될 경우에는 사회·심리적 기능에 손상을 가져오며 전반적인 생활만족도도 낮아질 수 있다.

---

80 권중동, 「노인복지론」 (서울: 학지사, 2005), 46.

노년기 목회돌봄과 상담

(2) 생물학적 노화의 양상

생물학적 노화는 외적으로 진행되어 직접 관찰이 가능한 신체구조의 변화와 내적으로 진행되는 신체적 기능의 변화로 나누어 볼 수 있다. 먼저는 신체구조의 변화이다. 여기에서는 신체조직이 변화가 일어나는데, 노화가 진행됨에 따라 신체조직을 구성하는 세포와 섬유물질의 변화가 나타나게 된다. 심장이나 근골격계 및 신경계 등에서 노화색소라고 불리는 지방갈색소가 많이 나타난다. 그리고 생명유지에 필요한 기능들이 쇠퇴하고 DNA와 RNA, 그리고 단백질 합성에 필수적인 분자들이 세포 내에서 생산되지 않게 됨으로써, 세포 노화가 촉진되고 결국 신체기관이나 조직의 노화를 일으키게 된다. 신체조직의 틀을 구성하는 섬유물질이 활발하게 교체되지 못하여 쉽게 손상되고 파편화되고 칼슘화 됨에 따라 동맥, 폐 등의 신체조직의 기능 저하를 초래하게 된다.

또한 신체 외형에도 변화가 일어난다. 체중은 60세부터 점차 줄어들며, 연골조직의 퇴화로 인해 키도 30대에 비해 90대에는 2% 정도 줄어들게 된다. 치아는 60대에 14개 70대에 11개, 그리고 80대에는 6개 정도로 줄어든다. 머리카락은 멜라닌 색소의 감소로 인해 은빛으로 변하게 되며, 피부는 멜라닌 색소의 불규칙한 감소로 인해 전체적인 피부색이 동일하게 유지되지 않으며, 얼굴은 창백해지고 얼룩 반점이 생기고 건성화된다. 노출된 피부는 표피 증식이 감소하여 얇아지게 되고, 피하지방의 감소로 주름살이 생기며, 피부 탄력성이 현저하게 줄어들게 된다. 피하조직과 피부의 신경세포 감소로 인하여 체온 유지능력이 감소되어 추위를 많이 느끼고, 온도 변화에 쉽게 적응하지 못하여 환절기에 호흡기질환에 감염되기 쉬우며 갑작스러운 온도 변화로 쓰러지는 경우도 있다.

　연령이 증가함에 따라 신체조직 구성성분 중 지방분은 증가하는 반면 고형분과 수분은 줄어드는 변화가 일어난다. 또한 뼛속의 칼슘분이 줄어들어 뼈의 질량이 감소하고 골밀도가 낮아짐으로써 골절을 당하기 쉽고 골다공증에 걸리기 쉽다. 특히 여성은 폐경기 이후의 성호르몬 분비가 감소하고 신체적 활동이 줄어듦에 따라 남성에 비해 뼈의 손실이 더욱 많다. 그리고 연골조직이 얇아지거나 탄력이 약화되어 관절염을 일으키기도 한다. 또한 팔, 다리 및 골격 일부에 붙어있는 근육의 양이 감소하고 수축력이 약화되어 운동능력이 감퇴된다.

　중추신경계의 변화를 보면, 뇌는 크기가 약간 감소하며, 일부 부위에서는 노인반, 신경원섬유 농축체, 수상돌기의 감소 등으로 인하여 뇌의 기능이 저하되기도 한다. 내분비 계통의 기능변화에 대하여는 알려진 바가 많지 않다. 특히 노화에 따라 갑상선 기능 항진증 환자가 늘어나는 경향이 있다.[81]

　(3) 신체기능의 변화

　신체 내부의 장기는 40세부터 중량이 감소하는데, 25세 청년을 100으로 하였을 때, 75세 노인의 경우 뇌 중량은 95% 정도, 신장 중량은 81% 정도, 간장은 67%, 비장은 45% 정도로 줄어들지만, 심장은

81　Ibid., 49.

140% 정도 증가한다.[82] 이러한 주요 장기의 중량 변화와 함께 조직 변화가 동시에 나타나게 됨으로써 장기의 기능변화가 나타난다. 대표적인 것이 심장근육 모세혈관의 동맥경화에 의한 심장비대, 지방분 증가 등의 원인이 되어 심장의 중량이 늘어난다. 또한 심박 출량과 심장박동 능력은 감소하게 되며, 심장판막의 석회화로 인해 각종 심장질환에 노출된다. 노화에 따른 혈관계의 변화는 주로 동맥에서 관찰되는데, 동맥벽이 비대해지고 탄력성이 줄어들게 된다. 이러한 동맥의 구조적 변화와 기능 저하로 인하여 혈액순환이 원활하지 못하여 고혈압, 동맥경화, 뇌졸중 등의 순환기계 질환을 앓게 될 가능성이 높아진다.

노년기의 폐조직은 탄성이 저하되고 폐용적이 감소되며, 죽은 공간이 증가하는 반면 기관지는 약간 확장되며, 기관지 점액선은 증가하게 된다. 이러한 호흡기계의 변화로 인해 폐 속에 나쁜 공기가 남아 있는, 즉 잔기량이 증가하여 기관지질환이나 호흡기질환에 노출될 가능성이 높아진다.

노년기에는 치아결손, 타액과 위액 등의 소화효소 분비량의 감소, 위 근육의 약화 등으로 인해 소화기능이 감퇴한다. 60세 이상이 되면 소장은 융모의 크기가 작아져 점막 흡수 면적이 줄어들고 운동성이 저하되며, 대장조직이 변형되고 운동성이 저하됨에 따라 변비나 숙변, 각종 장 질환에 노출될 위험이 높아진다.

연령 증가에 따라 신장의 크기, 무게, 피질의 양 등이 감소되며, 신

82　Ibid.

장 혈관의 경화현상이 나타남으로써 신장기능이 줄어들게 된다. 즉, 신장에서 노폐물이나 독소를 여과하는 비율이 80세에는 30세의 50% 정도로 감소함에 따라 각종 신장질환의 위험이 높고 방광이나 요도기능의 저하로 야간에 소변을 보는 횟수가 증가하게 된다. 실제로 60세 이상의 노인은 밤에 평균 1~2회 정도 소변을 보는 것으로 나타나고 있다. 또한 노인이 되면서 세포수의 감소와 함께 운동성이 저하되어 대사요구량이 줄어들게 되며, 심장이나 혈관의 기능과 밀접한 관련성을 지닌 체액의 양이 줄어들게 된다. 그러므로 휴식상태의 산소 소모량인 기초대사율은 감소하는 반면 탄수화물 대사율은 증가하여 혈액 속에 혈당이 증가하여 당뇨병의 위험이 높아진다.

노년에는 성기능 또는 생식기능의 저하현상이 나타나게 된다. 여성의 경우 폐경으로 인해 월경이 중단되고 생식능력이 상실되는데, 폐경 이후의 성적 욕구의 변화에 대해서는 상반된 연구결과가 제시되고 있다. 남성의 경우도 생식기능이 저하되며, 발기능력과 음경크기의 감소, 음경 강직도의 저하, 발기 각도의 변화 등과 같은 불완전한 발기 문제로 인하여 성교능력이 저하되기는 하지만 여성보다는 그 기능 저하가 덜하며, 70대 이상에서도 충분히 성적 관계를 유지할 수 있다는 연구들이 많이 있다.

2) 노년의 심리학적 이해

(1) 심리적 노화의 개념과 특성

1825년 네덜란드계 유태혈통의 영국인 수학자 곰퍼츠(Benjamin Gompertz)가 사망률과 연령 사이의 상관성을 연구하면서부터 시작된 심리적 노화의 개념과 특성은 다음과 같다. 우선 심리적 노화의 개념은 생물학적 측면에서 볼 때 인생의 1/4은 성장하면서 보내고, 나머지 3/4은 늙어가는데 보낸다고 할 수 있다. 하지만 사회심리적 측면에서 볼 때 인생의 1/4은 성장하는 기간이고, 2/4는 일하는 기간이며, 1/4은 늙어가면서 보내는 기간이라 할 수 있다. 심리적 노화는 인생의 마지막 1/4 기간 동안 이루어지는 것으로 퇴행적 발달의 의미가 강하다. 이러한 심리적 노화는 감각기능, 인지기능, 정서 및 정신기능, 성격 등의 심리내적 측면과 심리외적 측면과의 상호작용과정에 있어서 퇴행, 유지 및 성숙을 동시에 내포하는 심리적 조절과정이라 할 수 있다.

더 나아가 심리적 노화의 영역은 다음의 세 가지로 나눌 수 있다. 첫째, 감각기능, 지각과정, 심리운동수행능력, 정서 및 정신기능 등의 심리적 기능이다. 둘째, 자아의 발달과 성격변화와 같은 발달적 특성이다. 셋째, 정신건강과 장애의 영역이다.

보다 구체적으로 심리적 노화의 특성은 앞서 개념에서 언급했듯이 다른 노화의 영역과 상호연관성을 가지고 있다. 우선 생물학적 노화와 관련된 심리적 기능일수록 연령이 증가함에 따라 퇴행적 발달이 나타난다. 또한 경험과 관련된 심리적 기능이나 발달은 그대로 유지되거나 오히려 증가하는 특성을 지니고 있다. 사실 실험실 연구에서와는 달리 노인의 감각, 지각 및 다양한 정신기능이 실제생활에서는 연령이 증가하더라도 크게 변화하지 않고 그대로 유지되는 경우가 많은 것으로 나타나고 있다. 그리고 심리적 노화가 일어나는 시점이나 노화의 비율은 개인에 따라 달라진다. 아울러 심리적 노화가 사회적 기능의 약화를 초래할 수도 있지만 오히려 촉진하는 경우도 있으며, 반대로 사회적 노화가 심리적 노화에 긍정적 또는 부정적 영향을 미칠 수 있다. 따라서 심리적 노화와 사회적 노화는 밀접한 상관성을 지니고 있다.[83]

  (2) 심리적 노화의 양상

  심리적 기능을 감각기능과 인지 및 정신기능으로 구분하여 살펴보고, 발달적 특성은 정서 및 성격변화에 대해서 살펴보고자 한다. 먼저 감각기능으로서 여기에는 시력과 청력이 있다. 노년기에는 신체 내, 외부의 변화와 상태에 대한 정보를 수집하여 뇌에 전달하는 감각기관의 기능이 저하된다. 먼저 시력은 40대 이후부터 약화되기 시작하여 70세 이후부터는 교정시력으로도 정상 시력을 유지하기가 어려워진다. 노년기에는 또한 내이(內耳)에서 대뇌피질까지의 청각체계의 반응능력 감소, 중추신경계의 자극반응능력 감소 등으로 인하여 청각능력의 감퇴가 이루어지는데, 55세 이후부터는 음의 고저에 대한 변별력이 감소하고 노년기 후에는 보청기와 같은 청력보조기구의 필요성이 높아진다.

  또한 미각, 후각, 촉각이 있다. 미각은 20대에 최고 상태에 이른 후 50세부터는 서서히 저하되지만 70세 이전까지는 큰 변화가 없다. 그러다 80세 이후부터는 맛봉우리(미뢰)가 감소하여 미각구별능력이 현격히 쇠퇴한다. 후각은 65세 이후부터 감소하기 시작하여 80세 이후

---

83 Ibid., 52-3.

노인의 75% 정도가 후각의 문제를 경험하게 된다. 촉각에 대한 감각은 45세 이후부터 급격히 저하되며, 통각은 젊은 사람들에 비해 노인들이 덜 민감하지만 통각의 저하는 연령과는 크게 상관성이 없다.

다음으로 자각기능반응속도의 저하가 있다. 노년기에는 이러한 감각기관이 수집한 정보를 의식적 수준에서 처리하고 평가하는 자각기능의 반응속도가 저하된다. 즉, 노년기에 이르면 뇌의 신경자극전달세포의 감소, 연령 증가에 따른 조심성, 심사숙고의 증가 등의 원인에 의하여 운동반응, 반응시간, 문제 해결, 기억력, 정보처리과정에서 반응속도가 둔화된다. 그러므로 노년기에는 환경변화에 즉각적으로 대처할 수 없게 되어 안전사고를 유발할 가능성이 높아진다.

수면도 포함된다. 연령이 증가함에 따라 일반적으로 수면시간이 감소하게 되는데, 20대에는 하루 평균 7~8시간의 수면을 취하지만 55세 이후부터는 급격히 감소하여 65세 이상에서는 5~6시간 정도 수면을 취하게 되는 것으로 나타나고 있다. 이러한 수면시간의 감소와 함께 취면장애, 조기각성, 주야전도, 숙면장애 등의 수면장애를 경험하는 경우가 많다. 특히 REM(Rapid Eye Movement) 수면시간이 감소함에 따라 피로 회복률이 낮아짐으로써 낮 동안의 일상적 활동에 지장을 받는 경우가 많아진다.

두 번째, 인지 및 정신기능이다. 사망 직전 혹은 사망 5년 전부터 지적 능력의 감퇴가 확실히 나타난다는 연구보고들이 있다. 하지만 일반적으로는 노년기의 지능, 기억력, 사고 및 문제해결능력의 변화양상에 대한 연구결과는 아직 일치된 의견이 제시되지 않고 있다. 먼저 지능을 살펴보자. 인지기능 중에서 지능은 개체가 유목적적으로 행동하고 사고하며, 환경에 효율적으로 대처해 가는 종합적이고 총체적인 능력으로, 새로운 것을 학습할 수 있는 능력 또는 환경에 적응하는 능력을 의미한다. 지능은 일반적으로 18~25세 이후부터는 점진적으로 쇠퇴한다고 보고 있으나, 지능에는 여러 종류가 있으므로 특정 영역의 지능만을 근거로 지능의 약화를 주장할 수는 없다.

샤이에(K. Warner Schaie)[84]의 연구에 의하면 연령이 증가함에 따라 선천적으로 갖고 태어난 수에 대한 감각, 정확성, 기억능력, 반응속도 등의 유동성 지능은 20~30대에 절정을 이루며 70세 이후부터 급격히 감퇴하는 반면, 경험을 통하여 후천적으로 획득된 추론능력, 어휘력 등의 결정성 지능은 60세까지 꾸준히 증가하는 것으로 나타나고 있다. 이러한 점을 볼 때, 연령과 지능이 반비례적 관계에 있다고 단정하기는 어렵다. 따라서 지능은 연령 이외의 변인, 즉 교육수준, 생활경험, 직업, 동년배집단효과, 지능검사 시의 신체 및 건강상태 등의 영향을 많이 받는다. 그리고 창의성은 30대에 정점을 이룬 후부터 조금씩 감퇴되지만, 60~70세에서도 20대와 동일한 수준의 창의성을 발휘할 수 있으며, 80세에도 여전히 중요한 일들을 훌륭하게 수행하는 경우가 많이 있다.

다음으로는 기억력이다. 기억이란 외부에서 들어온 정보를 대뇌에

---

84 K. Warner Schaie is an Evan Pugh Professor of Human Development and Psychology at Penn State University and Affiliate Professor of Psychiatry and Behavioral Science at the University of Washington. He also is concurrently the director of the Gerontology Research Center at Penn State.

기록해서 저장했다가 어떠한 상황에 직면하여 의식으로 되살려내는 정신기능을 의미한다. 이러한 기억은 Ⓐ 5~10초 후에 회상해내는 단기 기억, Ⓑ 1시간~며칠 후에 회상해내는 최근 기억, Ⓒ 오래전에 일어난 일을 생의 과정을 통하여 자주 회상되던 것을 회상해내는 장기기억, Ⓓ 오래전에 일어난 일로서 한 번도 회상해 본 적이 없는 것을 회상해내는 최고 기억으로 구분된다.

노년기에 이르면 일반적으로 단기기억과 최근 기억의 능력이 약화되고 암기보다는 논리적인 것의 기억능력이 더 많이 감퇴되는 것으로 알려지고 있으며, 보는 것보다는 듣는 것의 기억력이 뛰어나므로 노인들의 학습능력 증진을 위해서는 청각을 활용한 교육방법이 더 효과적이다.

다음으로 학습능력과 사고능력, 치매이다. 연습이나 경험을 통하여 정보나 기술을 습득하는 학습능력은 일반적으로 연령이 증가함에 따라 저하되는 것으로 알려지고 있다. 그러므로 노인들의 학습능력을 증진시키기 위해서는 충분한 시간을 부여하고, 의미 있고 분명하며 구체적인 학습과제를 부과하고, 학습결과에 대해서 즉각적인 피드백을 제공하는 것이 바람직하다.

사고능력은 학습과 지각에 의해 받아들인 정보를 구별하고 분류하여 개념화하는 과정으로 이미 습득한 지식을 활용하여 여러 가지 과제를 해결하거나 과제상황에 대처하는 것을 의미한다. 그리고 문제해결능력은 사고과정에서 형성된 개념들을 바탕으로 논리적 추리를 하여 어떤 결정을 내리는 것을 의미한다. 이러한 사고능력과 문제해결능력은 연령이 증가함에 따라 저하되는 것이 일반적이지만 단순히 연령증가만이 그 원인이라고 단정 짓기는 어려우며 연령과 교육수준·인생경험·지능·직업·동년배효과 등의 요인이 복합적으로 영향을 미친다.

노년기에 주로 일어나는 사고능력과 기억력의 심각한 장애인 치매는 심각한 사회문제로 인식되고 있다. 치매는 뇌질량의 감소, 뇌혈관장애, 알코올 등과 같은 원인에 의해 인지기능과 고등정신기능이 감퇴되는 기질성 정신장애로서 기억장애, 추상적 사고장애, 판단장애, 대뇌피질장애, 성격변화가 수반됨으로써 직업 일상적 사회활동 또는 대인관계에 지장을 받게 되는 복합적 임상증후군이다.

마지막으로 지혜와 영성이다. 노인들은 오랜 삶의 경험을 통하여 나름대로 삶에 대한 지혜를 갖게 된다. 지혜는 지식과 실용적 능력을 결합하여 인생에 대해 더 큰 이해를 갖게 되는 개인적 지식의 통합체로서 공식교육, 부모나 스승의 가르침, 수도 등을 통하여 후천적으로 습득할 수도 있지만, 성인이나 종교지도자처럼 선천적으로 타고나는 경우도 있다. 노년기에 겪게 되는 반응속도의 저하와 같은 인지기능의 저하를 오랜 인생경험을 통해 획득한 지혜를 사용하여 보완해 나갈 수 있다. 또한, 노화 자체가 궁극적 존재의 이유에 대해 관심을 갖게 하고 죽음에 대해 깊이 명상하게 하며 보편적 가치를 추구하게 하므로 노년기에는 영성(spirituality)이 더욱 깊어지는 경향이 있다. 대다수의 노인들이 젊은 시절에 비해 영성이 훨씬 깊어진다는 연구조사가 있다.

(3) 정서 및 성격변화

정서 및 성격변화에 있어 자아정체감을 살펴보자. 노년기의 자아정체감 변화에 대하여 상반된 이론이 제시되고 있다. 밀러(S. J. Miller)는 노년기에 이루어지는 은퇴로 인하여 자아기반이 와해되면서 노인은 정체성 위기에 직면하게 된다는 정체감위기이론을 제시하였다. 반면, 아첼리(R C. Atchely)는 정체감은 여러 가지 원천에서 파생되므로 은퇴 이후에도 여러 가지 역할을 통하여 정체감을 유지할 수 있다는 정체감 유지이론을 제시하고 있다.

에릭슨(E. E. Erikson)은 노년기의 심리사회적 위기인 자아통합(Integration) vs 절망(despair)은 중·장년기의 생산성 vs 침체의 위기를 어느 정도 성공적으로 극복했는가에 따라 그 결과가 달라진다고 하였다.[85] 자아 통합은 자신의 과거 및 현재의 인생을 바라던 대로 살았다고 받아들이고 만족스럽고 의미 있게 생각하며, 다가올 죽음을 인정하고 기다리는 태도를 갖는 것이며, 이에 반해 절망은 자신의 과거 및 현재의 인생을 후회스럽고 불만스럽게 생각하고 다시 한 번 기회가 주어진다면 다르게 살겠다는 생각이며, 죽음 앞에 남은 시간이 너무 짧아 어떻게 할 수 없기 때문에 불안, 초조해하는 것을 의미한다. 노인이 자아통합에 이르게 되면 자신이 살아온 인생을 수용하고 두려움 없이 죽음에 직면하는 능력이 높아지지만, 절망에 이른 경우에는 죽음을 수용하지 못하고 타인을 원망하며 우울증의 경향을 보인다.

두 번째로는 감정표현능력이다. 노년기에는 감정표현능력이 저하된다. 이러한 감정표현능력의 저하는 연령의 증가에 기인한 것이라기보

---

85 Erik H. Erikson, *Identity and Life Cycle* (New York: International Universities Press, 1959), 166, Donald E. Capps, 「인간발달과 목회적 돌봄」 (서울: 이레서원, 2001), 문희경 역, 43에서 재인용.

다는 사회문화적 요인에 더 큰 원인이 있다. 즉 감정표현을 억제하는 것이 사회문화적으로 보다 바람직한 것이라는 사회적인 압력에 순응한 결과라고 할 수 있다. 노년기의 성격, 특히 방어기제의 변화와 관련하여 존스(C. J. Jones)와 메레디스(W. Meredith), 코스타(P. T. Costa)와 맥크레이(R. R. McCrae)는 나이가 들수록 투사, 공격성 등의 미성숙한 방어기제는 줄어드는 반면 승화와 같은 성숙한 방어기제는 더욱 증가하는 경향이 있다고 하였다. 그러나 노년기의 성격이 연속성과 안정성을 유지한다는 주장과 변화한다는 주장이 동시에 제기되고 있다.

여기에서는 10가지 대표적인 노년기의 특징적 성격 변화[86]에 대해 언급하고자 한다. 첫째, 내향성 및 수동성의 증가이다. 외부 사물이나 행동보다는 내적인 측면에 관심과 주의를 기울이며, 자신의 사고나 감정에 따라 사물을 판단하고 능동적 문제해결보다는 타인에 대한 의존성이 증가한다. 둘째, 조심성의 증가이다. 정확성을 중시하며, 감각능력이 감퇴하고 결정에 대한 자신감의 결여로 인하여 확실한 것을 추구하는 경향이 강해진다. 셋째, 경직성의 증가이다. 자신에게 익숙한 습관적 태도와 방법을 고수하며, 이로 인해 학습능력과 문제해결능력이 저하되는 것이 일반적이다. 넷째, 우울 성향의 증가이다. 신체질병, 배우자 사망, 경제사정 악화, 사회로부터의 고립, 일상생활에 대한 통제력 약화, 과거에 대한 회상의 증가로 인하여 우울 성향이 증가하고 이로 인한 불면, 무감각, 강박관념, 증오심, 체중감소현상이 나타나기도

---

86 윤진, 182-7.

한다. 다섯째, 생에 대한 회상의 경향이다. 과거의 인생을 회상하여 남은 시간에 지금까지 해결하지 못한 것을 찾아서 새로운 해결을 시도하고 새로운 인생의 의미를 발견하려 한다. 여섯째, 친근한 사물에 대한 애착 증가이다. 사용해온 물건에 대한 애착이 증가하며, 이를 통해 과거 인생을 회상하고 마음의 평온을 추구한다. 일곱째, 성역할 자각의 변화이다. 남성은 친밀성·의존성·관계지향성이 증가하는 반면 여성은 공격성·자기주장·자기중심성·권위주의 성향이 상대적으로 높아진다. 여덟째, 의존성의 증가이다. 노화가 진행됨에 따라 경제적 의존·신체적 의존·정서적 의존·사회적 의존성이 전반적으로 증가한다. 아홉째, 시간전망의 변화이다. 40세 이후부터 시간전망의 변화가 나타나는데, 남아 있는 시간을 계산하고 시간이 얼마 남지 않았다는 사실을 회피하기 위하여 과거에 대한 회상에 집중하거나 반대로 과도하게 미래지향적이 되기도 한다. 열째, 유산을 남기려는 경향: 죽기 전에 자손·예술작품·기술·지식·재산 등 뭔가를 남기려는 성향이 강해진다.

끝으로 노년기의 성격유형[87]은 크게 5가지로 나누어볼 수 있다. 첫 번째는 성숙형이다. 매사에 신중하고 은퇴 후의 변화를 수용하고 과거에 집착하지도 않으며, 여생이나 죽음에 대하여 과도한 불안이 없다. 두 번째는 방어형이다. 노화에 따른 불안을 방지하기 위해 사회적 활동 및 기능을 계속 유지한다. 세 번째는 은둔형이다. 은퇴 후 과거에 힘든 일이나 복잡한 대인관계에서 벗어나 조용히 수동적으로 보내

---

87 권중동, 60에서 레이차드(Reichard)의 노년기 성격유형 재인용.

는 것에 만족한다. 네 번째는 분노형이다. 젊은 시절 인생 목표를 달성하지 못하고 늙어버린 것을 비통해하고, 실패 원인을 외부에 투사하여 남을 질책하고, 자신의 늙음에 타협하지 않으려 한다. 다섯 번째는 자학형이다. 지난 인생에 대해 후회가 많고 불행이나 실패의 원인이 자신에게 있다고 여겨 자신이 무가치하고 열등하다고 생각하여 의기소침하거나 우울해한다.

3) 노년의 사회적 이해

(1) 사회적 노화의 개념과 특성

인간이란 사회 속에서 상호작용하며 살아가는 존재이기에 노화의 사회적 측면을 정확히 이해하기 위해서는 노년기로의 전환과 함께 이루어지는 개인 수준에서의 사회적 상황 변화뿐만 아니라 자신을 둘러싼 사회 환경에도 영향을 미치게 된다. 그러므로 노화를 정확하게 이해하기 위해서는 노년기로의 전환과 함께 이루어지는 개인 수준에서의 사회적 상황 변화뿐만 아니라 사회가 노화과정이나 노인에게 미치는 영향, 노인인구로 인하여 야기되는 사회적 변화라고 하는 세 가지 측면을 모두 고려해야 한다. 하지만 노화의 사회적 영역은 주로 노년기로의 전환과 함께 나타나는 개인수준에의 사회적 상황 변화로 사회적 노화의 영역을 제한하는 것이 일반적이다. 그러므로 사회적 노화란 "노년기로의 전환과 함께 나타나는 노인 개인수준의 사회적 상황 변화, 즉 사회적 관계망과 상호작용, 사회규범과 사회화, 그리고 지위와 역할의 변화"라고 정의할 수 있다.

(2) 사회적 노화의 양상

사회적 노화의 양상 가운데서 노년기로의 전환과 함께 나타나는 사회적 관계망과 상호작용, 사회규범과 사회화, 지위와 역할의 변화에 국한하여 각각의 영역에서 노인 개개인에게 어떤 변화가 일어나며 이러한 변화에 사회환경이 어떠한 영향을 미치는가에 대해 살펴보는 것이 중요하다.

우선적으로 사회관계망과의 상호작용에 대해 살펴보자. 일반적으로 노년기에는 퇴직, 배우자와 친구의 상실 등으로 인해 사회적 관계망이 줄어드는 것이 일반적이다. 또한 직장 등과 같은 2차 집단과의 유대관계 및 참여 정도는 줄어들고 가족, 친구, 이웃 등과 같은 1차 집단과의 관계가 사회적 관계의 중심이 되며, 그중에서도 가족이나 자녀와의 관계가 핵심적 관계축이 된다.[88]

부부관계의 특징을 살펴보자. 노년기에는 평균수명의 연장과 출산 자녀 수의 감소로 자녀양육 기간은 줄어들고, 배우자 사망 이후 독신으로 생활하는 기간과 여가시간이 늘어나게 된다. 그러므로 노년기의 원만한 부부관계의 유지는 삶의 만족도 유지에 필수적 요인이 된다. 이를 위해 건강 및 경제적 자립, 생활 범위의 조정 등이 이루어질 필요가 있다. 특히 남성노인의 경우, 은퇴 이후 익숙하지 않은 가정이란 공간에 머물게 되는 시간이 늘어나게 되면서 배우자와 갈등을 일으키는 경우가 많아질 수 있으므로 양성적 성역할을 사전에 익힐 필요가

---

88 권중돈, 66.

있다.

또한 노년기가 되면 배우자의 사망이라는 상실을 경험하게 되는데, 이때 많은 노인들이 슬픔·불면증·식욕상실·체중감소·사회활동에 대한 관심 저하·불안·우울·분노·비통·죄의식 등과 같은 애도 감정이나 이와 관련된 행동을 나타낸다. 이 밖에도, 최근 황혼이혼이 점차 증가하고 있으며 노년기 재혼에 대해 보다 허용적인 태도로 바뀌고 있다. 하지만 노년기 재혼에 대한 욕구는 노인 자신의 보수적인 성 도덕관, 자녀의 반대, 경제적 자립생활능력의 결여, 노인전문 결혼상담기관의 부족 등으로 실제 재혼에 이르는 경우는 많지 않은 실정이다.

두 번째로는 자녀 관계의 특징이다. 노년기에는 성인 자녀와 적절한 유대관계를 형성해야 하지만, 노인이 부양자의 지위에서 피부양자의 지위로 전환하는 과정에서 많은 어려움을 겪기도 한다. 특히 핵가족화, 소가족화의 영향으로 자녀와 별거하는 비율이 높아지면서 노인과 자녀와의 연락이나 접촉빈도가 낮아지는 등 양적 관계에 있어서 변화뿐만 아니라 부모-자녀 간의 정서적 유대관계도 소원해지는 등 질적 관계에서도 많은 변화가 일어나고 있다. 특히 결혼, 취업 등으로 인해 자녀가 모두 부모의 곁을 떠나고 노부부만 남게 되는 빈둥지(empty nest) 시기를 자유롭게 자기 자신을 개발할 수 있는 기회로 활용하는 경우가 있지만 자녀가 떠난 빈자리로 인해 우울을 경험하는 경우도 있다.

이와 같은 부모-자녀관계를 원만하게 유지하기 위해서는 자녀에게 일방적으로 의존하기보다는 상호지원 관계를 유지하고 신체적 건강의 유지, 안정된 소득기반의 조성, 그리고 심리적 건강 등을 확보하여야 한다. 그렇지 못할 경우, 가족들에 대한 의존성이 높아지고 가족 내·

노년기 목회돌봄과 상담

외부의 사회적 역할 수행에 어려움을 겪게 될 뿐만 아니라 가족기능과 가족관계에서 많은 어려움을 초래하게 된다.

세 번째로는 손자녀 관계의 특징이다. 평균수명의 연장으로 인하여 조부모로서의 역할을 수행하는 기간이 증가하였지만, 이전과는 달리 조부모의 교육적 기능은 사라지는 상황이다. 최근 들어 조부모가 부모를 대신하여 손자녀와 즐거운 시간을 보내고, 나머지 시간에는 노인 자신의 관심 추구에 많은 시간을 보내는 경우가 늘어나고 있다. 또한 예전처럼 손자녀 훈육도 엄격하지 않고 온화하고 관대해지는 경향이 강하게 나타나고 있으며, 성인 자녀와의 별거로 인하여 원거리형 조부모 역할유형이 증가하고 있다.

네 번째로는 친구 관계의 특징이다. 노년기의 친구 관계는 가족관계 못지않게 중요하다. 노년기의 친구 관계는 노후적응에 매우 중요하며, 자아의 중요한 지지 기반이 된다. 노년기에는 직장동료 관계 등과 같은 기존의 사회적 관계가 축소됨에 따라 친구의 수가 줄어들게 되지만 새로운 친구를 사귀기가 쉽지 않으며, 대부분 지역적으로 가까운 곳에 사는 이웃 노인이 친구가 되는 경우가 많다. 따라서 노년기에 친밀한 친구 관계를 유지하기 위해서는 경제적으로 안정되어 있어야 하고 건강상태가 양호해야 하며, 동일한 지역에서 오래 거주하는 것이 바람직하다. 대다수의 노인들은 자신이 거주했던 집에서 살고 싶어 하며, 주거지를 변경하는 경우는 많지 않다. 그러나 퇴직 혹은 자녀와의 동거로 인해 주거환경이 바뀔 경우 사회적 관계망의 위축, 지역사회에서의 상징적 지위의 상실, 새로운 이웃과의 관계 설정 과정에서의 어려움 등 부정적 영향을 받는 경우도 많이 있다. 또한 질병이나 가족의 부양

능력 한계 등으로 인해 노인복지시설에 입소하는 경우가 점차 늘어나는 경향을 보이는데 시설에 입소하게 될 경우 지역사회에서 거주하는 경우보다 외부 사회적 관계망과의 상호작용이 좀 더 많이 위축될 수 있다.

이제는 사회적 노화의 양산가운데 연령 규범과 사회화를 살펴보자. 성공적인 사회생활을 위하여 개인은 자신이 속한 집단이나 사회에서의 지위에 적합한 기술·지식·가치·역할 등을 학습하여야 한다. 이러한 개인 수준 또는 사회적 수준에서 이루어지는 노력을 사회화라 한다. 즉 사회화란 "사회적 상호작용을 통하여 사회적 규범·가치·역할기대 등을 학습하고 사회생활에 필요한 사회적 기술들을 발전시키게 하는 사회적 학습과정"이라 할 수 있다.[89]

이러한 사회화의 과정은 일생동안 지속되는 것으로, 주변의 사회적 관계망과 관계를 맺는 과정에서 타인의 태도와 행동은 특정 개인의 행동방식에 영향을 미치며, 사회가 자신에게 기대하는 바와 제한하는 바가 무엇인지를 배우며, 승인되는 행동과 승인되지 않는 행동이 무엇인지를 알게 된다. 사회적으로 기대되는 행동을 하게 되면 인정을 받지만 그렇지 못할 경우에는 벌을 받는다. 따라서 노인들도 사회의 연령 규범과 사회화에 대한 기대에 순응하여야 적응적인 삶을 영위할 수 있게 된다.

한 사회의 연령 규범이 명확할수록 구성원들의 사회화 과정은 보다

---

89   권중돈, 68에서 Atchley (2000) 재인용.

쉽게 이루어질 수 있다. 이때 연령 규범(Age Norms)이란 동시대인들이 특정 연령대에 적합한 행동을 하도록 각 개인에게 요구하는 사회적 기대나 가치를 의미한다. 이러한 연령규범은 한 개인이 무엇이 옳고 그른가를 판단하는데 영향을 미칠 뿐만 아니라, 특정 연령대에 속한 사람들의 권리와 의무를 규정하게 된다. 따라서 노인들은 사회의 연령규범을 기준으로 하여 자신이 무엇을 어떻게 할 것인지를 결정하게 된다. 그러나 급격한 변화를 경험한 우리 사회는 아직 노년기에 적합한 연령규범에 대한 합의가 이루어지지 않고 있다. 즉, 노년기에 대한 긍정적 시각과 부정적 시각이 혼재해 있고, 노년기의 사회적 역할과 연령적합행동에 대한 사회적 합의가 이루어지지 못하고 있다.

이러한 노년기와 관련된 연령 규범의 부재로 인해 노년기에 적합한 가치·기술·지식·향동 등을 중년기 이후 사전에 학습하고 싶어도 할 수가 없게 되며, 예비적 사회화 과정을 거치지 못한채 노년기에 진입하게 됨으로써 노후생활에 많은 혼란과 어려움을 경험하게 된다. 또한 우리 사회가 어린이나 젊은이의 사회화에 주력하기 때문에 노인에게 새로운 지식이나 기술을 습득할 수 있는 기회가 제한됨으로써 사회에서 분리될 수밖에 없다. 그리고 노인 스스로도 노화가 진행됨에 따라 새로운 사회적 기술의 학습에 어려움을 겪기 때문에 사회적으로 고립되어 간다. 또한 현대사회에서는 노년기의 사회적 역할이나 지위가 명확히 확립되어 있지 않기 때문에 이전의 발달단계에서 노년기에 대한 예비적 사회화 기회를 갖지 못하여 노년기의 사회화는 더욱 어려워지게 된다. 그러므로 노년기 연령 규범의 부재와 이로 인한 사회화 과정의 혼란은 사회구성원들로부터 인정받지 못하게 만드는 어려움이 생

길 수 있으며 이로 인해 노인에 대한 사회적 차별이 심화될 가능성이
있다.

(3) 지위와 역할의 변화

노년기 지위와 역할 변화의 특징을 살펴보면 다음과 같다. 우선 개
인의 정체성이나 행동규범은 종종 그가 지닌 사회적 지위[90]나 역할[91]
에 의해 주로 결정된다. 이러한 사회적 지위와 역할은 한 개인이 행사
할 수 있는 권력, 사회적 영향력, 그리고 삶의 질을 결정하는 매우 중
요한 요소이다. 이러한 사회적 지위나 역할은 일생을 통하여 변화하게
되는데, 일반적으로 성인기까지는 사회적 지위와 역할을 획득하는 경
우가 많지만 노년기는 중요하고 가치 있는 사회적 지위와 역할을 상실
하는 경우가 더 많다. 즉, 노년기에는 친구와 가족의 죽음, 직업적 지
위와 수입의 상실, 신체적인 건강, 아름다움의 저하, 그리고 전체적인
삶의 목적 상실 등 얻는 것보다는 잃는 것이 더 많은 시기이므로 상실
의 시기라고 할 수 있다. 그러나 노년기에 사회적 지위나 역할을 잃기
만 하는 것은 아니며, 새로운 역할을 얻기도 하고 동일한 역할을 수행
하더라도 그 수행방법이 변화되며, 역할 자체의 중요성이 변화되는 등
다양한 역할 전환을 경험하게 된다.

노년기의 지위와 역할의 변화에 나타나는 특성을 보면, 먼저 노년기

---

90 사회적 지위란, "사회적 신분에 따라 개인이 차지하는 자리나 계급"을 의미한다.
91 사회적 역할이란, "지위의 동적인 표현으로서 특정한 사회적 지위에 상응하는 기대 행동"
을 뜻한다.

에는 특정한 지위와 역할은 상실하는 반면 다른 지위와 역할을 획득하게 된다. 노년기에는 직업인의 지위에서 물러나 퇴직인의 지위를 갖게 됨으로써 생계유지자 및 남편과 아내로서의 역할에서 피부양자, 독신, 조부모의 역할로 전환하게 된다. 그리고 2차 집단에서의 지위와 역할의 종류와 수는 줄어들지만 1차 집단 내에서의 지위와 역할은 큰 변화가 없다.

다음으로 노년기의 사회적 역할수행유형에 대해 살펴보자. 노년기의 사회적 지위에 따르는 역할수행방법은 개인에 따라 많은 차이를 보이는데 다음과 같이 8가지로 나누어 살펴볼 수 있다. 첫째, 재구성형으로서 젊음을 유지하고 활동적으로 지역사회활동에 참여하는 유형. 둘째, 집중형으로서 심사숙고해서 선택한 몇 가지 활동에 에너지를 집중하는 유형. 셋째, 유리형으로서 조용히 자기 자신에 몰두하고 스스로 사회적 관계로부터 위축되는 유형. 넷째, 계속형으로서 나이를 먹는다는 사실을 두려워하지만 바쁜 생활을 계속하고 성취지향적이며, 결코 은퇴하지 않는 유형. 다섯째, 제한형으로서 능력 상실과 노화의 위협에 사로잡혀 있으며, 에너지를 축소시켜 쇠퇴를 회피하려고 노력하는 유형. 여섯째, 구원요청형으로서 보통 정도의 사회활동을 유지하나, 타인에게 정서적으로 의존하는 유형. 일곱째, 무감각형으로서 인생을 수동적으로 살아온 사람으로 안락의자에 앉아 아무 일도 하지 않고 거의 하루를 보내는 유형. 여덟째, 와해형으로서 사고력이 퇴화되고 정서통제가 불가능한 유형이다.

이상에서 살펴본 바와 같이 노년기에 직업적 지위와 역할의 상실과 같은 중요한 지위와 역할을 상실하고 사회적 가치가 낮은 지위와 역할을 획득하게 됨으로써 노인 스스로 자신의 가치를 평가절하하게 되고 그로 인하여 자아존중감, 삶의 만족도 등이 낮아지게 된다. 그리고 사회 역시 노년기의 지위와 역할 상실을 당연하게 받아들이거나 오히려 이를 조장하는 경향을 보임으로써 노인의 사회적 분리와 소외를 초래하는 경향이 있다. 그러나 노년기의 역할 전환이 항상 부정적 결과를 초래하는 것은 아니다. 노년기에 이루어지는 역할 변화는 대부분 점진적으로 이루어지기 때문에 심리적으로 준비할 수 있는 시간을 충분히 가질 수 있으며, 대다수의 노인들은 이러한 역할 전환에 성공적으로 적응하고 있으며, 새롭게 획득한 지위와 역할에 만족하는 경우도 많이 있다. 이상에서 살펴본 노년기의 생물학적, 심리학적, 사회적 이해를 바탕으로 하여 인간 구성요소에서 빼놓을 수 없는 영적인 영역에서 바라보는 노년을 살펴보면 다음과 같다.

4) 노년의 영적 이해

모든 연령의 사람들이 자신들의 삶에서 의미를 추구한다. 특히 희망과 기본적인 신뢰 혹은 사랑이라 할 수 있는 친밀감은 건강한 성숙이나 성공적인 노화와 직결된다.[92] 기본적인 신뢰와 희망은 미래에 대한 믿음에 달려있고, 통합의 임무를 완성하는 것은 과거에 대한 믿음 위에서 가능하다. 하지만 나이가 들수록 종교적인 믿음이나 영성이 더

---

92 George E. Vaillant, 「10년 일찍 늙는 법 10년 늦게 늙는 법」 (서울: 나무와 숲, 2002), 이덕남 옮김, 349.

깊어지는가에 대해서는 여전히 논란의 여지가 많다.

　지혜와 마찬가지로 영성 역시 나이가 들수록 더 깊어진다고 여겨지고 있다. 그러나 성인발달연구를 통해 발견되는 사실은 영성이나 종교적 믿음이 성공적인 노화에 그다지 중요한 영향을 미치지 않는다는 것이다. 성공적인 노화, 성숙한 방어기제, 생산성에 가장 결정적인 영향을 미치는 것은 믿음이 아니라 사랑과 희망인 것으로 나타나고 있다.[93]

　(1) 노화와 영성의 관계

　이론적으로 나이가 들수록 영성이 깊어지는 것은 당연한 일이다. 노화 자체가 이미 영적 발달에 도움이 되는 방향으로 삶의 조건을 변화시키기 때문이다. 노화는 우리를 느긋하게 만들어주고, 인생의 꽃향기를 맡을 수 있도록 시간과 평화를 선사해 준다. 노화는 일상생활을 단조롭게 만들고, 우리 힘으로 변화시킬 수 없는 상황들을 담담하게 받아들일 수 있게 해준다. 노화는 불처럼 타오르는 본능을 잠재우고, 내적인 평화를 가질 수 있게 해준다. 노화는 죽음에 대해 깊이 명상하게 하고, 보편적인 가치를 추구하게 한다. 노화는 궁극적인 존재 이유에 관해 관심을 가지게 한다.

　75세를 넘긴 노인들을 대상으로 한 톤스탐(Lars Tornstam)의 연구에서 대다수의 노인들이 젊은 시절에 비해 영성이 훨씬 더 깊어진 것으로 나타났다.[94] 연구대상노인 대다수는 "내적 삶에서 더 큰 기쁨을 맛보고

93　Ibid., 352.

있다", "삶과 죽음의 경계는 그리 중요하지 않다", "삶의 연장선에서 보자면, 개인적인 삶은 하찮은 것에 지나지 않는다"라는 항목들에 50 대 때보다 훨씬 더 긍정적인 반응을 보였다.

(2) 성공적인 노화와 영성의 관계

53년 동안 진행된 하버드 대학 성인 발달 연구에서 밝혀진 사실은 영성이나 종교적 믿음이 성공적인 노화에 그다지 중요한 영향을 미치지 않는다는 것이다.[95] 성공적인 노화, 성숙한 방어기제, 생산성에 가장 결정적인 영향을 미치는 것은 믿음이 아니라 사랑과 희망이었다. 연구대상자들이 믿음을 종교적인 것과 결부시키든, 아니면 영적인 깊이와 연관 짓든 그것은 전혀 중요하지 않았다. 노년에 이르면 종교나 영성이 중년에 그랬던 것만큼 그렇게 중요한 문제로 다가오지 않는다.

이 연구를 진행한 베일런트(George E. Vaillant)교수는 "교회에는 젊은 사람들보다 노인들이 더 많은 게 사실이지만, 그렇다고 사람들이 나이가 들수록 교회에 더 많이 나간다고 단정 지을 수는 없다. 교회에 노인들이 더 많은 것은 단지 젊은 세대들이 할아버지 세대에 비해 과학이나 인류학이나 역사를 더 많이 접할 수 있게 되어 교회나 성당을 찾는

94 Lars Tornstam, "Gero-Transcendence: A Theoretical and Empirical Exploration", in L. E. Thomas and S. A. Eisenhandler, eds., *Aging and the Religious Dimension* (Westport, Conn.: Auburn House, 1994).

95 Vaillant, 352.

일이 훨씬 줄어들었음을 반영하는 것일 뿐이다. 이후 젊은 세대들이 나이가 들더라도 현실은 마찬가지일 것이다. 지혜와 마찬가지로, 노년과 영성의 연관성은 횡단적 연구의 인위적인 산물일 뿐만 아니라 잘못된 기억의 산물이기도 하다. 우리는 위대한 영적 지도자들의 모습을 떠올릴 때, 그들의 마지막 모습, 즉 노년에 이른 모습을 기억하게 된다. 그러나 실제로 영적인 지도자들 대부분 젊은 시절에 위대한 업적을 이루었다. 간디나 빌리 그레이엄 목사, 톨스토이, 마더 테레사 수녀의 영성은 그들이 40~50세였을 때보다 생의 마지막에 가서 더 깊어졌던가? 그렇다고 말하기는 어려울 것이다. 알버트 슈바이처의 삶을 이끌었던 도덕률, 즉 '삶에 대한 외경'은 40세부터 이미 그의 삶을 지배하기 시작했다. 슈바이처는 40세에 이미 그와 같은 도덕률이, 인간은 물론 온 세상 만물과의 영적, 인간적 관계를 수립하는 데 꼭 필요한 요소임을 깨달았다. 그러나 우리는 모기 한 마리도 죽이지 못할 만큼 영성이 깊었던 슈바이처 박사를 백발이 성성한 노인의 모습으로만 기억하고 있다"라고 적고 있다.[96]

하지만 252명의 노인을 대상으로 25년 동안 꾸준히 진행된 듀크 대학의 장기간에 걸친 노화연구는 종교적 참여가 우울증 치료에 효과가 있는 것으로 나타났다.[97] 과거에 우울증을 앓은 사람이라 하더라도, 현재 종교적 활동을 열심히 하고 있는 사람은 정신과를 찾는 일도 없고,

---

96 Ibid., 357-8.
97 E. B. Palmore, "Predictors of the Longevity Difference: A 25-Year Follow-up", *Gerontology*, 1982, vol. 22, 513-8.

2장: 노년의 다면적 이해 및 노인인구 영향

우울증 증세를 보이지도 않는다. 일반 인구 조사에서도 종교 활동 참여도가 높은 사람들 중에서는 우울증 증세를 보이는 경우가 드물었다.[98] 또한 병원치료보다는 종교에 의지해 우울증을 치료할 경우, 훨씬 더 회복 속도가 빠른 것으로 나타났다.[99]

하버드 대학의 성인 발달 연구에서 나타난 결과를 보면, 종교적 신념, 새로운 생각에 대해 열린 태도, 편견없는 정치적 관점 등은 성공적인 노화에 '직접적인' 영향을 미치지 않았다. 비록 노년에 영성이 깊은 사람이라 하더라도 성공적인 노화의 측면에서 높은 점수를 얻지 못한 것으로 나타났다.

지금까지 노년 돌봄의 효과적 수행을 위해 필수적이라 할 수 있는 노년의 다면적 이해를 살펴보았다. 이러한 노년의 다면적 이해와 아울러 노년돌봄을 위한 사회적 지지와 구체적 실행에서 빼놓을 수 없는 노년 인구가 미치는 사회적 영향을 살펴보는 것은 중요하다 하겠다. 따라서 다음에서는 우리나라 노년 인구의 변화가 사회 전체에 미치는 여러 가지 영향을 살펴보아 노년기 목회돌봄의 효과적 방안에 도움이

---

98 P. R. Williams, D. B. Larson, R. E. Buckler, R. C. Heckman, and C. M. Pyle, "Religion and Psychological Distress in a Community Sample", *Social Science and Medicine,* 1991, vol. 32, 1257-62; K. S. Kendler, C. O. Gardner, and C. A. Prescott, "Religion, Psychopathology and Substance Use and Abuse: A Multi-Measure, Genetic-Epidemiological Study", *American Journal of Psychiatry,* 1997, vol. 154, 327-36.

99 H. G. Koenig, H. J. Cohen, D. g. Blazer, C. Pieper, K. G. Meador, F. Shelp, V. Goli, B. Di-Pasquale, "Religious Coping and Depression Among Elderly Hospitalized Medically Ill Men", *American Journal of Psychiatry,* 1992, vol. 149, 1693-1700; H. g. Keonig, L. K. George, B. L. Peterson, "Religiosity and Remission of Depression in Medically Ill Older Patients", *American Journal of Psychiatry,* 1998, vol. 155, 536-42.

되고자 한다.

4. 노년 인구와 그 특성

노년 인구의 변화를 살펴보는 것은 노년 인구의 다양한 측면을 이해하게 되며, 노인과 연관된 문제와 그 대응책을 이해하는데 효율성과 효과를 높인다. 전 세계적으로 나타나는 인구구조 변화의 가장 큰 특징은 노년 인구의 절대 수와 상대적 비율이 증가한다는 점이다. 이러한 노년 인구의 증가 추이는 국가의 경제발전 수준과 관계없이 진행되고 있다.[100]

1) 노년 인구 개관

노년 인구의 증가는 20세기 전 세계적으로 나타나는 일반적 현상이다. 특히 제 2차 세계대전 후 아시아, 아프리카 여러 나라가 독립한 후 세계인구의 증가와 함께 노년인구의 증가가 더욱 가속화되었다. 이와 같이 노년 인구가 증가하게 된 배경은 사망률과 출산율의 변화와 밀접한 관련이 있다. 의학과 농업, 보건 서비스의 발전으로 평균수명은 증가하고 사망률은 저하됨으로써 노인인구의 절대 수가 증가하게 된다. 농경사회가 산업사회로 변천하면서 도시화로 인한 핵가족이 늘어남으로 자녀 수가 줄어듦으로써 노인인구의 상대적 비율이 증가하게 되었다. 우리나라는 해방 후 평균수명이 꾸준히 늘어남과 동시에 인구정책의 성

---

100 권중돈, 21-2.

공으로 다른 나라에 비해 노인인구의 증가가 상대적으로 빠르다.[101]

2) 우리나라 노년 인구의 특성

(1) 노령화 속도, 즉 노년 인구의 증가 속도가 매우 빠르다. 국제연합에서는 65세 이상의 노인인구가 전체 인구의 7% 이상을 차지할 때 고령화사회(Aging Society)로 분류하고 있는데, 우리나라는 2000년에 이미 고령화사회로 진입하였다. 그리고 2025년에는 초고령사회(Super Aged Society)에 진입할 것으로 예측되고 있다.[102]

프랑스는 고령화사회에서 초고령화 사회로 진행되는데 156년이 소요되며, 고령화 속도가 빠르다고 알려진 일본의 경우도 36년이 소요되는데 비하여 우리나라는 불과 26년밖에 소요되지 않을 것으로 추계되고 있다. 통계청의 장래인구추계에 의하면 65세 이상의 노인인구가 2030년에는 전체 인구의 23.1% 2050년에는 33.4%, 2070년 46.4%에 이를 것으로 예측되고 있다.[103] 이러한 우리 사회의 급격한 인구 고령화는 평균수명의 연장과 출산율의 감소로 인한 것이 근본 원인이지만, 한국전쟁 이후에 출생하여 현재 중년기에 속해있는 베이비붐 세대가 한꺼번에 노인인구로 전환되는 것이 가장 결정적인 원인이 되고 있다.[104]

---

101   현외성, 18.
102   권중돈, 24.
103   "50년 뒤 인구 절반"…노인 연령 상향론 '솔솔', [연합뉴스] https://www.yonhapnewstv.co.kr/news/MYH20220906024500641?input=1825m, 2023년 10월 11일 접속.
104   Ibid., 25.

(2) 노년인구의 성비 구성에서 남녀 노인 간의 평균수명의 차이로 인하여 여성 노인 인구의 비율이 점점 증가하고 있으며 연령이 높을수록 이러한 현상은 더욱 심화된다. 하지만 남성의 평균수명의 연장으로 남녀 간의 평균수명의 차이가 줄어듦으로 2000년에서 2030년 사이에 남성의 성비가 높아질 것으로 보인다. 하지만 여전히 여성 노인 인구의 절대 수와 상대적 비율이 높으며 80세 이상의 고령인구에서는 여성 노인 인구의 비율이 더욱 높아진다. 따라서 우리나라 노인 문제는 여성 노인 문제와 밀접한 관련성을 지닌다.[105]

(3) 노인인구의 지역별 거주 분포의 차이를 볼 때, 일반적으로 절대적 노인인구는 도시에 3/5 정도가 거주하고 있으나 비율을 볼 때 농촌 지역의 고령화 현상이 훨씬 빠르게 진행되고 있다.[106] 그러므로 농어촌 지역에 거주하는 노인들에 대해서는 도시 중심의 접근방법이 아닌 농어촌 지역의 특성을 살린 노인 문제 해결방안이 강구되어야 한다.

(4) 고령 노인의 증가

2000년을 기준으로 하였을 때 65세 이상 노인인구는 2030년에 3.4배 증가할 것으로 예측되는 반면 70세 이상은 3.9배, 그리고 80세 이상은 5.3배가 증가할 것으로 예측된다.[107] 따라서 앞으로 80세 이상의

---

105 권중돈, 28-9.
106 권중돈, 26-7.
107 2003년 고령자통계 (통계청 2003, 10), 권중돈, 28에서 재인용.

고령 노인의 증가가 심각한 문제로 등장할 것이다. 그러므로 다른 나라와 마찬가지로 우리나라 노인들도 각종 퇴행성 장애와 질병에 노출된다. 노인 수의 증가는 이러한 장애 노인이나 거동 불편 노인이 늘어간다는 것을 의미한다. 특히 핵가족화와 남녀 평균수명의 차이로 인한 독거노인 가구, 그중에서도 독신여성 가구가 증가하는 추세에 있기 때문에 고령장애 노인들에 대한 건강 및 장기요양보호서비스에 대한 사회적 준비가 요망된다.

(5) 노인인구의 질적 변화

현재 노인 계층은 주로 경제적으로 힘든 시기에 성장기를 보냈기에 적절한 공식교육을 받을 기회가 적어 2000년 현재 65세 이상 노인 중에서 공식 교육을 전혀 받지 못한 노인이 44% 정도이고, 문제를 해독할 수 없는 문맹 노인이 29% 정도를 차지하고 있으며 특히 여성노인의 문맹률이 41%에 이른다.[108] 하지만 통계청의 조사를 보면, 1990년에 비해 2000년도에는 교육을 받지 않은 노인의 비율이 19% 정도 줄어들었으며 대학 이상의 교육을 받은 노인은 2.5배 증가한 것으로 나타나고 있다.[109] 즉 노인인구의 교육수준이 증가하는 추세이며 현재 모든 인구의 교육수준이 증가하는 점을 고려할 때, 앞으로 고학력 노인인구가 차지하는 비중이 더욱 높아질 것으로 예측된다.

---

108   1998년 한국보건사회연구원의 통계.
109   2003년 10월 통계청 통계.

노년기 목회돌봄과 상담

5. 노년인구 증가의 사회적 영향

　인구의 고령화는 장수의 축복을 누리는 의미와 동시에 여러 가지 사회에 미치는 파장은 크다. 인구 고령화는 산업구조·재정과 금융·주택시장·문화·직업 환경 등 전체 사회에 큰 파장을 가져온다.

　첫 번째, 노년 인구 부양 부담의 증가이다. 인구구조의 변화로 인해 14세 이하의 유년 인구에 대한 생산가능인구의 부양 부담은 줄어들고 있지만, 노인인구에 대한 부양 부담은 증가하고 있다. 15~64세의 생산가능인구가 부양해야 할 노인인구의 비율을 의미하는 노인부양비는 1960년 5.3%에서 2000년 10.1%, 2020년 2.3%, 그리고 2050년에는 62.5%로 증가할 것으로 예측된다. 이는 2000년에는 생산인구 10명이 1명의 노인을 부양하면 되었지만, 2050년에는 생산인구 1.5명이 1명의 노인을 부양해야 하는 상황이 됨으로써 생산인구의 노인부양에 따르는 부담이 급격히 늘어날 것으로 예측된다. 따라서 이로 인해 노인부양의 문제로 생산인구와 노인인구 사이의 세대 간 갈등이 심화될 가능성이 있다.[110]

　두 번째, 노동시장의 변화와 경제성장 둔화현상이 올 수 있다. 노인인구의 증가는 경제활동인구의 감소와 직결되어 있으므로 노동력 부족현상을 야기하게 된다. 앞으로도 계속하여 현재와 같은 조기정년퇴직제도가 유지될 경우 지금까지 우리나라의 주력산업이었던 철강·화

110　권중돈, 26-7.

학·섬유·조선업종뿐만 아니라 전체 산업분야에서 노동력 부족현상이 더욱 심화되어 기업의 경쟁력을 약화시킬 것으로 보인다. 만약 정년제도가 연장될 경우 노동력 부족현상은 어느 정도 완화되겠으나, 경제활동인구 중에서 고령자가 차지하는 비율이 높아짐으로써 전반적인 노동생산성의 저하를 가져올 위험은 커진다. 이러한 고령화에 따른 노동력 부족과 생산성의 저하는 기업의 경쟁력 둔화로 이어지고 전체적인 국가의 경제성장을 저해할 위험이 있다.[111]

세 번째, 산업구조의 변화가 초래된다. 연금제도의 혜택을 충분히 누리지 못하고 노후 준비 역시 충실하지 못한 현재 노인세대는 상품구매력이 매우 낮으나, 연금제도의 혜택을 누리며 자신의 노후를 준비하고 있는 현재의 중·장년 세대가 노인이 될 경우에는 노인들의 상품구매력이 높아질 것이다. 따라서 노인들에게 필요한 건강약품과 식품산업, 의료서비스, 금융서비스, 레저 또는 노인주택사업 등의 실버산업 분야가 급격하게 성장할 것으로 예측된다. 이와 함께 인구 고령화에 적절히 대응하지 못하는 산업분야나 기업은 쇠락의 길을 걷게 될 가능성이 높다.[112]

네 번째, 부동산 시장에 변화를 가져온다. 선진국의 경우 노인인구가 증가함으로 주택가격이 전반적으로 하락하고 주택에 대한 수요도 낮아질 것으로 예측되고 있다. 그리고 노인들의 주거에 적합한 지역의

---

111 Ibid., 30.
112 Ibid.

노년기 목회돌봄과 상담

부동산 시장이 활성화될 것으로 보인다. 하지만, 우리나라의 경우 국토가 좁고 자녀와 별거하는 노인의 비율이 급격히 증가함에 따라 인구 고령화에도 불구하고 부동산 가격은 지속적으로 상승할 가능성이 더 높고 노인복지시설과 같은 집단주거시설의 확대가 지속적으로 이루어질 것으로 보인다. 또한 부동산을 담보로 노후 생활비를 마련하는 역모기지제도 또한 활성화될 가능성이 있다.[113]

다섯 번째, 국가의 재정위기와 정책 우선순위 결정에서의 갈등발생 가능성이 높다. 노인인구가 증가함에 따라 연금, 의료 및 복지비용 등의 사회보장 비용이 급격히 증가함으로써 국가는 재정불균형상태에 빠질 위험이 있다.[114] 현행 국민연금체계가 지속될 경우 빠르면 2030년, 늦으면 2040년경에는 연금재정이 고갈될 것이며 노인의료비 증가로 인해 건강보험재정의 적자현상은 더욱 심화될 것으로 예측되고 있다. 이러한 재정불균형의 해소를 위해 세 부담을 늘려야 하나 납세자의 수와 세금 규모가 줄어드는 상황에서의 세부담의 증가는 국민들의 조세저항을 불러올 가능성이 있다. 또한 노인인구의 필요에 따른 투자의 우선순위가 국가의 다른 분야의 투자와 상충될 경우가 있다.[115]

여섯 번째, 지역 간 불균형 문제가 발생할 위험이 있다. 농촌의 상대적으로 심화된 고령화는 적절한 농촌노인지원대책이 없이는 공동화되고 농업생산성이 더욱 저하되어 농촌지역의 경제적 사회적 어려움은

113　Ibid., 31.

114　Ibid.

115　Ibid.

더욱 심화될 위험이 있다.

일곱 번째, 세대 간 갈등이 심화될 위험이 있다. 노인인구의 증가는 연금재정을 압박하게 되며 이를 해결하기 위해 연금급여액 축소와 연금납입액은 높이는 방향으로 연금제도가 개혁될 수밖에 없다. 이로 인해 노인인구는 더 많은 연금급여를 요구하려고 하는 반면 생산인구인 젊은 세대는 연금액 인상에 반대하게 됨으로써 세대 간 갈등이 발생할 여지가 있다. 이 밖에도 노인들의 정치적 영향력 확대로 인한 정치구조의 재편, 여가 또는 레저활동의 주도계층 변화, 교육제도의 재편 등과 같은 인구 고령화에 다른 심각한 파급효과가 나타날 수 있다.[116]

---

116 Ibid., 31-2.

노년상담의 이해 및 유의점과 과정

앞서 살펴본 노년의 다면적 특징으로 미루어 볼 때 노년상담은 이미 사회구조의 주변으로 밀려난 노인들을 정서적으로 지지하여 변화한 사회에 적응할 수 있도록 하고, 노인과 관련해 어려움을 겪고 있는 가족원의 지지를 도모하는 전인적인 보살핌의 필요에 부응하기 위해 필요하다. 본 장에서는 효과적인 노년상담을 위해 노년 상담과 관련된 제반 내용을 살펴보기로 한다.

1. 노년상담의 정의와 특성

1) 노년상담의 정의

우리나라의 경우 노인들의 주요 관심은 대체로 역전된 역할에 따른 부부 및 성인자녀와의 갈등, 인지 및 기억기능의 감퇴를 포함한 건강문제, 간병인 및 도우미와의 갈등, 상실과 우울관련 정서적 어려움과 그리고 경제적 어려움의 영역이며, 다음으로 죽음과 관련된 불안 및 두려움 등으로 나타나고 있다.[117] 노년상담이란 이러한 문제들에 대하여 "도움을 필요로 하는 노인이 전문적으로 훈련을 받은 상담자와의 대면 관계를 통해 개인적·가족적·경제적·신체적 문제를 해결하고 감정·사고·행동 측면의 인간적 성장을 가져와서 성공적인 노후생활을 영위하기 위해 노력하는 과정"이다."[118] 또한 "사회적 약자인 노인들이 심리적·육체적·정신적·사회경제적 어려움에 관하여 다양한 통로를 통해 훈련된 상담자와 감정적·내용적·이해적 상호작용을 거쳐 기대했던 특정한 관심사에 대한 바람직한 결과를 얻는 모든 과정을 말한다."[119]

현대사회를 사는 노인이 당면한 다양한 욕구와 문제는 노년기의 성공적인 삶을 영위할 수 없게 하므로 이러한 장애요인을 살펴 제거하는 일련의 과정이 상담이 되며, 면접상담과 더불어 전화상담과 인터넷상담이 주요 상담방식으로 부각되고 있다. 이는 노인들이 자신을 노출하지 않고 문제를 해결하고 싶어 하는 마음뿐 아니라 자신보다 젊은 상담자에게 상담을 받는 것에 대한 부끄러움 등이 포함되어 있기 때문이다. 따라서 상담자는 내담자인 노인들의 발달 욕구를 이해하고 환경에

---

117 이장호·김영경, 「노인상담」 (서울: 시그마프레스, 2006), 17-8, 135.
118 김태현, "노년기 부부의 상호 간 지지와 역할공유 및 결혼적응에 관한 연구", 「한국노년학」, 17집 2호 (1997): 167-182.
119 이호선, 「노인상담」 (학지사, 2005), 59.

대한 노인의 적응을 돕는 것이 요구된다.

2) 노년상담의 특성

노년상담에 임하는 상담자는 노년상담의 특성을 충분히 숙지하여야
할 뿐만 아니라, 노년학 분야의 최신 연구 결과들이나 노화 관련 의학
및 사회과학 뉴스 등을 관심을 가지고 공부하여야 한다. 또한 열린 경
청 자세를 가지고 노인 내담자들로부터 듣고 배운다는 자세를 가지는
것이 바람직하다. 즉 노인 내담자들을 가르친다거나 교정한다는 자세
를 삼가고 그들의 인생의 이야기와 경험으로부터 삶을 배운다는 자세
와 함께 동반적 입장에서 상담을 진행하도록 하여야 한다. 노년상담에
는 일반상담과는 구별되는 특성 및 그에 따라 상담자가 알아야 할 몇
가지 기본 사항들이 있다.

우선 노인상담은 노인들의 특성으로 인해 다른 발달단계의 내담자
와 차이를 지니고 있으며, 이러한 차이는 노인상담이 지니는 독특한
어려움과 밀접한 관계가 있다. 노인상담이 지니는 특성을 살펴보면 다
음과 같다.[120] 첫째, 내담자의 연령이 상담자의 연령보다 대체로 높다.
노년상담은 그 대상의 특성상 일반상담과 비교하여 내담자의 연령이
다른 내담자에 비해 상대적으로 높다. 그리고 상담자의 연령이 내담자
의 연령보다 적을 경우 역시 많다. 유교문화의 영향을 강하게 받고 있
는 우리나라의 특성상, 내담자가 상담자보다 나이가 많을 경우, 내담

---

120   Ibid., 60-3.

자와 상담자 사이에 여러 측면에서 어려움과 저항이 일어날 수 있다. 상담을 위한 신뢰관계 형성에 어려움을 비롯하여 진행 과정에서 상담자 내담자 모두 부담을 느끼거나 다른 상담과는 다른 역동들로 인하여 어려움을 겪는다.

둘째, 내담자의 저항이 다른 상담에 비하여 비교적 강하다. 노인 특유의 보수성과 안전감의 이슈 및 유교문화의 영향으로 인하여 노인 내담자가 상담자의 상담 태도 및 진행과 방법 등에 강한 저항을 보일 수 있다. 즉 노인들은 경험을 통해 축적한 지식과 다양한 삶의 변수를 통제하고 조절하는 방법에 대한 개인적인 신념이 강하다. 특히, 상담자의 연령이 어릴 경우 내담자는 상담자를 통제하려고 하거나 자신의 경험에서 얻은 결과가 도전받을 때 강하게 저항하기도 한다.

셋째, 내담자의 경험의 폭이 넓다. 노년상담의 내담자는 오랜 삶의 경험을 통하여 다양한 지식을 축적하고 있다. 그중 삶의 변화에 대한 과정과 결과에 대한 경험은 내담자가 상담에 임하는 자세와 상담과정에 큰 영향을 미칠 수 있다. 이 영향력은 상담에 긍정적인 영향을 미칠 수도 있고 부정적인 영향을 미칠 수도 있다. 특히 부정적인 영향을 미치는 경우 내담자는 상담을 중지할 수도 있다. 따라서 노년상담에 임하는 상담자는 상담과정에서 유연함과 더불어 전문성이 더욱 요구된다.

넷째, 새로운 삶에 대한 의지와 변화욕구가 상대적으로 약하다. 노년기에 겪게 되는 신체노화, 경제적 제약 등은 노인들의 새로운 도전을 방해하는 주요 요인으로 작용한다. 즉 노인들은 변화를 추구하기보다는 문제를 있는 그대로 가지고 가려는 경향이 있다. 그러므로 노인

상담의 상담자는 노인들이 가지는 특성을 상담 전에 충분히 파악하고 내담자가 변화를 기대하고 변할 수 있도록 동기를 부여하여야 한다.

다섯째, 노인은 남은 삶에 의미를 부여하지 않으려 하고, 죽음과 연결 지으려는 경향이 있다. 노인들에게 죽음은 긴박한 문제이며, 죽음에 대해 강한 관심을 보인다. 이러한 죽음에 대한 노인들의 의식적, 무의식적 태도나 두려움은 내담자가 지닌 현재의 문제를 해결하거나 개선시키는데 방해가 될 수 있다. 노인상담에서 내담자는 죽음에 대해 각기 다른 태도와 평가를 보여주므로 상담자는 자신의 노인 내담자의 특성을 잘 파악하여 대처하여야 한다.

여섯째, 가족 및 보호자의 지지가 약하다. 노년상담은 대체로 노인 내담자 가족의 지원과는 무관하게 이루어지는 경우가 많다. 노인 내담자는 표면적으로 그 이유를 자신의 문제에 가족이 개입하기를 원치 않기 때문이라고 말한다. 하지만 대부분의 경우 노인들이 자신의 문제를 자녀의 수치와 연결시키기 때문에 자녀를 개입시키기를 꺼리거나 다른 가족 구성원의 무관심으로 인하여 가족의 지원을 받기 어려운 경우가 많다.

2. 노년상담의 의의와 역할

1) 노년상담의 의의

오늘의 노인들은 현 세대에 비해 비교적 교육수준이 낮고 성역할은 고정되어 있다. 또한 겪어온 어려움이나 자신의 현재 고민을 드러내기에는 자기표현 방법이 미숙하고 타성에 젖은 삶으로 변화에 민감하지 않다. 이러한 요소들은 노인들이 상담의 장으로 나오는 것을 주저하게 만드는 장애 요소가 된다. 전체상담에서 노인 내담자의 수가 적은 것은 이러한 장애요소 때문이다. 따라서 노인들의 문제는 숨어있으며, 드러나지 않는 상처와 해결되지 못한 인생의 문제, 관심과 사랑에 대한 욕구, 사회적 인정에 대한 요구 등 많은 상처와 욕망이 현존한다. 따라서 노인상담은 이러한 노인들의 욕구와 필요에 민감하게 반응하고 해결하기 위해 필요한 상담의 한 영역이다.

2) 노년상담의 역할

노년상담의 역할에는 크게 4가지가 있다. 첫째, 노년상담은 노인들이 인생의 발달단계에서 경험하고 있는 변화와 적응에 적절하게 대처하도록 돕는 역할을 한다. 노년기를 살면서 노인들은 상대적인 박탈감을 경험하고 빠르게 변화하는 세계 속에서 자신이 소외되었다고 느낀다. 그러므로, 노인상담은 노년기기 인생발달 중 한 부분이라는 것을 인식하도록 하고 만족스러운 삶을 살 수 있도록 적절한 지지를 제공한다. 둘째, 노년상담은 노인들이 현재 가지고 있는 다양한 문제를 이해하고 이에 대한 정서적 지지를 제공하며, 문제해결을 위한 적절한 도움과 향후 발생할 수 있는 문제에 대한 예방 차원에 이르도록 노인들을 돕는 역할을 한다. 셋째, 노년상담은 노인들의 숨은 욕구와 현실적인 욕구 해결방안에 대한 도움의 방법을 모색하여 노인들이 생의 후반기를 원만하고 만족스럽게 지낼 수 있도록 지원하는 역할을 한다. 넷째, 노년상담은 노인을 비롯하여 노인을 부양하고 있는 가족원에 대한 지원과 지지까지 포함한다. 또한, 노인에 대한 가족원의 이해를 도모하고 호의적인 관계 유지를 위해 가족원을 정서적으로 지지하여, 가족이 노인의 성공적인 노후생활을 돕도록 적절한 지원을 제공하는 역할을 한다.

3. 노년상담의 전이와 역전이

1) 노년상담의 전이

노인들은 대개 노년기에 자기 통합을 이루지 못한다면 상당부분 젊었을 때의 이미지를 마음속에 가지고 있게 된다. 따라서 젊은 시절부터 가져온 개념들을 여전히 유지하고 있을 가능성이 상당히 높다. 예를 들어 평생 신경질적인 성격을 가진 여성 노인이 해결되지 않은 어린 시절의 문제를 그대로 간직한 채, 지나칠 정도로 야한 옷차림을 하고 다니면서 보내고 10대 때의 심정으로 상담에 임할 가능성도 있다. 이런 경우 내담자가 성적으로 다가오는데 익숙하지 않은 젊은 상담자는 매우 당황하게 된다. 이러한 노인상담의 전이는 다음의 **세 가지**에 영향을 받는다.

첫째, 어린 시절의 경험이다. 상담자와 내담자의 나이와 관계없이 내담자는 상담자를 평생 가지고 있던 부모의 상과 연결할 수 있다. 어린 시절의 초기관계는 성인기를 지나고 후기 성인기에 이르러서도 전이관계로 연결된다. 따라서 젊은 상담자들은 자신보다 훨씬 나이가 많은 내담자가 어린 시절의 문제를 해결하려고 하는데 놀라지 말고 보다 신중하고 분석적인 자세로 상담에 임하는 자세가 필요하다.

둘째, 이어지는 발달단계의 경험이다. 노년기에 이르기까지 내담자들은 많은 과정을 거쳐 다양한 관계를 형성해 왔다. 이 단계에서 노인 내담자들은 젊은 상담자들을 자신이 이상화하고 있는 아들이나 딸로 여길 수 있다. 또한, 인생 경험을 통해 형성된 자기와 타인에 대한 개념을 가지고 중요한 관계들을 형성한다.

셋째, 현재 직면하고 있는 발달단계의 갈등이다. 예를 들자면, 아주 약하고 힘들어하는 노인 내담자는 상담자를 힘 있는 부모상과 연결할 수 있다. 또 배우자를 상실한 여성 노인의 경우 상담자를 최근에 죽은 남편이나 믿을 만한 자녀로 생각할 수 있다.

2) 노년상담의 역전이

노년상담의 역전이는 다음의 세 가지 형태로 나타날 수 있다. 첫 번째, 일반적 반응이다. 이것은 모든 내담자와 상호관계에 영향을 미치지만 겉으로는 나타나지 않는 것으로, 상담자가 무의식적으로 전지전능감을 느끼고 다른 사람들의 필요를 채워 준다고 느낀다. 이런 무의식적인 내용과 기대는 상담자의 상담 방향에 영향을 미친다. 특히, 내담자가 나이가 많고 사회적 지위가 낮은 노인일 경우 상담자의 역전이는 더욱 크게 일어난다.

두 번째, 세대 집단에서 나타나는 특정 반응이다. 이것은 내면화된 문화적 규범들이 반영되는 것으로써, 이러한 경우는 상담자가 가진 노화에 대한 인식은 노인들과의 역전이에 중요한 요소가 된다. 또한 세대 간 역동도 중요한 그룹 반응 역전이의 요소가 된다. 젊은 상담자의 경우 내담자를 이상적인 할아버지로 보고 사랑받은 손녀나 손자의 역할을 하고 싶어 할 수도 있으며, 내담자를 부모의 모습으로 바라볼 수도 있다. 이때 상담자에게는 강한 감정적 반응이 생길 수 있다.

세 번째, 내담자 역동과 상담자 역동 그리고 내담자와 상담자 역동으로 나타나는 역전이다. 예를 들면, 배우자의 죽음처럼 내담자와 상담자에게 동시적으로 나타난 공통의 문제에서 역전이가 발생하는 경우다.

이상에서 본 바대로, 성공적인 치유관계를 위해서는 상담자가 노인 내담자에게 일어나고 있는 전이와 역전이의 문제를 충분히 파악하는 것이 중요하다.

4. 노년상담의 영역

노년상담은 노인 내담자들의 문제를 해결하고 만족스러운 노년기를 보내도록 돕는 것을 주요 목적으로 하기에 노인 내담자들의 주요 이슈들을 살펴볼 필요가 있다. 통계청 조사결과 노인들의 41.5% 건강문제, 33.9%는 경제적 어려움을 호소하는 것으로 나타나 노인들이 자각하는 주요 문제들이 건강과 경제적 문제에 집중되어 있는 것으로 나타나고 있다. 이러한 경향은 시간에 따라 늘어나고 있다. 이외의 문제로는 가족관계, 소외감 및 무료함이 문제로 나타나고 있다.

또한 노인들의 일상적 스트레스에 관한 조사에 따르면, 노인들이 경험하는 일상적 스트레스 요인은 주로 가족관계문제, 건강문제, 경제문제, 상실감, 주거문제 등의 순으로 나타났다. 전화상담의 주요 내용을 보면, 앞의 일상적 스트레스 요인들을 포함하여 포괄적으로는 정서적 영영(상실감, 고부간의 갈등, 고독과 소외감, 친구, 이웃문제, 말벗 등), 경제적 영역(경제적 지원, 주거문, 금전적 어려움), 신체적 영역(건강, 가사활동의 애로 등), 사회·법률적 영역(적정 기관 이용안내, 거취문제, 재산분할문제 등)으로 나타난다. 따라서 노인상담의 주요 영역을 크게 정서적·경제적·신체적 및 사회·법률적 영역으로 구분하여 살펴본다.

1) 정서적 영역

노년상담은 가족관계와 가정 내에서 발생하는 문제들로 인한 고독, 소외문제 등 정서적 영역에 관한 것이 많다. 노년기에는 가정에서 보내는 시간이 늘어나고 가족과의 접촉이 이전 발달단계보다 빈번해지기 때문이다. 남성 노인들은 은퇴하면서 다양한 차원에서 사회적 관계가 축소된다. 따라서 그만큼 가족과의 접촉이 늘어나게 되며, 가족 간의 상호 교환 역시 확대된다. 여성 노인들은 은퇴는 아닐지라도 노년기에 독립한 자녀들과 분리되고 남편이 은퇴와 더불어 가정에 머무르는 시간이 많아지면서 자연히 함께 있는 시간이 늘어나게 된다. 즉 남성과 여성 노인 모두 가정 내에서 위치와 역할의 변화를 경험하게 된다.

핵가족화, 도시화로 인해 전통적인 경로사상이 옅어지고 개인주의적으로 되면서 노인들은 실망과 정체성 혼란에 빠지게 되나 실제로 돌봄을 제대로 받지 못하고 있다. 이로 인해 노인들은 고립감과 소외감 같은 정서적 문제를 느끼게 된다. 2003년 한국노인의 전화상담 통계에 의하면, 가족관계 문제가 전체 상담의 52.6%로 나타나고 있다. 이로 미루어 볼 때, 노인들의 정서적 문제는 가족관계와 밀접한 관계가 있다는 것을 알 수 있다. 하지만, 노인들의 정서적 돌봄의 차원에서 보살핌이 있어야 할 가정에서 오히려 노인들은 소외감이나 박탈감을 크

게 경험하고 있음을 볼 수 있다.[121]

가족관계 문제와 더불어, 고독과 소외는 상당수의 노인들로 하여금 이성교제에 대한 상담 역시 많게 한다. 노인 내담자가 이성교제를 원하는 이유로는 '노후의 외로움과 고독 때문에', '활기찬 노후생활을 영위하고 싶어서', '결혼생활을 유지하고 싶어서(성생활 포함)' 그리고 '수발과 부양을 위한 보조자를 위해서'라는 내용이었다. 이러한 이성교제에 대한 상담의 상당부분은 소외와 고독의 문제와 연결되어 있으며, 이는 곧 정서적인 문제가 노인들에게 중요한 문제임을 보여준다.

2) 경제적 영역

노인 인구가 늘어나고 노인 단독세대가 증가하면서 노인들은 경제적인 어려움을 겪는다. 특히 우리나라의 경우 노인들의 소득 보장이 불안전하고 복지 지원도 아직 충분하지 않기 때문에 은퇴 후 현저하게 소득 수준이 하락하면서 노인층 대부분이 경제적 곤란을 겪고 있다. 부동산을 보유한 노인들이라도 자녀들에게 재산을 남겨주려는 생각 때문에 그것을 보유만 할 뿐 처분하거나 사용하지 않는 경우가 대부분이다. 2004년 통계청에서 발표한 노인들의 주관적 계층의식을 보면 노인들의 대부분이 전체 인구(42.4%)보다 자신이 하류층에 속해있다고 느끼는 비율(59%)이 높은 것을 볼 수 있다. 이는 노인들이 느끼는 빈곤감을 반영하는 것이다.

---

121 이호선, 72-3.

현재 우리나라에서 고령자가 처한 환경적 요소는 열악하고 이를 해결하거나 극복하기 위한 정책적·행정적 대안은 기대 수준에 크게 못 미치고 있는 실정이다. 또 정부 정책뿐만 아니라 민간기관들도 고령자의 소득보장 체계를 충분히 안전하게 구축하지 못하고 있다. 우리나라 취업중단 고령자들의 주요 수입원은 대개 자녀의 보조였다. 그리고 이들의 월평균 수입은 35만 3,000원으로 나타났다. 따라서 현재 직업이 없는 고령자의 상당수가 경제적인 문제 때문에 비자발적으로 재취업을 원하고 있는 실정이다.

3) 신체적 영역

노인들의 노화로 인한 신체적 변화와 건강문제가 일차적 근심과 걱정의 대상이 된다. 1998년 국민건강영양조사에서 65세 이상 노인 남성은 83%, 여성은 91%로 평균 88%의 노인들이 한 가지 이상의 만성질환을 앓고 있는 것으로 나타났다. 노인들의 본인 인지 만성질병을 유형별로 보면, 관절염이 가장 많은 62.4%, 다음으로 치아우식증, 고혈압의 순으로 나타났다. 노인빈곤과 관련하여 가장 시급하면서도 근본적으로 해결해야 할 문제는 경제적인 어려움과 건강상의 어려움이 동시에 얽혀 있다는 사실이다.

우리나라 노인들은 스스로 수족을 못 움직여 자식에게 짐이 되는 것을 가장 두려워한다. 이는 치매에 대한 노인들의 관심과 연결된다. 치매는 우리 사회의 노인건강에 가장 큰 문제 중의 하나로 65세 이상에서 연령이 5.1세 증가함에 따라 유병률이 2배씩 증가한다.[122] 최근에는 치매와 같은 정신계 질환에 대해 관심이 크게 늘어나면서 질병의 치료

노년기 목회돌봄과 상담

와 예방 및 간병인이나 병원, 진단 절차, 요양원과 같은 시설 정보들에 대한 상담이 증가하는 실정이다. 이러한 상담에서 특히 노인 내담자들이 궁금해하는 것이 요양원을 비롯한 노인시설, 노인성 질환 전문병원에 관한 이용과 수용에 관한 상담이 많은 것으로 보아 노인들의 정신장애에 관한 불안이 크다는 사실을 알 수 있다. 이러한 노인상담의 신체적 영역은 노인의 정신적, 사회적 건강 및 심리적 변화 등을 함께 고려하여야 효율적인 상담이 이루어질 수 있다.

4) 사회법률적 영역

노년 인구의 증가와 더불어 노인들의 사회활동 참여가 늘어나고 있다. 노인들의 사회활동은 종교적 봉사활동, 가족단체의 봉사활동, 자연보호, 지역단체 가입을 통한 활동 등 다양한 영역과 범위에서 나타난다. 최근 노인복지시설과 정책이 뒷받침되면서 노인들의 사회활동 참여는 한결 확대되고 다양해지고 있다. 이러한 추세로 인하여 사회활동 참여를 위한 구체적인 정보, 선호단체 및 기관 알선, 원조 등 노인들의 사회활동 욕구 증가와 더불어 사회. 법률적 상담은 중요한 상담 내용이 되고 있으며 이 영역의 상담이 증가하는 추세에 있다.

먼저는 사회적 영역이다. 사회적 영역의 문의는 대개 시설, 즉 교육과 여가를 위한 사회시설 및 학업과 취업을 위한 문의가 주를 이루고 있다. 사회시설에 대한 문의는 노인대학, 노인복지회관, 노인교실 같

---

122 Ibid., 78.

은 배움을 위한 시설제공과 경로당, 노인휴양소, 노인 취미 교육시설 같은 사귐을 위한 시설에 대한 구체적인 정보에 관한 것들이 많다. 이 밖에도 은퇴 이후 새로운 분야에 도전하고자 대학이나 대학원 입학에 관한 문의와 취업 가능한 시설에 관한 문의 그리고 매장 및 장례에 관한 문의 등도 늘어나고 있다.

다음으로는 법률적 영역이다. 노인들이 법률적 조언을 구하는 경우도 늘어나고 있는데, 대부분 재산분할·분가·공문서 작성 및 발송 방법·법률가 알선 등에 관한 문의가 많은 편이다. 이중 재산분할의 경우는 재산을 정리하는 과정에서 발생하는 양도세법, 상속세법에 대한 문의가 많고, 분가의 경우는 자녀가 독립 세대를 형성하는 경우와 노인 당사자가 독립 세대를 형성하고자 하는 경우의 문의가 많다. 최근에는 영세민등록 가능 여부를 묻거나 시신기증이나 장기기증과 같이 가족의 동의가 필요한 개인 신체기증과 관련한 문의도 늘고 있다.

5. 노년상담의 유형

노년상담은 그 유형에 따라 대면상담과 비대면상담으로 나눌 수 있다. 대면상담은 1인 상담자와 1인 내담자가 상담하는 면접 상담과 1인 상담자와 다수의 내담자 사이에서 이루어지는 집단상담으로 구분된다. 이러한 대면상담에서 상담자가 유의해야 할 점은 다음과 같다. 노인은 신체 노화 및 지적 능력과 사회관계의 약화 등으로 다른 발달단계에 있는 성인들에 비해 의사소통에 어려움을 겪기 때문에 특히 노인들에 있어 비언어적 의사소통의 사용은 매우 중요하다. 따라서 노년상담에 임하는 상담자는 비언어적 의사소통을 잘 이용하고 노화에 대한 구체적인 정보를 가지고 있어야 노인 내담자를 보다 빠르고 구체적으로 파악하여 상담을 더욱 성공적으로 이끌 수 있다. 노인들의 비언어적 의사소통의 내용으로는 앉아있는 모습, 말의 속도, 침묵, 상담자를 쳐다보는 시선 고정 정도, 웃는 정도, 찡그리는 정도, 눈물, 시간 약속 지키기, 상황 설명을 위한 동작 등이 있다. 말에 대한 전반적인 느낌과 표현된 말의 특성을 파악하는 것이 중요하다. 비대면상담은 매체의 종류에 따라 전화상담과 인터넷상담으로 세분화된다.[123]

1) 면접상담

면접상담은 내담자가 상담자와 직접 얼굴을 맞대고 상담하는 과정이다. 상담자가 내담자를 직접 보면서 내담자의 언어적 표현과 비언어적 의사소통형태, 그 밖의 상황에 대한 자세하고 구체적인 정보를 얻을 수 있기 때문에 가장 이상적인 상담의 형태라고 할 수 있다. 그러나 노인 내담자가 직접 상담의 장으로 나와 자신과 가족의 문제를 노출해야 한다는 부담감을 가질 수 있다.

일반 면접상담과는 달리 노년상담의 경우 내담자 노인들이 자기표현에 익숙하지 않거나 문제의 핵심을 제대로 파악하지 못하거나 가족의 협조를 필요로 하는 경우가 많다. 그리고 내담자와의 연령 차이로 인해 공감이나 기타 감정적 연계가 쉽지 않다. 그러므로 상담자는 내

---

123   이호선, 「노인상담」, 151-9.

담자의 진술 및 행동 등 모든 부분에 대한 파악을 통해 내담자 내면의 강한 욕구가 무엇인가를 알아낼 필요가 있다. 특히 노인들은 대개 자신의 결점을 자신보다 젊은 사람들에게 드러내고 싶어 하지 않으며, 남성 노인의 경우 젊은 여성 상담자와 상담을 하게 되면 자신을 은폐하거나 왜곡된 정보를 제공할 가능성도 있다. 따라서 상담자는 진실함과 이해 및 수용의 태도를 가지고 전문성에 입각하여 내담자의 진술, 비언어적 의사표현, 내담자의 정서 및 성격적 특성 등을 파악하여 상담에 임해야 한다. 특히 지식을 강조하거나 자존감에 상처를 줄 수 있는 일은 피해야 하고 존중과 경청에 중심을 두어야 한다.

노인들의 경우 상담자를 자발적으로 찾아오는 일이 쉽지 않다. 특히 상담료를 지불하는 경우 노인들은 경제적인 부담 때문에 상담을 받으려 하지 않거나 중간에 상담을 중지하는 경우가 있다. 그리고 노인상담은 대개 개인상담으로 끝나기보다는 가족 전체가 구조적으로 연결되면서 가족치료로 확대되는 경우가 많다. 이때 가족원과 원활한 협력은 노인 내담자의 문제를 해결하는 데 중요한 자원이 되며 노인의 삶의 질 향상에도 도움이 된다.

2) 집단상담

집단상담은 상담자의 태도와 행동을 수정하고자 하는 다수의 내담자들이 인간 상호 간의 작용을 통해 보다 깊은 자기이해와 자기수용을 촉진하는 과정이다. 집단상담은 보다 많은 내담자에게 도움을 줄 수 있기 때문에 경제성이 높고 다른 동료들이 가진 다양한 경험을 공유할 수 있는 이점이 있다. 또한 새로운 행동을 시도해 볼 수 있는 기회를 제공해 주는 장점도 있다. 반면에 상담자는 복잡한 역할을 담당할 수 있어야 하며, 개인은 집단상담 과정에서 심리적 손상을 받거나 집단 경험 자체로만 끝나 일상생활을 개선하지 못하는 제한점을 가지고 있다.

우리나라 노인들의 경우 개인상담에 노출되는 부담이 크고 상대적으로 젊은 상담자에게 자신을 노출하기를 꺼리므로 집단상담의 활용은 노인들의 상담 욕구를 크게 만족시킬 수 있다. 집단상담 시 주의할 점은, 노인들이 자신들의 문제에 빠져서 집단의식을 잃거나, 한 주제에서 맴돌며 일부 참여자들에게 공격적인 방향으로 분위기가 흐르지 않도록 조절해야 한다. 또한 집단 내에 흐르는 상담을 방해하는 분위기들, 즉 지나친 공격성, 일방적인 독백, 회피, 불안 등을 지적하고 이를 원만하게 해결할 수 있어야 한다. 이러기 위해 상담자는 여러 가지 집단상담 기법에 익숙해야 하고, 집단원 개개인과 집단의 역동성에 민감할 수 있도록 감수성 훈련 등 많은 집단상담 경험을 스스로 쌓아나가야 한다.

3) 전화상담

전화상담은 노년상담에서 중요한 영역이다. 노인입장에서는 연소자와의 대면을 통한 상담에 부담감이 적고, 거동이 불편한 경우에도 심리적 신체적 부담감을 덜 수 있다. 전화상담의 특성은 단기상담, 익명성, 신속성, 내담자의 선택 용이성을 들 수 있다. 전화상담은 한 번의 상담을 통해 내담자에게 현재 가장 시급한 문제, 가장 도움받고 싶은 영역을 효율적으로 상담하는 단기상담이기 때문에 내담자가 현재 처해있는 어려움에 주로 집중한다. 전화상담은 노인들이 자신을 노출시키지 않고 도움을 받을 수 있는 이점이 있다. 하지만 이러한 장점에도 불구하고 내담자의 진실성이 면접상담보다 덜 확보된다는 단점도 있다. 또한 전화상담은 보다 시급한 상황에 당면한 내담자에게 신속하게 대처하여 그 문제에 대응할 수 있는 특징이 있으며 내담자의 문제해결 의지가 강렬하여 적절한 도움을 받을 경우 도움이 크다. 전화상담은 내담자가 자신이 원하는 시기에 상담자의 의지와 무관하게 상담 시간을 정할 수 있는 이점도 있다.

우리나라 노인전화상담은 다음과 같은 특징을 나타내고 있다. 첫째, 상담영역 면에 있어서 매우 다양하게 사용되고 있다. 취업 혹은 노인 관련시설이나 복지시설, 병원, 여가복지시설 등에 대한 정보를 위해 가장 많이 이용된다. 유효한 정보제공에 적합한 역할을 한다. 둘째, 상담내용이 노부모 부양의 정서적 문제, 노인 건강상의 문제, 경제적 문제의 세 가지로 드러나고 있다. 이로 미루어 볼 때, 한국노인들이 가족 내 역할의 문제, 경제적 상실, 건강상의 어려움 등으로 고생하고 있는 것을 알 수 있다. 셋째, 주로 문제의 해결보다는 내담자의 호소를 들어주고 공감해 줌으로써 내담자의 감정을 돌봐주고 지지해 주는 역할을 한다. 노인들뿐만 아니라 노인을 부양하는 가족원에게도 노인으로 인한 갈등을 이해하는데 도움을 준다. 넷째, 노인 전화상담을 이용하는 내담자는 노인이 아닌 가족원인 경우가 더 많다. 다섯째, 노인들의 전화상담 이용은 지역 간에 많은 격차가 존재한다. 이는 노인들의 교육수준과 의식수준, 노인복지 수준을 포함한 생활환경 등의 지역 차를 반영한다. 여섯째, 전화상담 기관을 통해 이루어지는 노인 전화상담은 주로 전화상담 자원봉사자들이 담당한다.

4) 인터넷 상담

노인 교육수준의 증가 및 인터넷 보급 확산에 따라 노인들의 인터넷 사용이 증가하고 있다. 인터넷 상담은 내담자가 자신의 문제를 호소하고 글을 쓰는 과정에서 자신의 문제를 정리하는 시간을 주며, 상담자의 답변이 오기까지 기다리면서 문제에 대한 대안을 생각하고 관심을 지속할 수 있다는 장점이 있다. 상담자는 내담자의 주요 문제를 글을 통해 읽고, 주어진 호소 내용을 숙고할 시간을 가질 수 있으며 답변을 적어 가면서 다시 한 번 상담 내용을 정리하고 살필 수 있다. 또한 실명보다는 가명이나 아이디를 사용하여 상담을 요청하므로 내담자는 자신을 노출하지 않아도 되는 익명성이 있으므로 노인들이 노출하기를 거리끼는 문제(성문제, 자녀문제)를 상담할 수 있다.

하지만 인터넷 상담에서 주의할 점은, 상담의 특성상 주어진 글로써 상담을 하기 때문에 내담자는 자신의 상황을 미화하거나 왜곡하여 전달할 수 있으며, 내용이 지나치게 한정적이라 파악하기 힘든 경우도 있다. 또한 단회성 상담인 경우가 대부분이라 문제의 구체적인 상황파악이나 심층적인 요인 파악이 어려우며, 내담자의 비언어적 특성을 문체나 한정된 단어 및 그 배열에서 찾아야 하는 등의 어려움이 있을 수 있다.

6. 노년상담의 주요 기법들

노인의 신체적·정서적 특성을 고려하여 상담에 적용해 볼 수 있는 상담기법은 여러 가지가 있다. 이러한 기법들 중 노인상담 현장에 효과적으로 적용할 수 있는 회상기법, 조각기법, 문장완성기법, 심리극 기법에 대하여 간략하게 소개한다.[124]

1) 회상기법(Reminiscing Technique)

노년상담에서 노인의 특성을 고려하여 효과적으로 사용할 수 있는 상담기법으로는 회상기법이 있다. 회상기법은 개인적으로 의미 있는 과거 경험을 생각하거나 그 경험을 현실의 문제와 연관시키는 것으로 구술방법, 서술방법 혹은 명상법을 사용한다. 이 기법을 통하여 죄책 감의 문제나 내적 갈등의 해결, 가족관계의 화해 등을 가져올 수 있다. 회상기법에 사용되는 방법으로는 다음과 같은 것들이 있다. 첫째, 자 서전의 저술이나 녹음의 사용이다. 자서전 방법은 내담자가 자신의 삶을 정리하고 기술하는 기법이다. 이 방법에서는 자서전에 기술되는 사건·경험·사람들이 중요하다. 또한 기술되지 않은(그러나 당연히 있어야할) 부분들에도 주의를 기울여야 한다. 둘째, 생애 순례 여행이 있다. 노인들은 자신이 태어나고, 아동기·청년기·성년기를 보낸 곳으로 여행을 떠남으로써 자신의 과거와 만날 수 있다. 생각을 정리하기 위해서 사진을 찍고, 기록할 수 있다. 현실적으로 이러한 일이 불가능할 경우 아직도 그곳에서 살고 있는 사람과 접촉하거나 그곳과 관련된 영상 기록물 등을 보고 이야기를 나누는 것도 좋다. 이것도 용이하지 않다

---

124 상담기법에 대한 더 자세한 설명과 이해를 위해서는 이호선, 「노인상담」, 131-49를 참조 하시오.

면 자신의 기억을 최대한 활용하도록 한다. 이러한 순례 여행을 통하여 노인들은 돌이키고 싶었던 과거와 화해할 기회를 갖게 된다. 어린 시절 태어나고 살았던 곳, 좋았거나 끔찍했던 기억이 남아 있는 장소·기억에 남아 있는 사람들, 아직도 나를 기억하고 있는 사람들과의 만남을 통해 노인들은 지난 삶을 되돌아볼 수 있다. 셋째, 스크랩북·사진첩·오래된 편지 및 그 밖의 기억할 만한 중요 기사를 통한 일생의 정리과정이 있다. 사람들이 보관해 온 물건들은 보통 자신의 인생에서 특별하고 즐거운 기억을 담고 있다. 여러 권의 사진첩, 친구에게 받았던 편지, 손자녀의 돌잔치 비디오, 취미로 모았던 우표 등을 보며 노인들은 인생의 중요한 사건들과 사람들을 기억하고 정서적 경험을 회상할 수 있다. 나아가서 자신의 일생을 책·시집·음악 작품 등으로 정리하여 발표하는 것도 도움이 된다.

2) 조각기법(Sculpting Technique)

종종 가족치료에 사용되는 이 기법은 내담자가 조각가가 되어 다른 가족원에게 자세를 취하게 한다. 이때 가족원은 노인 내담자가 의도하는 대로 현재 가족 간의 관계를 조망하는 하나의 형태를 이루며 위치하게 된다. 노인이 자신에게 가깝다고 생각되는 사람은 가깝게 배열하고, 멀다고 생각하는 사람은 멀게 배열할 수 있다. 대체로 노인들은 손자녀들을 가깝게 그리고 며느리나 가족 내 갈등의 주요 대상자는 멀리 배치하는 경향이 있다. 이 과정에서 나타난 가족원의 배치도는 관계망을 가시적으로 드러내어, 노인이 가족과 형성하고 있는 관계망과 감정적 관계의 거리를 가시화한다.

다음으로 상담자는 구성된 가족원의 조각 구성 상태에서 각 조각들에게 자신의 감정을 있는 그대로 표현하도록 한다. 또한 배치된 가족원도 자신이 있는 자리에서 자신의 느낌을 말하도록 한다. 가족원의 이야기를 모두 들은 후 노인은 자신의 생각을 정리하면서 자신이 원하는 가족구조 형식대로 가족원을 다시 한 번 배치한다. 그런 다음 가족원이 새로운 배치형태에 대해 다시 한 번 느낌을 말한다. 그 후 노인이 제안한 바람직한 변화를 위해서 가족 내에서 어떤 변화가 일어나야 하는가를 함께 의논한다. 조각기법은 가족이 직접 가상의 위치와 자세를 형성해 봄으로써 노인 내담자와 가족 간의 관계를 경험하게 하는 비언어적 ○치료방식이다. 이 기법을 통해 노인 내담자 가족 내의 관계가 분명해지며 갈등이 시각화, 명료화되는 장점이 있다. 이를 통해 가족원은 노인의 현재 상황과 위치를 새롭게 느끼고 문제해결에 나서게 된다.

3) 문장완성기법(Complete a Sentence Technique)

문장완성기법은 상담에서 내담자에 대한 사전 정보를 얻기 위해 사용되는데, 이 기법을 통하여 노인들의 가치관, 고민과 해결방식, 여성관, 남성관, 가족관계, 노인 자신도 의식하지 못한 자아상에 대해 간접적인 정보를 얻을 수 있다. 문장완성기법은 우선 내담자 노인으로 하여금 '내가 만일 ○○한다면', '나는 ○○을 원한다.' 등과 같은 미완성 문장을 보고 떠오르는 것들을 이야기하게 해 본다. 그런 다음 활동지를 나누어 주고 미완성의 문장을 읽고 자유롭게 떠오르는 생각을 마음대로 쓰도록 한다. 이때 문항에 대하여 깊이 생각하기보다는 즉각적으로 떠오르는 생각이 더욱 의미 있을 수 있으므로 너무 신중하게 생각

노년기 목회돌봄과 상담

하지 않도록 유의한다. 이를 진행하는 동안 조용한 음악을 틀어주는 것도 도움이 된다.

4) 심리극 기법(Drama Technique)

심리극은 1912년 루마니아 출신 정신과 의사인 제이콥 모레노(Jacob L. Moreno)에 의해 도입된 심리치료요법이다. 이는 연극적 방법을 사용하여 인격의 구조, 대인관계, 갈등 및 정신적 문제들을 탐색하고 치료하는 기법이다. 심리극의 목표는 내담자에 대한 통찰과 내담자의 감정적 문제, 정서적 갈등이나 경험을 극화하여 연기하게 함으로써 잘못된 편견이나 오해 등을 풀고 적응력을 회복시켜 치료를 돕는 것이다. 이 기법은 무대 위에서 내담자에게 여러 가지 역할을 연기하도록 함으로써 내적 갈등과 경험을 표현하게 하여 통찰을 얻게 하고, 동시에 새로운 역할을 학습하게 한다. 그리고 연극이 끝나면 모든 가족에게 느낀 소감이나 비판을 하게 하여 치료적인 대화를 계속한다.

심리극의 구성 요소로는 다른 사람의 도움으로 자신의 정서적 문제를 표현하는 주 연기자인 내담자, 상담자의 조수로서 주 연기자인 내담자의 느낌 표현을 돕기 위하여 행동하고 연극화할 수 있는 훈련된 보조인물 그리고 무대감독이 있으며 연출가인 상담자, 관중, 무대가 있다. 방법으로는 우선 상담자는 내담자의 문제에 대해서 질문과 대화를 나누어 준비를 한다. 이를 위해 상담자는 의자를 옮기거나 다양한 화젯거리로 내담자와 이야기를 나누고, 언제까지 할 것인지, 어떻게 할 것인지에 대해 얘기하여야 한다. 그 후 주연기자(내담자)를 무대에 불러내어 자발적으로 대사를 결정하도록 하여 자기 스스로 연기하게끔 한다.

내담자가 '그 문제가 나를 괴롭히고 있어요'라고 말함으로써 심리극은 시작된다. 그리고 여러 다른 기법들을 사용하여 내담자의 문제를 탐구해 나간다. 상대자는 훈련된 보조인물 또는 관중 중에서 자유로이 선택한다. 이렇게 하여 내담자인 주연기자는 무대 위에서 자신의 현실생활을 재현하고, 그 연기와 상담자의 치료적 지도 및 관중의 충고와 도움을 받아 자신의 장애를 극복하고 현실생활에 대한 자신감과 자발성을 되찾을 수 있게 된다. 드라마가 끝나면 내담자, 보조자아, 관객 모두가 숙고하는 자세로 감정을 가라앉힌다. 내담자의 감정을 함께 공유한 후, 가족원이 내담자에 대해 갖고 있는 생활감정에 대해서도 이야기를 나누도록 한다.

사실 노인상담에서 사용할 수 있는 심리극 기법은 제한적이라 할 수 있다. 내담자 노인의 지적, 정서적 및 신체적 상황을 고려해야 할 뿐만 아니라 유교문화 고유의 연령에 따른 체면의 문제들이 장애가 될 수 있기 때문이다. 하지만 심리극에서 부분적으로 사용되는 다음의 몇 가지 기법들은 상황에 따라 유용할 수 있다.

이러한 **심리극의 주요 기법**에는 첫째, 독백이 있다. 이 기법은 말이 없는 노인 혹은 대화 도중에 침묵이 자주 발생하는 경우에 사용할 수 있는 기법이다. 단순히 무슨 생각을 하고 있느냐고 물어보는 대신에 방금 스쳐 지나간 생각이나 느낌 같은 것(그것이 이야기하기 곤란한 것일지라도)을 그대로 이야기할 수 있을지를 묻고 내담자 혼자 말해 보게 한다. 이 밖에도 내담자가 이야기 한 대상이나 내용에 대해 그 이야기를 하는 도중에 머리에 스쳐간 생각이나 어떤 느낌 같은 것이 있었는지를 묻고 그것을 말해 보게 하는 방법도 있다. 이러한 기법은 내담자의 감정표현을 고조시키고 촉진하는데 도움이 된다.

둘째, 역할 바꾸기가 있다. 상대하던 두 사람이 서로의 역할을 바꾸어 함으로써 상대방의 눈을 통해 자신의 문제와 갈등을 객관적으로 보게 만드는 기법이다. 이 기법을 통해 상대의 역할을 이해하고 지신의 생각과 표현의 불일치를 이해하게 된다. 특히, 가족들에게 자신을 표현하는데 어려움을 겪는 노인들이 질문에 대한 답변을 스스로 찾도록 돕는 경우 상담자와 역할을 교대하면 효과가 있다. 상담자는 역할 바꾸기 기법을 설명한 후 내담자에게 상담자 역할을 시도하게 한다. 상담자는 다음과 같이 말하므로 이 기법을 시작할 수 있다. "저와 자리를 바꿔 앉아 볼까요? 제가 ○○씨가 되고 ○○씨는 제가 되는 겁니다. 역할을 바꾸어 보는 것이죠. 해 보시겠어요?" 자리를 바꿔 앉은 후, 방금 전 내담자가 했던 질문이나 행동을 그대로 기억하여 재현한다. 이때 내담자의 반응을 강하게 유발시키기 위해서는 질문을 과장하거나 확대 또는 변경하여 반복할 수도 있다.

셋째, 거울기법이 있다. 자존감이 낮거나 대인관계가 어려운 노인, 비협조적인 노인, 우울증상이 있는 노인들에게 유용한 기법이다. 이 기법은 내담자의 모든 행동·자세·말투 등을 거울에 비춰 보듯 똑같이 흉내를 낸다. 이로써 내담자로 하여금 자신을 보다 객관적으로 보고 평가할 수 있게 해 주며, 자신의 표현방식을 변화시키고자 하는 의도를 불러일으킬 수 있다. 이 기법은 내담자에게 불쾌감을 줄 수도 있기 때문에 반드시 내담자의 동의를 얻고 나서 하는 것이 바람직하다.

넷째, 빈 의자 기법이 있다. 빈 의자 기법은 빈 의자를 이용하여 내담자의 상상력을 자극하거나 역할연기를 시도한다. 이 기법은 자신에 대한 이해나 내면의 답변을 찾는데 도움이 되며, 그 대상이 사람이 아닌 의자이기 때문에 보다 자유롭게 상상할 수 있어 내담자의 저항이 약화되는 장점이 있다. 방법은 먼저 상담자가 빈 의자를 앞에 두고 내담자를 그 상상의 인물과 대화하도록 하고 내담자 스스로 그 인물이 되어 의자에 앉아서 대답하도록 한다. 필요할 경우 의자 대신에 보조자아를 등장시켜 상상의 인물 역할을 맡게 할 수도 있다.[125] 보고 싶은 사람 외에도 제일 먼저 떠오르는 사람, 아내, 자녀, 손자녀, 흠모하는 사람, 돌아가신 분 등 구체적인 인물뿐만 아니라 한 번도 돼 보지 못했던 자기자신, 이상적인 자기 자신을 형상화하여 대화를 나눌 수도 있다. 또는 비특정인, 예를 들어 울고 있는 아이, 과거에 상처받던 상황의 자신, 슬픔에 잠긴 사람, 앉아서 떨고 있는 사람을 상상하게 한 후 자신을 투사해 볼 수도 있다. 의자 외에 다른 집기나 장소를 사용할 수 있다. 이밖에 마술상점기법, 이중자아기법(double technique), 등 보이기(behind your back), 죽음과 부활의 장면, 심판의 장면 등의 기법들이 있다.[126]

---

125 빈 의자 기법은 다음과 같이 실행한다. "우리는 이런저런 상상을 많이 합니다. 저는 이제부터 여러분을 상상의 세계로 안내할까 합니다. 여기 빈 의자가 하나 있습니다. 누군가가 앉아있습니다. 누구일까요? 여러분이 몹시 보고 싶은 사람, 혹은 정말 보고 싶지 않은 사람이 앉아있다고 상상해 볼까요? 어떻게 앉아있나요? 표정은 어떤가요? 시선은 어디를 보고 있죠? 뭐라고 첫마디를 하겠습니까? 그러면 그분은 뭐라고 대답하나요? 눈을 감아도 좋습니다. 자, 이제 그분에게 정말 하고 싶었던 이야기를 해 보세요." 이호선, 「노인상담」, 142 참조.

126 이러한 기법들에 대한 좀 더 자세한 설명은 이호선, 「노인상담」, 143-7을 참조하시오.

7. 노년상담의 과정

앞에서 살펴본 바대로, 노년상담을 위해 상담자는 개인적으로 노인에 대한 다면적 측면을 이해해야 하며 그에 필요한 정보와 사전 지식을 준비해야 한다. 동시에 상담자로서의 자신의 태도를 점검하여야 한다. 이를 바탕으로 상담자는 노년상담에서 상담과정을 차례로 밟아 나가게 된다.

1) 내담자 이해 단계

우선적으로 노년상담에서 **상담자가 기억해야 할 사항**은 다음과 같다. 첫째, 모든 사람은 감정을 가지고 표현할 권리가 있다. 둘째, 노인들의 감정은 다른 발달시기에 있는 사람들보다 억눌려 있다. 셋째, 노인들은 감정적인 지지를 원한다. 넷째, 노인들의 감정은 그들의 세계 속에서 항상 의미가 있다. 다섯째, 노인들의 분노 감정은 자연스러운 것으로 나쁜 것이 아니다. 여섯째, 노인들의 반복적인 표현 속에는 강한 감정적 역동이 있다.

상담자가 주의해야 할 사항들도 있다. 첫째, 내담자의 감정이 타당하다는 것을 부정해서는 안 된다. 둘째, 내담자의 감정과 내담자 자체의 중요성을 잊어서는 안 된다. 셋째, 내담자의 감정이 내담자의 고집일 뿐이라고 여겨서는 안 된다.

더 나아가 내담자 이해에 필요한 것들은 크게 세 가지가 있다. 먼저, 상담자는 내담자 이해를 위해 감정 낱말을 정확히 파악해야 한다. 노인들이 사용하는 말들은 노인들의 감정 상태를 파악하는데 중요하다.

특히 형용사들이 대체로 감정을 표현하고 있기 때문에 감정에 관한 낱말을 파악하게 되면 내담자의 감정 파악이 용이해진다.

둘째, 감정 경험이다. 내담자의 감정을 이해하기 위해 상담자는 보다 깊은 수준에서 자신의 감정을 경험할 수 있어야 한다. 또한 내담자가 상담자에게 진술한 내용을 통해 내담자가 어떻게 느끼고 있는지를 살펴야 한다. 이러한 감정경험은 상담자가 자신의 느낌과 생각의 흐름을 점검하고 기꺼이 내담자의 문제를 받아들이며 내담자와 내담자의 문제에 대한 상담자의 감정을 인식하는 훈련이다. 이런 훈련을 통해 상담자는 내담자의 감정을 이해할 수 있다. 또 내담자의 감정을 지지하고 내담자 스스로 자신의 감정에 초점을 맞출 수 있도록 도울 수 있다. 이 과정을 통해 상담자와 내담자는 감정적 일치감을 경험하면서 라포를 형성하게 된다.

셋째, 감정경험 시에 필요한 점검사항이다. 여기에서는 내담자의 감정을 경험할 때 저항이 오는 부분이 무엇이었는가? 내담자의 감정을 경험할 때 상담자가 부정하고 있는 감정에는 어떤 것이 있는가? 내담자의 감정을 경험하면서 상담자 스스로 놀란 자신의 감정에는 어떤 것이 있는가? 내담자의 감정을 경험할 때 부절적하거나 혼란스러운 감정을 느낀 때는 언제였는가? 내담자의 감정을 경험하면서 상담자는 감정표현을 어느 정도 하였는가를 점검해보아야 한다.

2) 라포형성 단계

라포는 내담자와 상담자 간의 구체적인 상담적 교환이 이루어지는 감정적 영역이자 치료적 공간이다. 노인상담에서 라포 형성은 적극적 경청·존중·내용 요약·상호 공감이 요구된다.

3) 상담목표 설정 단계

상담 목표는 내담자의 문제를 구체화하고 바람직한 상담결과들을 얻기 위한 과정으로 구체적이고 실질적인 변화 목표를 담고 있다. 이를 위해 상담자는 다음의 사항을 살펴야 한다. 우선 상담 목표 설정 시에 고려해야 사항들이다. 첫째, 내담자는 무엇이 언제 바뀌기를 원하는가? 둘째, 상담이 끝난 후 내담자는 어떻게 달라지기를 원하는가? 셋째, 변화하기 위하여 내담자가 현재 어떤 일을 하고 있는가? 넷째, 내담자의 문제를 어떻게 정의할 것인가? 다섯째, 내담자의 문제와 어떤 이슈가 관련되어 있는가? 여섯째, 어떤 상담 목표를 제안할 것인가이다.

다음으로는 상담 목표 설정 시에 주의할 점들이다. 첫째, 한 번에 한 가지 목표에 초점을 맞춘다. 둘째, 상담 목표는 구체적이고 측정 가능한 것이어야 한다. 셋째, 상담 목표는 실행 가능하고 도달 가능한 것이어야 한다. 넷째, 상담 목표는 내담자가 동의·승인하여야 한다.

4) 문제 명료화 단계

상담 목표를 정한 후에는 내담자가 가지고 있는 문제들을 명확하게 해야 한다. 문제를 명확히 하는 단계에서는 구체적으로 상담에 가져온 내담자의 문제를 재확인하고, 내담자의 문제해결을 방해하는 요인들을 분명하게 해야 한다. 또한 내담자의 감정 역시 고려하는 것이 문제 명료화 단계에서 중요하다.

5) 대안 살피기 단계

대안은 바람직한 변화를 위한 내담자의 선택을 의미하며, 내담자가 자신의 목표를 성취하기 위해서 밟는 단계이다. 이 단계에서는 대안 목록을 작성하고 이를 평가하고 분석한다. 이때 대안 목록을 작성하기 위해서는 다음 사항들을 고려하여야 한다. 첫째, 상담 목표를 재확인한다: 상담자 내담자 모두가 설정한 상담 목표를 이해하고, 그 목표가 지금 상황에 적합하다는 것에 함께 동의하는지 확인한다. 둘째, 내담자가 현재 설정한 목표를 달성하기 위해 그가 생각하고 있는 모든 종류의 대안을 살핀다. 여기에는 실행 가능한 대안, 가능하지 않은 대안 모두가 포함된다. 셋째, 내담자가 생각하는 모든 대안을 적은 후에는 상담자가 생각하고 있는 대안을 제시하고 부족한 부분을 상호 보충한다.

이 시점에서 내담자와 감정이나 신념 차이로 인해 그 결과가 다르게 나타난다고 해도 상담자는 내담자의 대안들을 존중하고 끝까지 들어야 한다. 그리고 부정적인 결과에 대해서는 신중하게 검토해야 한다.

6) 결정 지지하기 단계

이 단계는 내담자가 변화를 위한 결정을 내리는 단계이다. 결정을 내리는 일은 내담자에게는 부담스럽고 어려운 일이다. 그러나 일단 내담자가 결정을 내리면 그 선택이 내담자 입장에서는 가장 현명한 선택일 수 있기 때문에 상담자는 그 결정에 만족스럽지 않더라도 내담자의 결정을 존중하여야 한다.

간혹 내담자가 결정을 내리지 않는 경우도 있다. 이때 내담자들은 대개 변화하려 하기보다는 그대로 유지하려 한다. 이러한 경우라도 그

대로 존중해 줄 필요가 있다. 특히 노인의 경우 변화에 신중하고 그만큼 변화에 대한 두려움을 가지고 있다는 점을 고려해야 한다.

7) 상담의 종결

상담의 종결은 상담 목표가 달성되었을 때 이루어진다. 이러한 종결과정을 위한 제안들은 다음과 같다. 첫 번째, 끝매듭을 잘하라. 상담자와 내담자 사이에 끝내지 못한 문제가 있다면 관계가 종결되기 전에 처리해야 한다. 끝내지 못한 문제는 상담자와 내담자 사이에 해결되지 못한 감정으로 연결된다. 즉 내담자는 상담자가 자신을 밀어낸다고 생각하고 심한 좌절감에 빠질 수도 있다.

두 번째, 적절한 때를 맞추라. 상담관계는 종종 아주 친밀하기 때문에 상담관계를 종결하는 것은 내담자에게 어려운 일이다. 상담자가 상담관계를 끝낼 때는 내담자의 감정에 대해 민감하게 대처해야 한다. 종결이 다가올 때 상담 시 내담자에게 이야기를 해서 내담자가 겪을지도 모르는 어려움에 대비하여야 한다. 상담자와 내담자가 종결할 것을 서로 결정하게 되면, 한 번 더 상담하자고 내담자를 초대하는 것이 좋다.

세 번째, 작별의 슬픔이다. 상담자와 내담자 모두 상실에 수반하는 분노·슬픔·죄책감·버려진다는 두려움·새롭게 시작하는 흥분 등과 같은 감정에 대해 살펴야 한다. 그리고 상담자는 내담자가 이러한 감정을 솔직하게 이야기하도록 도와야 한다. 상담자는 내담자가 친구들과 같은 지지 체계를 개발하고 한 사람이라도 비밀을 지켜줄 수 있는 친구를 갖는 것을 목표로 몇 번 더 상담하는 것이 좋다.

네 번째, 필요한 경우의 의뢰이다. 상담자가 내담자와 필요한 만큼

상담 목표를 성취하였지만 내담자가 그 이상의 상담 서비스를 원하는 경우 상담자는 내담자에게 더 도움이 될만한 곳이나 사람에게 의뢰하여야 한다. 또는 상담자가 다루기에 부적절하다고 느끼는 내담자의 경우, 더 적절한 치료를 받을 수 있도록 다른 상담자나 감독자에게 의뢰하는 것이 좋다.

다섯 번째, 미완성된 종결이다. 때로 내담자들이 마지막 상담을 하러 오지 않는 경우가 있다. 상담자 혼자서 상실감을 겪게 된다.

여섯 번째, 초대이다. 상담이 성공적으로 끝나게 되면 내담자는 앞으로 발생할지도 모르는 새로운 문제들에 대처할 수 있는 자신감과 확신을 갖게 된다. 때로는 내담자가 상담자나 상담기관과 지지관계를 계속 유지하고자 하는 경우가 있는데 이럴 경우 상담자나 상담기관에 전화해도 된다고 허용하는 것도 좋은 방법이 된다.

일곱 번째, 사후 관리이다. 상담자가 내담자와 상담종결 후 얼마 지나고 나서 내담자가 어떻게 지내고 있는지 연락하는 것은 사려 깊은 행동이다.

이상에서 살펴본 노년 상담과 관련하여 앞으로 노년을 위한 상담의 전망과 과제 및 유의할 점을 제시하고자 한다. 현재 우리나라 노인에 대한 상담적 개입은 복지 분야의 공무원들이 담당하고 있는 실정이다. 하지만 늘어나는 노인들의 필요에 부응하기에는 인원과 전문성에서 부족함이 많다. 따라서 노인들은 자신들의 문제 대부분을 스스로 해결하거나 가족들의 도움으로 해결하고 있는 실정이다.[127] 하지만 경제협력개발기구(OECD) 국가들 가운데 노인 자살률이 1위를 기록하고 있는 상황은 노년상담에 대한 사회적 관심의 재고가 필요함을 보여주고 있다. 따라서 노년상담의 특성상, 현실적 개입이 필요한 여러 분야를 통합적으로 연계하고 조정하는 기능을 지닌 노인상담 전문기관의 확충과 급속히 늘어나는 노인인구와 그에 따른 문제들에 효과적으로 대응하기 위한 전문상담인력의 양성과 훈련이 시급히 요구된다.[128]

끝으로 노년상담에서 상담자가 유의해야 할 사항은 적절한 의뢰와 이전이다. 노년상담의 경우 단순히 상담자가 내담자에게 줄 수 있는 정서적 감정적 조력을 넘어서는 경우가 많다. 따라서 다음의 경우 감독이나 전문의에게 의뢰하는 것이 좋다: 정신과적 질환으로 입원했던 경력이 있는 사람, 망상장애가 있는 사람, 환각증상을 보이는 사람, 중독증상을 보이는 사람, 자살 가능성이 높은 사람, 건강을 해칠 정도의 심한 우울감이나 위축감을 느끼는 사람, 육체적·성적·정신적으로 학대에 노출되어 있는 사람, 살인이나 자살의 의도를 표시하는 사람, 경제적 도움이 시급히 필요하거나 의료적 개입이 긴급히 필요한 사람.

---

127 우리나라 노인들의 약 절반가량이 자신의 문제에 대해 가족과 의논하고 있으며, 혼자 해결하는 경우도 36% 정도가 된다. 이장호·김영경, 「노인상담」, 141.

128 Ibid., 142-3.

4장

노년기 우울증과 목회돌봄

인구 고령화는 전 세계적인 추세이다. 하지만 한국사회의 노인에 관한 연구와 고령화에 관한 관심이 더욱 요구되는 이유는 한국의 고령화 속도가 유례가 없을 정도로 급속히 진행되고 이것이 한국교회에 직접적 영향을 미치기 때문이다. 세계무역기구는 2040년까지 한국의 노동인구 감소율은 17%로 세계 최고를 기록할 것으로 전망하고 있으며, 한국의 생산연령인구는 2019년을 기점으로 감소하기 시작했다.[129]

급속한 고령화와 생산인구의 감소는 한국사회에 미치는 문제가 광

---

129 "한국, 2040년까지 노동인구 감소율 세계 최고… '가속화 우려'", [온라인 자료] https://www.yna.co.kr/view/AKR20191206073200003?input=1195m, 2019년 12월 9일 접속.

범위할 뿐 아니라 심각하기도 하다. 비경제활동인구인 노인의 증가는 상대적으로 줄어드는 노동생산인구가 제공하는 재원의 부족으로 인해 국가경제에 부정적 영향을 미치며 생산인구 대비 노인부양부담이 늘어난다.[130] 또한 '초고령사회'에 진입할 것으로 예상되는 2025년경에는 유병상태의 노인인구가 증가해 65세 이상 노인 진료비가 58조 원에 이를 것으로 추산되는데, 이는 2018년 31조 6,527억 원 대비 83%가 증가한 액수이며 10년 후인 2035년에는 216%가 증가한 123조 288억 원에 이를 것으로 예상된다.[131]

고령화로 인한 한국사회의 변화는 이러한 사회경제적 측면을 넘어서 삶의 전반적인 영역에까지 변화를 가져오고 있다. 상조회사, 장례식장, 요양병원 등과 같은 고령인구를 대상으로 한 단체와 사업체가 급증하는 반면, 젊은 층을 대상으로 한 은행, 예식장, 산부인과 등은 갈수록 감소하고 있으며 대중매체 역시 고령인구를 끌어들이기 위한 프로그램이나 인물의 등장을 시도하고 있다.[132]

본 장은 한국사회의 급속한 고령화에 따른 여러 어려움 가운데서 지역교회가 빈번하게 직면하게 될 교회 내 노인인구 증가로 인한 주요 문제 중 하나인 노년기 우울증을 주제로 하고 있다. 노년기 우울증은 노년기 문제들 가운데 빈곤 및 가족 문제 등과 함께 가장 빈번하게 발

---

130 Ian Stuart-Hamilton, 「노화의 심리학」, 이동영 외 2인 역 (서울: 서울대학교출판문화원, 2017), 42.

131 "초고령사회 예상 2025년 노인진료비 58조원… 8년새 83%↑", [온라인 자료] https://www.yna.co.kr/view/AKR20191004151400017?input=1195m, 2019년 1월 6일 접속.

132 전영수, 「한국이 소멸한다」 (서울: 비즈니스북스, 2018), 34-6.

생하지만 다른 노인성 질환 등과 혼동하여 간과되고 있는 대표적인 노인 문제 중의 하나로서 평소 주변에서 적절한 발견과 돌봄이 제공되지 않을 경우 극단적 선택으로 이어지는 심각한 문제이다.[133]

2015년 기준 한국의 노인자살률은 OECD국가 중 월등한 1위를 기록하고 있으며, 2018년 한국보건사회연구원이 발표한 '노인실태조사'에 따르면 65세 한국노인의 21.1%가 우울증상을 지니고 있는 것으로 나타났고, 6.7%는 자살을 생각해본 적이 있다고 답했다. 그리고 자살을 생각해본 적 있는 노인들 가운데 13.2%는 실제로 자살을 시도한 경험이 있다고 한다.[134] 하지만 한국노인의 71%가 우울증을 의지가 약하다는 표시라 여기는 것으로 생각하는 경향에 더하여 신앙을 가진 노인의 경우 우울증을 믿음이 부족한 탓으로 여기는 풍조까지 있어 목회 현장에서 교회 내 노인들의 우울증 발견과 치료를 어렵게 만들고 있다.[135] 이에 본 연구는 노년기 우울증 연구를 통하여 교회 내 늘어나는 노인교인들의 전인적 안녕의 필요와 이에 대응하는 시의적절한 목회

---

133 노년기 우울증의 조기 발견이 어려운 이유는 박종한, "노년기 우울증의 특징", 「생물치료정신의학」 3권 1호(1997): 14; 오병훈, "노인 우울증의 최신치료", 「대한임상노인학회지」 4권 3호 (2003): 13을 참조하시오.

134 "한국노인 OECD 최고의 자살율… 노인들이 가장 힘들어하는 것은?", [온라인 자료] http://news.kbs.co.kr/news/view.do?ncd=4292513&ref=A. 2020년 1월 6일 접속. '2019년 자살예방 백서'에 따르면 2015년 기준 한국노인 자살률은 인구 10만 명당 자살자 수인 자살률의 경우 OECD 65세 이상 노인 평균 자살률 18.8명보다 월등히 많은 58.6명을 기록하여 OECD 국가 노인자살률 가운데 1위를 차지하고 있다.

135 노원석, "노년기 우울증에 대한 이해와 상담을 통한 치유", 「개신논집」 14권 (2014): 120; 이선혜·고정은, "노인의 우울증상 식별력에 영향을 미치는 요인", 「한국노년학」 29권 2호 (2009): 533.

돌봄 방안을 제시하여 급격히 진행되는 한국 사회의 고령화 속에서 지역교회의 효율적인 노인돌봄을 통하여 고령사회에서도 성경적 교회를 세워가는 목회사역에 도움을 주고자 한다.

1. 노년기 우울증의 이해: 정의, 특징 및 원인

1) 노년기 우울증의 정의와 특징

(1) 노년기 우울증의 정의

노년기 우울증이란 65세 이후에 처음 나타난 우울증으로 '후기(late-life)' 또는 '노인성(geriatric)' 우울증이라 부른다.[136] 노인우울증은 "노년기의 신체적 질병, 배우자와의 사별, 경제적 빈곤, 사회적 고립, 가족과의 이별, 일상생활의 자기통제 어려움, 과거의 회환 등으로 유발되는 우울한 기분에 빠져 의욕을 상실한 채 무능감, 허무감, 죄책감, 자살충동을 갖는 일종의 정신질환"이다.[137] 우울증은 노년기에 가장 흔하게 나타나는 정신과적 질환의 하나로 적절한 시기에 대응하지 않으

---

136 이장호 외 11인, 『임상노인심리학』 (서울: 시그마프레스, 2009), 226.
137 김은수, "노인 우울증 치유 방안에 관한 연구", 『국제신학』 9권 (2006): 321. 이 밖에 미국 사회사업사전은 노인우울증을 "슬픔, 자포자기, 절망, 미래의 비관, 활동의 저하, 수면장애, 심한 피곤, 부적절한 감정, 자기혐오감 등의 특징을 갖는 감정적 반응"으로 정의하고 있다. Robert L. Barker, ed., 『Social Work Dictionary』, 3d. ed. (Washington D.C.: NASW press, 1995), 97, 김은수, "노인 우울증 치유 방안에 관한 연구", 321에서 재인용. 그리고 윤진은 노인 우울증을 노화에 따른 "신체적 사회적 상실의 증가로 우울이 발생하는 것"으로 정의하고 있다. 윤진, 『성인 노인 심리학』 (서울: 중앙적성출판사, 1985), 181.

면 정서 심리적 안녕과 삶의 질이 저하할 뿐만 아니라 다른 신체질환의 발병위험을 높이고 사망률을 증가시키는 동시에 노인 자살의 주요 원인이 되는 등의 중대한 문제를 가져온다.[138] 노년기 우울증은 증상에 따라 '기분 장애'와 '동기 장애'로 구분하며, 기분장애는 '불쾌감, 식욕 감퇴, 죄책감, 죽음에 대한 불안' 등이며, 동기 장애는 '흥미 소실, 정신운동성 변화, 쇠약감, 집중력 장애' 등을 포함한다.[139]

(2) 노년기 우울증의 특징

노년기 우울증의 특징을 살펴보면, 주 증상은 주요 일반 우울과 비슷하지만 기억상실, 통증, 의심, 비난 등 인지적·신체적 증상으로 가장되어 표출되는 점이 특징이다.[140] 증상으로 볼 때, 젊은 우울증 환자에게서 발견되는 양극적인 조울과는 달리 노년기 우울증은 우울기 그 자체만이 있는 단극성 우울인 경우가 많다. 또한 노년기 우울증의 특징은 불안·초조·식욕 및 체중감소와 신체증상, 활력의 감소, 인지 및

138　R. Schulz, R. A. Drayer & B. L. Rollman, "Depression as a risk factor for non-suicide mortality in the elderly", *Biol Psychiatry* vol. 52, no. 3 (2002): 205-225; M. Waerna, E. Rubennowitzb & K. Wilhelmsonb, "Predictors of suicide in the old elderly", *Gerontology* vol. 49, no. 5 (2003): 328-34, 이선혜, 고정은, "노인의 우울증상 식별력에 영향을 미치는 요인", 「한국노년학」 29권, 2호 (2009): 529에서 재인용; 김병수 외 6인, "한국 노인 우울증의 발현증상 특성", 「노인정신의학」 7권 2호 (2003): 163(163-77); 송선희 외 14인, 「노인심리」 (서울: 신정, 2013), 162; 김준환, "노년기 정신건강", 「충북 Issue & Trend」, 2012년 6월, 68. 의학계에서는 노인 자살의 70% 정도를 노년기 우울증으로 인한 것으로 보고 있다.

139　박종한, "노년기 우울증의 특징", 16.

140　설순호·임선영, 「노년기 정신장애」, 「이상심리학시리즈」, 원호택·권석만 편 (서울: 학지사, 2016), 136; 노원석, "노년기 우울증에 대한 이해와 상담을 통한 치유", 122-3; 김애순, 「장·노년 상담」, 2판 (서울: 시그마프레스, 2018), 148.

정신운동의 감퇴, "높은 자살율, 불면증, 인지기능의 저하" 등의 증상이 두드러진다는 면에서 다른 연령대의 우울증과 다른 특징을 보인다.[141]

노년기 우울증의 경우 주요우울장애 진단율은 낮지만 우울 증상은 비교적 높게 나타나며, 슬픔이나 죄책감 같은 정서적 증세는 별로 없지만 인지 기능과 관련된 기억력 저하에 대한 염려와 정신운동지체, 신체 기능과 관련된 피로나 우울한 기분, 집중력 저하 그리고 삶에 대한 흥미의 상실이 더 빈번하게 나타난다.[142] 또한 젊은 사람보다 수면장애가 더 많이 나타나며, 신체증상의 호소와 건강에 대한 지나친 염려, 초조감을 드러내는 경우가 많으며, 상대적으로 죄책감·적대감·자살의 경우가 적은 반면, 정신운동 지체와 체중 감소가 더 심각하고 실제적인 기능 저하와는 관계없이 주의집중력이나 기억력 등의 인지기능 저하 증상이 많이 발생한다.[143]

'한국형 노인 정신장애 평가척도(Psychogeriatic Assessment Scale-K)'를 통한 조사에서 나타난 한국노인의 인구학적 우울 특성은 다음과 같다. 첫째, 한국노인에서도 여성이 남성보다 우울증 비율이 높게 나타나고

---

141 오병훈, "노인 우울증의 진단과 치료", 「대한임상노인의학회지」 7권, 1호 (2006): 83; 정현주 외 4인, "한국 노인의 우울증과 관련된 요인", 「대한임상노인의학회」 vol. 2 no. 2 (2001): 82.

142 Daniel L. Segal 외 2인, 「노인정신건강과 노인상담」, 홍주연 역 (서울: 학지사, 2016), 186, 188.

143 설순호·임선영, 「노년기 정신장애」, 136; 노원석, "노년기 우울증에 대한 이해와 상담을 통한 치유", 123.

있다. 둘째, 학력이 낮을수록 우울증 비율이 높게 나타나고 있다. 셋째, 종교 활동을 하지 않는 노인의 경우 우울증 비율이 더 높다.[144] 또한 "사회적 지지도가 낮을수록 운동을 하지 [않을수록], 영양상태가 나쁠수록", 주관적인 개인의 건강 인식이 부정적일수록, "인지기능의 장애가" 있을수록 우울증 비율이 높다.[145]

노인우울증은 초기 단계에서 "정서적 변화보다는" "신경과민, 불면, 기억장애, 어지러움 등의 신체적 증상을 호소하는 경우가 많은 은폐된 우울이 특징"이므로 주위에서 자세하게 살펴보지 않으면 발견하기 어렵거나 치매와의 구분이 어렵다.[146] 특히 노년기 우울증의 증상이 알츠하이머의 초기 증상인 흥미 상실·의욕 저하·초조·지체 등과 유사하기에 노년기 우울증 발견에 유의하여야 한다.[147]

2) 노년기 우울증의 주요 원인

노년기 우울증의 원인은 매우 다양한 견해들이 존재한다. 하지만 대부분의 학자들은 노년기 우울증이 유전적 생물학적 요인은 상대적으

---

144 김병수 외 6인, "한국 노인 우울증의 발현증상 특성", 171-2; 정인숙, "노년기 우울증에 대한 이론적 고찰", 「부산여자대학논문집」 23집(2001): 298; 정현주 외 4인, "한국 노인의 우울증과 관련된 요인", 86; 김은수, "노인 우울증 치유 방안에 관한 연구", 317-8.

145 정현주 외 4인, "한국 노인의 우울증과 관련된 요인", 90.

146 김은수, "노인 우울증 치유 방안에 관한 연구", 323, 324. 이러한 증상을 '가성치매'라고 한다.

147 Lissy F. Jarvik, "Aging and Depression: Some Unanswered Questions", *Journal of Gerontology*, vol. 31, no. 3 (1976): 324-6. 노년기 우울증과 노인성 치매 증상의 구분은 Archibald D. Hart, 「우울증 상담」, 심상권 역 (서울: 두란노, 2002), 212; 박종한, "노년기 우울증의 특징", 16을 참조하시오.

로 적지만 만성적 생활 스트레스를 비롯하여, 신체질환·고독·사회적 지지의 결핍 등의 사회심리적 요인에 기인한다고 본다.[148] 즉, 노화의 과정에서 발생하는 노년기 우울증은 신체적 심리적 그리고 사회적 영역에서 기인하는 총체적이며 복합적인 상실과 역할변화 요인으로 인한 현상이라 할 수 있다.[149] 이를 살펴보면 다음과 같다.

(1) 생물학적 신체적 원인

노년기 우울증 진단의 특징은 "신체적 질환과 일차적인 연관"이 있는 것으로 알려져 있다.[150] 생물학적 우울증 이해는 "신경전달물질의 화학적 결핍과 노화에 따른 신체적 퇴화에 초점을 둔다."[151] 노년기 우울증의 첫 번째 원인은 노화에 따른 대뇌의 변화이다. 나이가 들면서 전두엽의 신경세포가 퇴화하는 데 따라 대뇌기능이 저하되고 대뇌세포의 신진대사에 관계하는 아미노산이나 세로토닌 등의 물질의 대사 기능이 이상이 생겨 대뇌의 인지기능, 통합 작용이 저하되고 우울증이 발생할 위험이 커진다.[152] 또한 노년기 우울증은 노인들의 기저질환 등을 포함한 신체질환, 신체질환 치료를 위해 복용하는 약물, 그리고 뇌

---

148 박종한, "노년기 우울증의 특징", 15; 이장호 외 11인, 「임상노인심리학」, 225.
149 Hart, 「우울증 상담」, 209; 송선희 외 14인, 「노인심리」, 77; 설순호·임선영, 「노년기 정신장애」, 141.
150 오병훈, "노인 우울증의 진단과 치료", 83.
151 Segal 외 2인, 「노인정신건강과 노인상담」, 190.
152 박재간 외 8인, 「노인상담론」 (경기도: 공동체, 2006), 211; 박종한, "노년기 우울증의 특징", 15; 오병훈, "노인 우울증의 최신치료", 14.

화학적 상태를 변경시키는 다른 향정신성 약물로 인한 경우가 종종 있다.[153] 신체적으로는 노화에 따라 신체 여러 부위의 장애나 한계가 생기므로 인한 자신감의 저하나 죽음에의 불안, 사회생활 영역의 제한 등이 발생함으로 인해 우울증이 발생할 위험이 커진다.[154]

한국노인의 경우 65세 이상을 조사 대상으로 한 보건복지부 조사에서 응답자의 37.1%가 건강상태에 만족한다고 응답하고 있으나 건강이 나쁘다고 응답한 노인비율은 39.7%로 부정적 평가비율이 조금 높은 편이다.[155] 3개월 이상 지속적으로 앓고 있으며 의사의 진단을 받은 만성질병을 지니고 있다고 응답한 노인은 전체 노인의 89.5%이며 이중 만성질환을 3개 이상 가진 노인의 경우도 51%에 달하며, 노인의 61.4%가 시력보조기를 4.8%가 청력보조기를, 46%가 의치를 사용하고 있다.[156] 노인들이 일상생활을 영위하는데 어려움을 가져다주는 신체적 문제나 질병들은 노인들의 사회 및 대인관계의 제한을 가져와 자기가치감이나 자기효능감에 부정적 영향을 미쳐 우울감을 발생시킨다.[157]

(2) 경제적 원인

사람들은 일상생활 영위에 필요한 경제적 준비를 충분히 하지 못한 경우 스트레스가 높아진다. 노년기 우울증을 설명하는 '취약성 – 스트

---

153 Segal 외 2인, 「노인정신건강과 노인상담」, 191.
154 박재간 외 8인, 「노인상담론」, 211-2.
155 보건복지부, 「2017년도 노인실태조사 결과보고서」, 6, 8.
156 Ibid., 8, 11.
157 김은수, "노인 우울증 치유 방안에 관한 연구", 323.

레스(vulnerability-stress) 모델'에 따르면, 노인의 경우, 배우자의 죽음, 경제 사정의 악화, 사회와 가족들로부터의 고립, 일상생활에서의 자기 통제의 상실, 지나온 삶에 대한 후회 등, 삶에서 스트레스를 유발하는 사건에 대처하는 준비된 개인의 역량 정도가 노인의 우울증 발병 여부에 중대한 영향을 미친다고 할 수 있다.[158] 사회보장이 잘되어 있는 선진국의 경우와는 달리 노인인구의 빈곤율이 전체인구 빈곤율의 3.3배에 이르는 한국노인들의 가장 큰 관심사는 삶의 스트레스에 대처하는 역량이라 할 수 있는 건강과 경제적 상황이다.[159]

2017년 보건복지부 조사에서 응답 노인의 6.7%가 자살을 생각해본 적이 있다고 응답하고 있으며 자살을 생각해본 이유로는 건강문제(27.6%)와 함께 경제적 어려움이 27.7%로 가장 높은 것으로 나타났다.[160] 한국의 경우, 노인가구 소비 지출액은 월평균 162만 2,000원이며 상위계층은 314만 7,000원 하위계층은 68만 4,000원으로 격차가 크며, 경제적 지출에서 부담을 느끼는 영역은 주거비 24.9%, 보건의료비 23.1%로 나타났다.[161] 그리고 노인들 가운데 현재 일을 하고 있는 이유로는 생계비 마련이 73%로 가장 큰 비중을 차지하고 있으며, 의료비를 본인이 부담하는 경우가 전체 응답자의 53.1%라는 사실에서

---

158 설순호·임선영, 「노년기 정신장애」, 144; 정인숙, "노년기 우울증에 대한 이론적 고찰", 298.
159 보건복지부, 「국민건강증진종합계획 Health Plan 2010」 (2005), 이선혜·고정은, "노인의 우울증상 식별력에 영향을 미치는 요인", 530에서 재인용.
160 보건복지부, 「2017년도 노인실태조사 결과보고서」, 8.
161 Ibid., 13, 14.

한국노인의 경제적 상태와 건강이나 의료관련 서비스가 노인 개인의 경제적 상태와 밀접한 관련이 있음을 볼 수 있다.[162] 따라서 노인의 우울 정도에 영향을 미치는 요인 중의 하나인 사회적지지 정도 역시 정신적인 지지와 아울러 물질적 지지가 중요한 우울증 예방책임을 볼 수 있다.[163]

(3) 사회 심리적 요인

신체적으로는 어려움이 있지만 노인은 중년기와 비슷한 사회 심리적 욕구를 지니기에 노인의 사회참여가 활발할수록 개인의 자아정체감을 향상시키고 심리적 안녕감과 생활 만족도가 높아진다.[164] 하지만 노인들 가운데 노화로 인한 삶의 문제에 사회 심리적으로 적절하게 대처하지 못할 경우 우울증이 발생한다.[165] 즉, 노년기에 일어나는 많은 상실 경험이 개인의 건강한 자아기능에 영향을 미치고, 문제를 해결하지 못하는 경우가 반복되면 학습된 무기력을 경험하게 되고 이는 우울증으로 이어지게 된다.[166]

노년기 정신건강에 영향을 미치는 중요한 사회적 요인은 첫째, 의미

---

162 Ibid., 5, 7, 15.
163 Chou KL Chi I, "Social support and depression among elderly chinese people in Hong Kong", *Int. J Aging Hum Dev* vol. 52, no 3 (2001): 231-52, 정현주 외 4인, "한국 노인의 우울증과 관련된 요인", 91에서 재인용.
164 송선희 외 14인, 「노인심리」, 172.
165 이장호 외 11인, 「임상노인심리학」, 228.
166 Segal 외 2인, 「노인정신건강과 노인상담」, 192.

있는 사람의 수와 구조를 의미하는 사회적 관계망, 둘째, 실제 생활에 도움을 주는 경제적 신체적 도움 체계인 도구적 정서적 서비스정도, 셋째, 본인이 지각하는 비공식적인 사회적 지지의 정도이다. 그런데 나이가 들어감에 따라 이러한 세 가지 영역에서 변화가 발생하여 정신 건강에 부정적 영향을 미친다.[167] 한국노인의 경우 가족주의적 영향으로 외국의 경우보다 노년기에 가족원이 모두 건강하고 평탄하게 살아가며 원만한 가족관계, 특히 자녀와의 연계 속에서 인식하는 것이 좀 더 성공적 노화라고 여긴다.[168]

사회적 지지체계 역시 노년기의 안녕감에 영향을 주는 요소이기에 노년기에 종교 활동을 비롯한 사회활동이나 단체와의 관계는 중요하다.[169] 종교가 있어 자신을 둘러싼 통제하기 어려운 문제에 신앙으로 대처하는 노인의 경우 우울증에 덜 걸린다.[170] 한국노인의 경우 여가활동에 가장 많은 시간을 할애하는 TV시청을 제외하고도 85.1%가 사회활동·산책·스포츠 참여 등의 여가 문화 활동을 하는 것으로 나타나고 있다.[171] 이러한 사회적 요인들 가운데서 노화에 따른 지속적인 상실을 경험하게 될 경우 노년기 우울증에 쉽게 노출된다.

또한 자신이 처한 문제에 관한 정보를 적극적으로 수집하며 문제를

---

167   정인숙, "노년기 우울증에 대한 이론적 고찰", 298; 송선희 외 14인, 「노인심리」, 175.
168   이주일 외 7인, 「성공적인 한국 노인의 삶-다학제간 심층인터뷰 사례」 (서울: 박학사, 2008), 235, 248-9, 299.
169   정옥분, 「성인·노인심리학」, 개정판 (서울: 학지사, 2013), 518-22.
170   이장호 외 11인, 「임상노인심리학」, 228.
171   보건복지부, 「2017년도 노인실태조사 결과보고서」, 17.

해결할 계획을 세우는 스트레스에 적극적으로 대처하는 노인이 그렇지 않은 스트레스에 수동적인 자세를 취하는 노인보다 우울증에 노출되기 쉽다. 삶의 적응에 요구되는 성숙한 방어기제가 결핍된 사람의 경우 상실에 대한 적응에 어려움을 겪기 때문에 노년기에 우울증에 빠지기 쉽다.[172]

이상에서 언급된 이러한 요인들은 노년기의 자아개념과 자아존중감과 직접 관련이 있는 요인들이라 할 수 있다. 청년기 우울증의 경우 대체로 증오심이 자신에게로 향하기 때문에 발생하지만 노년기 우울증은 노화로 인한 가치감, 유능감, 소속감으로 이루어져 있는 자아존중감의 상실로 인해 발생하는 경우가 많다.[173] 즉, 사회적 역할의 상실, 건강의 쇠퇴, 신체기능의 저하 등이 노인의 자아개념과 자아존중감에 부정적 영향을 미친다는 것이다.[174] 다시 말해 노년기 자아존중감은 건강상태·삶의 질·생활만족도·배우자 유무·자녀와의 관계·우울감·사회적 상호작용 등에 의해 영향을 받는다.[175] 자아존중감이 높은 노인들은 자기 인식에서 실제 나이보다 더 젊게 느끼고 삶에 만족하며 삶의 위기에서 적극적으로 대처하며, 어려운 상황에서도 긍정적 요소를 찾으려고 한다.[176]

인간생애발달을 8단계로 설명하고 있는 에릭슨은 마지막 8단계의

---

172 Segal 외 2인, 「노인정신건강과 노인상담」, 192.
173 정인숙, "노년기 우울증에 대한 이론적 고찰", 297; 송선희 외 14인, 「노인심리」, 158-9.
174 정옥분, 「성인·노인심리학」, 522.
175 송선희 외 14인, 「노인심리」, 160.
176 Ibid.

발달과제를 '자아통합감 대 절망감'으로 제시하면서 노년기에 자신의 삶을 돌아보며 자신의 삶에 대한 통합성, 일관성, 그리고 전체성을 느끼도록 노력함으로 자신의 생을 만족하게 여길 수 있게 만든다고 한다. 특히 노년기에 생기는 덕목인 지혜는 지나간 삶에 대한 후회보다 지금까지 살아온 삶을 인정하고 수용하며 죽음까지도 삶의 한 부분으로 받아들이는 자세를 갖는 것을 의미한다.[177] 노인의 자아존중감은 자신의 지내온 삶을 긍정적으로 수용하고 현실의 삶에 만족하며 과거와 현재 그리고 미래를 조화롭게 통합하여 이해하며 다가올 죽음까지도 인정하고 준비하는 태도를 지닐 때 건강하게 이루어진다.[178]

성공적 노화 노인은 실패한 노인보다 과거를 수용하며, 과거의 갈등을 해결하는 통합적 회상, 그리고 과거 어떻게 목표를 달성하고 성취했는가에 관한 수단적 회상을 더 많이 한다. 실패한 노인은 성공한 노인보다 과거에 대한 죄의식 속에서 절망적이고 강박적인 회상을 더 많이 하는 것으로 나타난다.[179]

노년기에 자아 존중감을 유지하기 위해서는 다음과 같은 변화가 필요하다.[180] 첫째, 자신의 자아에 대한 새로운 의미를 형성해야 한다. 직업보다는 자신의 성격특성이나 기술 또는 능력과 같은 내적 자질에 초

177 Ibid., 153-4; Erik H. Erikson, *Identity and Life Cycle* (New York: International Universities Press, 1959), 166, Donald E. Capps, 「인간발달과 목회돌봄」, 문희경 역 (서울: 이레서원, 2001), 43 에서 재인용.

178 송선희 외 14인, 「노인심리」, 160-1.

179 이주일 외 7인, 「성공적인 한국 노인의 삶」, 249.

180 정옥분, 「성인·노인심리학」, 522-3.

점을 맞추어 노년기의 자신을 새롭게 이해하고 받아들일 필요가 있다. 둘째, 노화과정이나 노년기의 제한성과 가능성 등을 있는 그대로 긍정적으로 수용하도록 한다. 셋째, 자신의 인생전반에 걸친 목표나 성취한 것 또는 기대에 대한 재평가가 필요하다. 인간발달과정에 따른 변화에 긍정적으로 반응하면서 자신의 상황에 적합한 인생의 목표를 설정하고 노력하는 동시에 이제까지 자신이 살아온 삶의 평가를 다른 사람과 비교하기보다는 주체적이면서도 긍정적으로 내리는 노력이 필요하다. 이를 위해 자신의 과거를 객관적으로 돌아보면서 성공과 실패를 자기 삶의 한 부분으로 통합하는 노력이 필요하다.

요약하면, 노년기 우울증은 생물학적 신체적·경제적 및 사회 심리학적 요인들이 삶의 스트레스 사건과 상호작용하여 촉발된다.[181] 따라서 노후를 제대로 준비하지 못해서 발생하는 준비되지 않은 스트레스, 사회적 지지의 감소 또는 단절, 문제에 대처하는 수동적 자세 등이 노년기 우울증을 야기하기 쉬운 상태라 할 수 있다. 이러한 노년기 우울증은 예방과 치유를 위해 앞서 살펴본 여러 요인을 고려하여 통합적이고도 전인적인 접근이 필요하다 하겠다. 하지만 교회현장과 목회사역의 특성상 본 연구에서의 노년기 우울증 돌봄 접근은 신체적이거나 경제적인 측면보다 노인들의 영적 안녕을 포함한 사회 심리적 영역을 중심으로 사역의 조직이나 프로그램 및 목회자 개인이나 평신도 노인사역자를 위한 상담적 접근을 살펴보고자 한다.

---

181   Segal 외 2인, 「노인정신건강과 노인상담」, 195.

2. 노년기 우울증의 예방 및 치유적 목회돌봄 방안

1) 예방적 접근

우울감이 있는 준임상적 수준의 가벼운 우울증의 경우 예방적 접근을 사용하면 노년기 우울증의 25%를 예방할 수 있다.[182] 따라서 교회 내 노인들을 대상으로 노년기 우울증을 사전에 예방하는 접근은 매우 중요하고 효과적인 목회돌봄 방안이라 하겠다. 그리고 목회현장에서 노년기 우울증의 예방적 돌봄 방안은 노인들의 연령에 따른 신체적 상태를 고려하여 접근하여야 한다.[183] 목회현장에서 노년기 우울증 예방을 위한 돌봄 방안을 살펴보면 다음과 같다.

(1) '돌봄의 대상'에서 '돌봄의 주체'로의 노인 사역 패러다임 전환을 통한 예방

본격적인 고령화시대 이전까지의 일반 사회를 포함한 기독교회의 노인에 대한 인식은 노인을 주로 '돌봄의 대상'으로 여기고 그에 따라 돌봄사역이나 프로그램을 시행해왔다. 하지만 한국사회 전체의 급격한 고령화와 맞물린 한국교회 자체의 노인 돌봄 수요증가와 제공 여력, 그리고 평균수명의 연장 등의 요인은 노인을 일방적인 돌봄의 수혜대상만이 아니라 교회의 사역파트너로 인식하는 기존 교회노인사역

---

182 Ibid., 208.
183 Jarvik, "Aging and Depression", 326.

의 인식 전환을 필요로 한다. 이러한 인식의 전환은 교회현장의 목회적 필요뿐만 아니라 예수 그리스도의 몸인 교회의 지체로서의 교회, 모든 신자가 몸 된 교회의 사역자로 섬기는 성경적인 교회를 이루어가는 데 있어서 합당한 방향이라 할 수 있다.

일반적으로 노년기는 다음의 3단계로 나눌 수 있다: 첫 단계는 은퇴전기로 60~65세에 해당된다. 외모·성적 기능·기력이나 민첩성 등에서 부정적 변화속도가 증가하고 사회적 활동의 주류에서 벗어나는 시기이다. 그러나 여전히 비교적 높은 수준의 기능적 능률성을 유지하며 높은 지위를 갖는 시기이다. 둘째 단계는 은퇴기로 65~70세에 해당된다. 이 시기는 생산적인 상태에서 의타적인 단계로 전환하는 시기로 직장에서 은퇴하여 사회 재적응 문제가 일어나며 노화에 대한 신체질병, 무능력이 생기는 시기이다. 셋째 단계는 70세 이상에 해당된다. 경제적 사회적 활동으로부터 완전히 벗어나 노화과정이 뚜렷해지며 질병에 노출되기 쉬운 시기이며 임종을 준비하는 단계이다.[184]

따라서 비교적 건강하게 활동할 수 있는 첫 단계 및 둘째 단계에 해당하는 노인들은 여전히 비교적 높은 수준의 기능적 능률성과 어느 정도의 사회적 지위를 지니는 시기이기에 교회현장에서 이전 세대와는 달리 상대적으로 젊은 층이 부족해지는 교회 여러 분야의 사역을 노인세대들이 충분히 감당할 수 있다. 이럴 경우 교회사역에 참여하는 노인세대는 교회지체로서의 자신들의 역할을 확인할 수 있는 동시에 교

---

184 오병훈, "노인 우울증의 진단과 치료", 91.

회공동체로부터도 그 중요성을 인정받게 된다. 또한 개인적으로는 노인 각자가 여러 교회사역에 참여함으로 노화과정에 자연스럽게 발생하는 사회적 역할이나 관계의 감소를 예방 또는 지연하여 자아존중감과 자기통제감을 유지함으로 노년기 우울증을 예방 또는 치유할 수 있다. 이러한 노인목회사역의 패러다임 전환시도는 몇몇 교회에서 시도되고 있다.[185] 하지만 노인세대의 사역자화라는 성경적 신학적 당위성에 근거한 노인돌봄사역 패러다임의 전환까지는 다다르지 못한 실정이다.

(2) 노인 세대에 특화된 가족관계 향상 프로그램의 제공

노년기 우울증은 관계, 그중 가족관계의 영향을 많이 받는다. 특히 한국의 경우 자녀중심적인 가족의 생활형태로 인해 서구에 비해 자녀와의 관계가 노인의 삶의 질에 큰 영향을 미치고 있다. 따라서 자녀관계에 대한 만족도는 노인의 인지적 기능과 정서적 안녕감에 긍정적 영향을 미친다.[186]

또한 노년기에 접어들면 빈 둥지 시기와 은퇴 등으로 말미암아 자녀들의 독립과 사회관계가 감소함으로 친밀한 감정을 나눌 수 있는 대상

---

185 대표적으로 지구촌교회는 노인세대를 위한 맞춤형 예배를 매주 금요일 오전 10시에 드리고 있으며 계속하여 교회 내에서 시니어 목장모임 및 시니어스쿨을 활성화하여 노인세대의 사역자화를 실천하고 있다. 또한 남서울은혜교회는 노인사역부인 샬롬부 전임 목회자를 중심으로 노인들이 주체가 되어 예배와 목장모임, 그리고 노인들에게 특화된 동아리 모임도 진행하고 있다. [온라인 자료] https://www.jiguchon.or.kr/contents.php?gr=5&page=11, 2020년 1월 8일 접속; 최종규, "변화가 필요한 시니어 사역", 2019년 5월 18일, 한국복음주의실천신학회, 34-53.
186 송선희 외 14인, 「노인심리」, 227.

이 배우자로 한정되게 된다. 그리고 노년기에도 여전히 정도는 다르나 사랑과 성적 욕구는 지속되기에 적절한 사랑의 표현과 성관계는 노년기 부부의 친밀감을 충족시키는 동시에 활력을 제공하는 데 중요하다.[187] 중년기까지 감소하던 결혼만족도는 자녀들이 출가한 뒤 육아와 가사에서 어느 정도 짐을 벗은 노년기 부부의 결혼생활 만족도는 여가나 취미생활 등을 통해 건강상의 문제로 어려움을 겪기 전까지 상승한다.[188] 하지만 노년기에 이르러 잠재된 부부갈등이 표출되면서 한국의 경우 황혼이혼으로 이어져 황혼이혼이 증가하고 있다.[189] 노년기 결혼만족도는 여성의 경우 역할부담과 밀접한 관련이 있어서 자신의 건강상태. 연령이 높을수록, 남편의 정서적 지지가 높을수록 높은 반면, 남성의 결혼만족도는 아내로부터 받는 정서적 지지에 가장 큰 영향을 미친다.[190]

부부관계에서 우울증에 영향을 미치는 또 하나의 중요 요인은 배우자의 사별이다. 특히 갑작스럽게 닥쳐온 배우자와의 사별과 남성 노인이 경험하는 아내와의 사별은 우울증을 경험한 위험이 매우 크며, 사별 후 6개월 이내에 자살의 위험도가 가장 높은 것으로 나타나고 있다.[191] 따라서 교회는 이제까지의 미혼 또는 젊은 부부 중심의 결혼가

---

187 정옥분, 「성인·노인심리학」, 530-1.
188 Ibid., 532.
189 2019년 통계청의 2018년 혼인·이혼 통계 조사에 의하면 이혼부부 3쌍 중 1쌍이 결혼 20년 차 이상 부부로 나타났다. [온라인 자료] http://news1.kr/articles/?3575634, 2019년 7월 22일 접속.
190 정옥분, 「성인·노인심리학」, 533.

족교육 프로그램에 더하여 노년부부 또는 노인들에 적합한 부부갈등예방교육, 부모자녀교육, 손·자녀관계교육, 은퇴적응교육, 사별교육 등의 프로그램이나 특별강연 등의 기회를 통하여 노년기 우울증에 큰 영향을 미치는 가족관계를 건강하게 만들도록 도와야 한다.

(3) 주요 관계에서의 화해와 용서 및 수용을 통한 영성회복과 인생
   마무리의 준비

인생의 마무리를 앞둔 노년기에는 다음의 세 가지 영역에서의 용서와 수용과 화해가 필요하다. 자기 자신과의 관계, 하나님과의 관계, 그리고 의미 있는 중요한 타자들과의 관계에서 용서하고 수용하며 새로운 해석을 부여하는 작업을 통하여 영적으로 인격적으로 성숙함에 이르는 것이 필요하다.[192]

인간 발달과정을 8단계로 나누어 각 단계에서의 과제와 그 과제 달성 여부에 따른 특성을 설명하고 있는 에릭슨은 노년기의 발달과제를 '자아통합 vs 절망'으로 보았다.[193] 자아통합은 자신이 살아온 삶을 긍정적으로 평가하고 수용하면서 큰 후회나 절망이나 공포 없이 죽음까지도 수용하게 되는 상태를 의미한다.[194] 노년기에 자아통합을 이루어

---

191   오병훈, "노인 우울증의 진단과 치료", 90.
192   박재간 외 8인, 「노인상담론」, 223; 세 영역에서의 화해와 수용을 통한 성숙을 위한 자세한 내용은 양병모, 「유기적 신앙공동체를 위한 목회학」 (대전: 침례신학대학교출판부, 2018), 145-67을 참조하시오.
193   Erikson, *Identity and Life Cycle*, 166.
194   설순호·임선영, 「노년기 정신장애」, 40.

낼 경우, 자신이 살아온 삶의 긍정적 부정적 경험을 통합적으로 정리하여 긍정적 의미를 찾아내고 지나간 일들을 편안하게 수용함으로 의미 있고 만족한 노후를 보내게 된다. 이와 달리 다가올 죽음도 수용하기 어려우며 자신을 자책하고 원망하면서 불행한 노후를 보내게 되기도 한다.[195]

펙(Robert Peck)은 에릭슨의 과제를 세분화하여 다음과 같이 세 가지 노년기 과제를 제시하고 있다.[196] 첫째 과제는 '자아분화 대 직업역할 몰두(Ego Differentiation vs. Work−Role Preoccupation)'이다. 노년기에는 이제까지의 자신의 정체성이나 자기가치를 직업적 역할에서 찾기보다는 자아분화의 측면에서 다양한 여러 가치 있는 활동이나 이러한 다른 의미 있는 활동을 기반으로 자신에 대한 가치평가의 변화를 시도할 필요가 있다.

둘째 과제는 '신체초월 대 신체몰두(Body Transcendence vs. Body Preoccupation)'의 과제이다. 노화와 더불어 동반되는 신체적 노화로 인한 불편함이나 질병은 노인들로 하여금 자신의 안녕을 신체적인 영역의 안녕으로만 평가하게 만든다. 하지만 나이 듦에 따라 자연스럽게 다가오는 신체적 불편함에 함몰되지 말고 신체적 불편함에도 불구하고 사람들과의 관계를 즐기며 정신적으로 창조적인 일을 통하여 행복과 만족을 얻도록 하는 것이 필요하다.

---

195   Ibid., 40-1.
196   Robert C. Peck, "Psychological Developments in the Second Half of Life", *Middle Age and Aging*, ed. Bernice L. Neugarten (Chicago: the University of Chicago Press, 1968), 90-2.

셋째 과제는 '자아초월 대 자아몰두(Ego Transcendence vs. Ego Preoccupa-tion)'이다. 노년기의 죽음은 이전 나이보다 예측가능하다. 따라서 노년기는 죽음의 실체를 인정하고 받아들이며 준비하는 자세로서 자신의 삶이 이생에서뿐만 아니라 자신의 사후에도 기억되고 계속된다는 깨달음은 삶을 너그러우면서 이타적으로 살게 하여 다른 사람의 행복과 안녕에 기여하게 만든다. 목회자는 이와 같은 노년기의 필요를 인식하여 노인들의 영적 이슈를 염두에 두고 노인들이 자신들의 인생을 긍정적으로 해석하고 받아들일 수 있도록 노년기 특화 교육프로그램을 제공하도록 하여야 하겠다.

2) 치유적 접근

노년기 우울증에 대처하는 목회상담적 치유 접근 방향은 두 가지를 들 수 있다. 하나는 사건이나 증상의 원인을 중심으로 직접적으로 접근하는 문제 중심 내지는 도구적 대처가 있으며, 다른 하나는 문제가 발생한 것에 개인이 대처하는 능력 또는 조절하는 능력을 향상하는 방안이다.[197] 일반 목회현장 목회자에게는 이 둘을 구분하지 않고 통합적으로 사용하는 방안이 효과적이기에 치유에 임하는 목회자의 역할과 유의할 점을 간략히 제시한 후 통합적 목회상담적 치유 접근방안을 살펴보고자 한다.

---

197 Segal 외 2인, 「노인정신건강과 노인상담」, 196.

(1) 노년기 우울증 치유를 위한 목회자의 역할과 유의할 점

교회 목회 사역자는 무엇보다 교회 내 노인들의 상태를 가장 먼저 파악할 수 있는 사람 중의 하나이다. 따라서 목회사역자는 한국교회 내 우울증이 신앙이 부족해서 발생하는 것으로 생각하는 잘못된 인식으로 우울증을 숨기거나 위장하는 경향을 바로잡는 노력이 필요하다.[198] 또한 상담 시 내담자 노인을 돌보는 사람들에게 노인 내담자와 관련된 신체 정서적 상태를 물어서 충분히 파악한 후 상담에 임하도록 하여야 한다.[199]

이때 상담 전 목회자가 유의할 내용은 다음과 같다. 첫째, 내담자 노인이 최근 신체검진 여부를 파악하도록 하여야 한다. 왜냐하면 우울증이 신체질환으로 인한 것일 수 있기 때문이다. 둘째, 최근 6개월 내지 1년 이내에 상실을 경험한 적이 있는가를 살펴본다. 셋째, 가족구성원들과 긴밀히 소통한다. 이러한 가족과의 소통은 진단적으로나 치유적으로 매우 중요하다. 넷째, 외로움으로 인해 상담주제와는 다른 내용을 얘기하는 것이라든가 반복해서 과거를 얘기하는 등의 노인 내담자의 특성을 고려한 신뢰관계 형성을 하도록 한다. 다섯째, 일련의 상실과 스트레스를 유발하는 사건들이 노인들에게 절망감이나 신앙상실을 가져올 수 있기에 소망을 지니고 유지하며 하나님의 함께하심을 상기하도록 해야 한다. 여섯째, 자신의 삶에 대한 후회가 자신을 징벌하는

---

198 이관직, 「개혁주의 목회상담학」 (서울: 도서출판 대서, 2007), 208.
199 Hart, 「우울증 상담」, 211.

죄책감의 형태로 나타나기 쉽다. 따라서 적절한 시점에 하나님의 용서를 통한 죄책감의 이슈를 해결하도록 하여야 한다.[200] 끝으로 목회자는 노년교우들에 대한 이해와 관심, 그리고 이들을 위한 돌봄에 필요한 전문적인 돌봄과 상담의 훈련의 기회에 관심을 가지도록 노력하여야 한다.

(2) 노년기 우울증 치유를 위한 목회상담적 접근

최근 연구에서는 노인우울증에서 심리치료가 약물치료보다 효과적이라고 보고되고 있다. 즉, 노인들에게 치료선택권이 주어졌을 때 약물치료보다 상담심리적 치료를 선호하는 것으로 나타났다.[201] 노년기 우울증에 적합한 목회상담 접근으로는 단기역동치료, 인지치료, 행동치료, 부부 및 가족치료 등이 있는데 의사소통, 긴장감소 및 대인관계 및 사회적응을 통해 우울증의 회복을 유지하고 재발을 방지하는 데 큰 역할을 한다.[202]

i) 인지행동(Cognitive-behavioral) 접근

인지행동치료는 노년기 우울증치료에 가장 많이 검증된 상담적 접근이다. 특히 알츠하이머병이 있는 우울한 노인, 노화의 과정에서 발

---

200 Ibid., 213-5.
201 Segal 외 2인, 「노인정신건강과 노인상담」, 204, 207.
202 설순호·임선영, 「노년기 정신장애」, 152; 이장호 외 11인, 「임상노인심리학」, 235; 오병훈, "노인 우울증의 최신치료", 20.

생하는 뇌기능의 저하와 사고기능의 저하로 인한 인지적 왜곡, 노인을 부양하고 있는 우울한 부양자들, 그리고 주요우울장애가 있는 노인들에게 효과가 있다.[203] 인지행동 상담은 우울증의 원인을 역기능적 사고 또는 인지왜곡으로 보기에 우울증을 발생시키고 심화시키는 부정적 사고의 패턴을 파악하는 데 관심을 둔다.[204] 이러한 접근은 특정 생활 사건에 대한 개인의 인지적 감정적 그리고 행동적 반응이 어떻게 우울증에 영향을 주는지에 관심을 가진다. 정신역동접근과는 달리 아동기 또는 과거 문제는 현재 노인이 경험하고 있는 문제와 관련이 있을 때에 한하여 탐색하고 해결을 모색한다.[205]

이 접근에서 주로 사용되는 방법은 부정적 사고와 우울증 감정과의 관계를 깨닫게 하여 자신과 세계에 대한 부정적, 소극적 태도를 버리고 긍정적, 적극적 태도를 갖게끔 인지구조의 재구조화(reframing)를 하도록 한다. 이때 하나님의 절대적 사랑과 함께하심 그리고 용서와 수용의 신앙적 요소는 삶의 소망의 근원을 새롭게 하며 미래를 소망 가운데 맞이하도록 한다.[206] 내담자와 함께 긍정적 강화와 부정적 강화를 사용하여 행동실천을 통한 왜곡되거나 잘못된 생각을 수정하는 협력적 논의와 이에 따른 방안수립 및 적용과 평가가 사용된다. 노년기 우울증의 경우 정도가 심할 경우 약물치료와 상담을 병행하는 것이 효과

---

203 Segal 외 2인, 「노인정신건강과 노인상담」, 204-5.
204 Ibid., 193; Hart, 「우울증 상담」, 216-7.
205 이장호 외 11인, 「임상노인심리학」, 236; Hart, 「우울증 상담」, 216-8.
206 Hart, 「우울증 상담」, 218.

적이다.[207]

이 상담에서 인지적 왜곡에 주의를 기울여 치유에 접근해야 하는데 목회자가 기억해야 할 우울증을 보이는 사람들의 특징이라 할 수 있는 열 가지 대표적 인지 왜곡은 다음과 같다: 전부 아니면 전무라는 흑백 논리적 사고, 한 가지 경험을 일반적으로 적용하는 과잉 일반화, 단 한 가지 사소한 부정적 사실로 나머지 모든 것을 부정적으로 보는 선택적 여과, 긍정적인 것 인정하지 않기로 자신의 실제적 경험을 설명해주지 못하는 자신의 부정적 신념을 유지하는 것, 지나친 비약으로 결론 내리기, 자신의 실수나 타인의 성공은 과장하나 자신의 장점이나 타인의 결함은 축소해버리기, 사실이 아닌 느낌으로 인과적 설명하기, '해야만 한다' 진술하기, 자신이나 타인에 대해 지나친 일반화 및 낙인찍기, 자신과 무관하게 발생한 부정적 사건을 자신의 책임으로 여기는 개인화 등이다.[208]

ii) 대인 관계적(Interpersonal) 접근

노인의 사회적 역할과 대인관계가 우울증에 영향을 미치는 데 관심을 가지고 정신역동접근과 인지행동심리치료를 혼합하여 접근하는 돌봄 방안이다. 정신역동과 인지적 관점으로 접근하기에 이 접근은 개인의 죄책감, 대인관계에서의 논쟁, 역할의 변화, 대인관계 능력의 부족

---

207 이장호 외 11인, 「임상노인심리학」, 236; 오병훈, "노인 우울증의 진단과 치료", 86; Hart, 「우울증 상담」, 218.

208 David D. Burns, 「필링 굿」, 차익종·이미옥 역 (서울: 아름드림미디어, 2007), 69.

등을 다룬다. 이 접근은 우울증을 발병 또는 유지하는 핵심적인 네 가지 주제, (의미 있는 사람과의 사별에 따른) 애도, (중요한 사람들인 자녀나 동료와의) 대인관계에서의 갈등, 은퇴 등의 역할 전환, 의사소통이나 자기주장 부족으로 인한 대인관계 결핍과 같은 노년기의 관계 문제에 초점을 둔다.[209]

이 접근은 목회적 대화 방법을 사용하여 노인의 삶에서 중요한 대인관계를 파악하는 것으로 시작한다. 노인이 겪고 있는 문제들과 해당 중요 인간관계와의 관계를 탐색하여 다양한 상담기법, 즉 지시기법, 감정격려, 의사소통유형 분석 코치, 명료화, 그리고 행동변화모색 등을 사용하여 돕는다.[210] 의사소통을 향상시키고, 정서 상태를 명료화하고, 정서를 표현하며, 재조정된 역할 관계를 향상시키기 위해 다양한 상담기법을 사용한다. 항우울제의 사용과 함께 대인관계치료는 급성 노인우울증과 그 재발에 효과적이다.[211]

iii) 회상 또는 인생회고(Life Reminiscence) 접근

회고치료는 노인을 대상으로 에릭슨의 인생발달단계 이론을 바탕으로 임상현장에서 개발되었다. 인간 발달단계를 8단계로 나누어 제시한 에릭슨의 이론에 따르면, 생애발달단계 마지막 단계인 노년기의 과제인 통합에 실패할 경우 느끼게 되는 절망감이 노년기 우울증을 야기

---

209 Segal 외 2인, 「노인정신건강과 노인상담」, 206.
210 이장호 외 11인, 「임상노인심리학」, 237.
211 Segal 외 2인, 「노인정신건강과 노인상담」, 206.

한다고 본다.[212] 이러한 노년기에 경험하는 우울증은 자신의 인생을 돌아보며 계속 자신을 힘들게 만드는 과거의 경험들과 사건 및 관계 등을 새롭게 이해하고 긍정적으로 수용하도록 돕는다.[213]

단계적으로 살펴보면, 첫째, 과거 경험 또는 사건을 재구성(회상)한다. 둘째, 해당 경험 또는 사건의 결과를 기억하며 그것과는 다른 해결방안을 도출하고 그 결과를 유추해본다. 셋째, 달성하지 못한 목표가 있다면 현재의 관점에서 그 목표 달성에 대한 죄책감이나 미련을 해소하도록 한다. 넷째, 삶의 마지막이 가까웠음을 인정하고 남아있는 삶에서 해당 경험이나 사건이 긍정적 영향을 주도록 초점을 맞춘다. 다섯째, 해당 경험이나 사건이 다음 세대에 주는 교훈이나 가르침을 구성해본다.[214]

다양한 인생회고치료가 있으나 대체로 에릭슨이 중요하다고 제안한 삶의 주제들인 과거의 성공과 실패, 관계 갈등, 의미 등을 중심으로 진행된다. 주로 개인보다는 집단 상황에서 효과가 더 좋은 접근방안으로, 일반적으로 해당 개인의 생애에서 중요한 전환기에 해당하는 사건이나 경험을 찾아내고 그 사건이나 경험이 당사자에게 어떤 의미가 있었는지를 살펴보고 회상하며 재구성하고 새로운 의미를 찾고 수용하며 그 사건이나 경험이 자신의 삶에 긍정적 영향을 주는 것을 살펴보는 과정이다. 인생회고접근은 인지행동접근만큼 노인들의 정서적 안

---

212 Capps, 「인간발달과 목회적 돌봄」, 58-9.
213 이장호 외 11인, 「임상노인심리학」, 238.
214 Ibid., 207.

녕을 향상시키는 접근이다.[215]

iv) 단기 정신역동(Brief Psycho-dynamic) 접근

인지행동치료와 거의 동일한 효과를 나타내는 접근으로 단기정신역동치료와 대인관계치료가 노인우울증 치료접근으로 대표적이다.[216] 내담자 노인의 대상관계, 무의식적 추동, 자존감 또는 자기가치감의 영역과 관련된 행동 및 대인관계의 문제를 다룬다. 정신역동접근은 노년기의 상실 경험이 개인 삶의 이야기에 의미 있고 일관되게 통합되어야 한다고 본다. 만약 개인의 삶의 의미를 유지 통합시키는 방향으로 상실을 수용하거나 변화를 해석해내지 못한다면 절망과 우울로 빠지게 된다.[217]

(3) 목회 구조적 치유 방안: 노인전담 사역부를 통한 경제적 신체적 필요파악과 돌봄

오늘날 대형 교회들 대부분은 노인전담부서 또는 노인전담 사역자들이 노년기 교우들을 돌보고 있다. 하지만 늘어나는 노인세대로 인한 필요와 돌봄은 한국교회 전체가 직면한 과제이기에 낮 예배출석 인원이 300여 명을 넘는 중형교회들도 노인전담부서와 전담사역자가 필요하다. 이들 사역부서와 전담사역자들이 매주 심방 또는 출석 파악을

215　Ibid.
216　Segal 외 2인, 「노인정신건강과 노인상담」, 206.
217　Ibid., 192.

통해 노인들 가운데 경제적 어려움, 또는 신체적 어려움을 겪는 분들을 파악하고 교회의 준비된 인적 물적 자원으로 돕도록 하여야 한다. 또한 노인전담사역부서와 사역자들은 노인을 대상으로 한 국민건강보험, 국민연금, 노령연금 등의 사회복지제도나 지역 공공기관의 특별지원제도 등을 해당 분야 교인들의 도움을 받아 파악하여 정부나 공공기관의 적절한 자원이 노인들에게 제공될 수 있도록 정보를 제공하고 혜택을 받을 수 있도록 소개하여 구체적으로 도움을 줄 수 있어야 한다.

모든 사람이 나이가 들면 우울증을 경험하지는 않는다. 노화과정은 개인차가 다양하여 나이가 들면 모든 사람이 무능력해지거나 삶에 불만족하거나 우울을 경험하지는 않는다. 성공적으로 노년기를 보내는 사람들은 삶에 매우 만족하고, 주관적 안녕감이 높으며, 노후에도 역할을 재구성하여 활동 수준이 높고 일상에 별 불편함이 없다. 또한 인생을 어떻게 살아가야 하는지 알고 실천하는 지혜가 있으며, 죽음에 대한 두려움도 심하지 않으며 죽음을 삶의 한 단계로 받아들인다. 이들은 타인을 공감적으로 이해하고 배려와 관용을 베풀며 자신을 성찰하는 성숙함이 있으며 자신의 삶과 노화의 과정을 비교적 건강하게 수용하며 자신의 과거와 화해하고 건강하게 자신을 이해하며 살아간다.[218] 하지만 우울장애를 겪는 노인의 경우 나이가 들어가면서 더 무능력해지고, 더 많은 신체 고통을 호소하며, 건강서비스를 더 많이 이용하기에 노인우울문제는 사회적인 동시에 교회적인 문제가 된다.[219]

---

218   김애순, 「장·노년 상담」, 22.

따라서 노화의 과정은 피할 수 없지만 노화로 인한 우울증은 얼마든지 예방하고 조기 발견하여 치유함으로 노년기가 좀 더 안녕할 수 있는 것이다.

오늘날도 목회현장을 둘러보면 많은 노인이 기분이 가라앉거나, 주변 일들이 귀찮거나 활력이 없다고 느끼거나 막연한 불안감이 느껴질 때 그냥 '늙어서 그런가 보다'라고 대수롭지 않게 여기고 지나가는 경우가 있다. 하지만 노년기의 이러한 우울감은 나이가 듦에 따라 모든 사람이 반드시 겪는 일은 아니다. 노인의 경우 신체적 사회적 취약성은 있지만 삶의 경륜이나 축적된 인생 경험 등으로 인해 노년이 되어도 정신적으로 영적으로 더욱 건강하고 성숙한 삶을 영위할 수 있다.[220] 이렇게 될 경우, 노년기에 이르러도 교회의 책임 있는 지체로서 역할을 감당할 수 있기에 비록 고령화가 심화하더라도 노년과 젊은 층이 골고루 균형 있게 교회를 이루어 나갈 수 있게 된다. 따라서 노인들을 건강하게 돌보기 위해서는 목회현장에서 평소 노년기 교인들과 가장 가깝게 접촉하는 목회자의 세심하고도 관심 어린 돌봄과 적절한 목양적 개입이 요구되며 이는 초고령사회 진입을 앞두고 있는 한국사회 안에서 한국교회가 균형 있고 건강한 성경적 교회로 나아가는 데 요구되는 시대적 필요라 여겨진다.

---

219 이장호 외 11인, 「임상노인심리학」, 225.
220 설순호·임선영, 「노년기 정신장애」, 127.

5장

노년기 황혼이혼과 목회돌봄

한국 사회는 2020년 65세 이상 노인 인구가 800만이 넘어 전체 인구의 15.7%에 이르는 고령사회에 본격적으로 접어들었으며 곧 초고령사회에 진입할 것임을 볼 수 있다.[221] 이러한 고령화와 관련하여 주목할 현상 중의 하나는 평균수명의 증가로 인해 노인들의 생애주기가 길어짐에 따라 만 65세 이상 노년 인구의 유배우자 비율과 노인가구 비율이 높아지고 있는 점이다.[222] 2019년 통계청 조사에 따르면 전체 고

---

221 통계청, 『2019고령자 통계』, 1. 인구추이, 2020년 8월 10일 접속, 해당 싸이트: https://
www.kostat.go.kr/portal/korea/kor_nw/1/1/index.board?bmode=read&aSeq=377701.

222 정연표, "노년기 결혼불안정성에 영향을 미치는 요인에 관한 연구" (박사학위논문: 강남
대학교 사회복지전문대학원, 2010), 1, 8. 1994년 노년인구의 유배우자 비율은 47.9%였으
나 2008년에는 64.5%로 16.6%가 증가하였고, 따라서 노인부부가구비율 역시 1994년

령자 가구에서 부부가구는 전체의 1/3을 차지하여 노인 인구 3명 중 1
명은 자녀와 독립된 부부만의 가구를 이루고 생활하고 있는 것으로 나
타났다.[223]

핵가족화의 영향으로 자녀와의 동거가 줄어들어 노인 부부만의 가
구가 계속 증가하면서 노인 부부가 함께 보내는 시간이 늘어나 베이비
붐 세대의 경우는 이전 부모 세대와 비교해 자녀 독립 이후 부부만 같
이 사는 기간이 14배가량 길어질 것이라 예상되기에 노년기의 부부관
계는 점점 더 중요해지고 있다.[224] 노인들은 생애주기가 길어지고 노년
기 부부가 함께하는 시간이 늘어나는 만큼 다양한 사회적 관계를 통한
지지가 필요한데 그 가운데 가장 중요한 사회적 지지가 배우자 지지이
다.[225]

하지만 은퇴로 인한 경제적 어려움, 사회적 관계망의 감소, 신체적
노화 등의 어려움으로 인해 노년기 이전에 해결되지 않았던 잠재된 갈
등이나 강요된 친밀감, 경제적 가용자원의 감소 등 여러 요인으로 인
한 일상의 다양한 영역에서 부부갈등이 빈번하게 발생하여 결혼생활

26.8%. 2008년 47.1%로 20.3%가 증가하였다.

223 통계청, 『2019고령자 통계』, 5. 고령자 가구.

224 유순희·정민자, "황혼이혼 결정과정에 관한 연구", 한국가정관리학회, 『한국가정관리학
회지』 36 (2018): 54 (http://dx.doi.org/10.7466/jkhma.2018.36.2.54); 나예원·김형수, "노년기
부부의 결혼생활 만족도와 삶의 만족도에 영향을 미치는 환경요인에 관한 연구", 한국산
학기술학회, 『한국산학기술학회 논문지』 17 (2016): 647. '2014년 노인실태 조사 결과'에
따르면 65세 이상 노인의 67.5%가 자녀와 따로 살며, 이 중 노인 부부가구는 절반에 가까
운 44.5%로 나타났다.

225 김경신·이선미, "노년기 부부갈등에 관한 고찰", 한국노년학연구회, 『한국노년학연구』 9
(2000): 93.

유지에 어려움을 겪기도 한다.[226] 2020년 3월 11일 한국가정법률상담소가 발표한 '2019년도 상담 통계'에 따르면 60대 이상 남녀 노인층의 이혼상담비율이 급격히 증가하고 있음을 볼 수 있다. 1999년부터 2019년까지 20년간 60대 이상 여성의 이혼상담은 7.2배가 늘어났고 남성의 경우 9.1배가 늘어났다.[227] 물론 노년이혼의 증가가 한국만의 현상은 아니다. 고령화를 겪는 나라들의 경우 역시 노년이혼의 문제로 어려움을 겪고 있다. 하지만 한국의 경우는 그 증가속도가 상대적으로 빠른 동시에 노인빈곤 문제, 높은 노인 자살율 등과 맞물려 있어 노년이혼 문제는 더욱 심각한 현실이다.[228]

이러한 한국의 고령화와 이에 따른 노년이혼 문제는 기독교계에 좀 더 심각한 영향을 미치고 있다. 2018년 한국기독교목회자협의회의 '한국인의 종교 생활과 의식 조사'는 한국사회 전체 고령화 속도보다 한국기독교 인구의 고령화가 더욱 급격하게 진행되고 있음을 보여주고 있다.[229] 아울러 노년이혼을 포함한 이혼결정 과정에서 종교적 영향이 다르거나 미미하다고 나타나 결혼 영역에서 교회의 영향력이 현저히

---

226 정연표·이홍직, "노년기 결혼불안정성에 영향을 미치는 요인", 경기연구원, 「GRI 연구논총」 13 (2011): 153; 김경신·이선미, "노년기 부부갈등에 관한 고찰", 94.

227 2020년 8월 20일 접속, 해당 싸이트: https://www.yna.co.kr/view/AKR2020031109410 0005?input=1195m.

228 권중돈, 『노인복지론』 (서울: 학지사, 2004), 295; 나예원·김형수, "노년기 부부의 결혼생활 만족도와 삶의 만족도에 영향을 미치는 환경요인에 관한 연구", 647. 2013년 기준 한국은 OECD 국가 중 노인 빈곤율과 노인자살율 1위를 기록하고 있다.

229 한국기독교목회자협의회, 『한국기독교 분석리포트: 2018 한국인의 종교생활과 의식조사』 (서울: 도서출판 URD, 2018), 35.

떨어지는 사실을 볼 수 있기에 한국교회의 고령화로 인한 노년이혼 문제는 더 심각할 수 있다.[230] 따라서 노년이혼 문제는 한국사회와 기독교의 급격한 고령화 상황에서 한국교회가 직면하고 있는 실천신학과 현장 목회의 시급한 대응을 요구하는 도전이다.

현유광은 실천신학의 과제를 "하나님의 뜻을 이 땅 즉 교회와 세상에서 어떻게 이룰 것인가를 전적으로 연구하고 그 방안을 제시한다"라고 하였으며, 김순성은 목회란, "변치 않는 하나님의 말씀(text)과 변하는 상황(context) 속에 있는 실존들과의 만남과 소통을 다루는 프락시스이다"라고 말한다.[231] 이러한 실천신학적 관점에서 볼 때, 한국기독교는 사회의 이혼에 관한 관용적 태도와 증가하는 노년이혼에 적절한 목회적 대응 방안을 제시하지 못하고 있다.[232] 특히 복음주의적 입장에서 다른 영역에서의 성경적 가르침에 대한 엄중한 강조만큼이나 이혼에 관하여 하나님께서 직접 "나는 이혼하는 것을 미워 한다(말 2:16, 새번역)"라고 말씀하시는 성경의 가르침을 교회는 엄중하게 받아들여 이

230 Andrew Cornes, *Divorce & Remarriage: Biblical Principles & Pastoral Practice,* (Grand Rapids, MI: William B. Eerdmans, 1993), 315; 조영순, "노년기 부부의 이혼의도에 영향을 미치는 요인 연구-남·여 노인의 비교를 중심으로-" (박사학위논문: 백석대학교 기독교전문대학원, 2013), 111; 이무영·이소희, "이혼 발생에 영향을 미치는 요인 분석", 한국가족복지학회, 「한국가족복지학」 8 (2003): 44; 강덕구, "'1인 가구 사역'의 이해와 전망", 한국복음주의실천신학회, 「복음과 실천신학」 53(2019): 16 (https://doi.org/10.25309/kept.2019.11.15.009).

231 현유광, "실천신학의 과제와 전망-한국복음주의실천신학회를 중심으로", 한국복음주의실천신학회, 「복음과 실천신학」 26 (2012): 10; 김순성, "실천지향적 신학교육을 위한 방법론 및 실천적 제언", 한국복음주의실천신학회, 「복음과 실천신학」 38 (2016): 10.

232 이명희, "현대 가정의 이해와 사역 전망", 한국복음주의실천신학회, 「복음과 실천신학」 5 (2003): 11(9-24).

혼, 특히 그 가운데서도 고령 인구 비율이 급격하게 증가하는 한국교회에 문제가 되는 노년이혼의 해결책을 모색하는 데 힘써야 한다.

이러한 문제의식을 바탕으로 본 연구는 한국교회 특히 복음주의 교회 일반의 이혼에 관한 무관심 내지는 회피적 태도와 관련하여 관심을 촉구하는 동시에 목전에 닥친 고령화로 인한 노년이혼 문제의 효율적인 목회돌봄을 위한 방안으로 노년이혼의 문제를 성경적 신학적 관점이 아닌 거시적인 측면, 즉 인구 사회적, 사회문화적 관점에서 다루고자 한다. 그 이유는 지면의 제한과 함께 다른 이혼과 달리 한국의 노년이혼은 급격하게 진행되는 한국사회의 고령화 및 부부관계와 관련된 인식변화에 기인한 문제라는 특성이 있기 때문이다. 따라서 본 연구는 인구 사회적인 동시에 사회문화적 관점에서 노년이혼을 이해하고 이를 바탕으로 현장 목회에 예방적이며 치유적인 목회 돌봄 방안을 제시하고자 한다.

1. 한국 노년이혼의 이해

1) 노년이혼의 개념과 추세

일본의 전후 베이비 부머 세대인 '단카이 세대'가 은퇴시기에 이혼을 하게 되면서 생겨난 신조어인 '황혼이혼'이란 용어로 더 잘 알려진 노년이혼은 아직 학문적으로 명확하게 개념이 정립되지 않고 있다.[233] 하지만 노인 관련 이혼 저술이나 학술논문에서 일반적으로 정의하고 있는 노년이혼이란 '적어도 20년 이상 결혼생활을 지속하고 자녀가 모두 출가하여 부부독립 가구를 이루어 생활하는 60대 이상 부부의 이혼을

연령별로 구분한 이혼'을 의미한다.[234] 또한 '황혼이혼'이란 용어가 일
반 사람들의 정서적 영역에 좀 더 친근한듯한 면이 있지만 연령으로
이혼을 구분하여 연구할 필요가 있는 학문적 용어로는 '노년이혼' 또는
'노년기 이혼'이 더 적절하다 하겠다.

　노년이혼 추세를 보면, 1980년대 중반 이래 계속 증가하다 2012년
에 이르러 중·노년층의 이혼이 결혼 4년 이하의 신혼 층 이혼율을 추
월하였다.[235] 2000년에 남녀 합하여 1,744명이었던 노년이혼이 5년
만인 2005년 3,505명으로 200%(남자 노인 196%, 여자 노인 217%), 2010
년 6,080명으로 5년 전에 비해 173%(남자 노인 168%, 여자 노인 189%),
2015년 8,507명으로 140%(남자 노인 135%, 여자 노인 153%), 2018년에는
12,180명으로 불과 3년 만에 143%(남자 노인 137%, 여자 노인 156%)로 급
격히 증가하였다.[236]

　특히 1990년에서 2001년 사이에는 노년이혼이 무려 9배 가까이 증

233　유순희·정민자, "황혼이혼 결정과정에 관한 연구", 55.

234　유순희·정민자, "황혼이혼 결정과정에 관한 연구", 55-6; 2020년 8월 18일 접속, 해당 싸
　　　이트: http://www.famtimes.co.kr/news/articleView.html?idxno=500567; 권중돈, 『노인복
　　　지론』, 294-5.

235　"[깊어가는 고령화사회] 노부부 동거생활 만족", 2020년 8월 10일 접속, 해당 싸이트:
　　　http://www.econotalking.kr/news/articleView.html?idxno=108334; 성한기, "한국부부의
　　　이혼: 경향과 대책", 대구가톨릭대학교 사회과학연구소, 「사회과학논총」 2 (2003): 42; 조
　　　영순, "노년기 부부의 이혼의도에 영향을 미치는 요인 연구", 43. 2012년의 총 이혼건수
　　　가운데 중·노년층 이혼이 3만 234건으로 전체의 26.4%를 차지했다. 이중 30년 이상 동
　　　거한 부부의 '황혼이혼'도 8,600건에 이른다. 반면에 결혼 4년 이하의 이혼은 2만 8,200
　　　건으로 전체의 24.8%였다.

236　통계청, 2019 「고령자 통계」, 6. 이혼 및 재혼.

가했고, 2002년과 2012년 사이에도 3배 이상 증가하였다.[237] 최근의 혼인·이혼 통계는 노년이혼이 전체 이혼율의 1/3이 넘는 34.7%를 차지하고 있다는 사실을 보여주고 있다.[238] 그리고 2019년 통계청 자료에 따르면 이러한 노년이혼은 앞으로도 계속하여 증가할 것으로 예견된다.[239]

　이러한 한국 노년이혼의 증가추세에서 교회와 목회자들이 주목할 점은 여성 노인들의 이혼요구 증가가 노년이혼 전체 증가의 주요 요인이 되고 있기에 남자 노인 이혼비율보다 여자 노인 이혼비율이 계속하여 더 많은 비율을 차지하고 있다는 점이다. 이러한 점에서 한국 노년이혼의 증가는 사회문화적 요인이라 할 수 있는 여성 노인들의 교육 기회확대와 사회경제적 진출의 증가로 인한 삶과 가치관의 변화와 이에 발맞추지 못하는 남성 노인들의 가부장적 가치관으로 인한 고착된 부부관계와 성역할 인식과 밀접한 연관이 있음을 짐작할 수 있다.[240]

237　통계청, 『2012년 혼인.이혼 통계』, 조영순, "노년기 부부의 이혼의도에 영향을 미치는 요인 연구", 41에서 재인용; 이윤로·유시순, "노인 부부의 결혼만족도에 영향을 주는 요인에 관한 연구", 한국임상사회사업학회, 「임상사회사업연구」 1 (2004): 2. 90년대 이혼율의 급격한 증가는 IMF사태로 인한 영향이 노년이혼을 더욱 가속시켰다고 여겨진다.

238　2020년 8월 18일 접속, 해당 싸이트: http://www.famtimes.co.kr/news/articleView.html?idxno=500567; 송길원, "황혼이혼을 넘어서 무덤 이혼까지 있는 세상?", 두란노서원, 「목회와 신학」, 2019년 5월: 164-5.

239　통계청, 2019 「고령자 통계」, [이혼·재혼에대한 견해], 이혼해서는 안 된다는 비율이 2년 전보다 3.4% 감소한 반면, 이유가 있으면 이혼하는 것이 좋다는 비율이 2년 전보다 1.3% 증가한 데서 노년이혼 증가는 계속될 것이라 예상된다.

240　곽배희, "한국사회의 이혼실태 및 원인에 관한 연구" (박사학위논문: 이화여자대학교 대학원, 2002), 119-25; 곽배희, "한국사회의 노년이혼 증가와 그 특성", 대한스트레스학회, 「스트레스연구」 15권 4호 (2007): 322.

이러한 경우 남성 노인들은 자신으로부터 비롯된 부부갈등이나 가족 갈등을 인식하지 못하거나 인식하더라도 자신의 고착된 성역할의식과 가부장적 가치관을 앞세워 문제해결 시도보다는 자신의 의도를 관철하려 하여 갈등을 심화시키거나 가족 안에서 스스로를 고립시키는 경향이 있다.[241]

또 한국 사회의 근대화와 서구적 개인주의의 영향으로 인해 이혼을 사회적 일탈이나 병리적인 현상이 아니라 사회변동 현상 내지는 개인의 행복추구권의 하나로 보는 관점이 증가하게 됨으로 예방적 방안보다 이혼 이후의 돌봄이나 복지문제에 관심을 가지는 경향이 늘어나고 있다.[242] 아울러 세속화의 영향으로 말미암아 이혼을 금지하는 종교적 영향이 약화됨으로 인한 원인이 있다.[243] 2015년 인구주택총조사에 의하면 약 1,000만 명에 가까운 사람들이 기독교의 성경을 삶의 지침으로 삼고 있는 기독교인임에도 불구하고 기혼자 4명 가운데 1명은 이혼 사유가 있으면 이혼하겠다는 입장을 지니고 있다.[244]

---

241 조영순, "노년기 부부의 이혼의도에 영향을 미치는 요인 연구", 45.
242 김숙자, "최근 10년간의 한국의 이혼현상", 명지대학교 여성가족생활연구소, 「여성가족생활연구」 12 (2008): 50.
243 조영순, "노년기 부부의 이혼의도에 영향을 미치는 요인 연구", 36.
244 2016년 통계청이 발표한 2015년 인구주택총조사에 따르면, 개신교 인구는 967만 6,000명, 가톨릭 인구는 389만이다. 양병모, 『유기적 신앙공동체를 위한 목회학』 (대전: 침례신학대학교출판부, 2018), 11; 조영순, "노년기 부부의 이혼의도에 영향을 미치는 요인 연구", 36.

2) 한국 노년이혼의 특징

다른 연령층 이혼과는 달리 노년이혼은 결혼 지속 기간이 길고 대부분의 경우 자녀들이 성인기에 접어들었다는 특성을 지니고 있다. 일반적으로는 자녀양육의 부담에서 벗어나 어느 정도 경제적 시간적으로 자유로운 시기이기에 노년기 부부관계가 결혼 적응의 어려움으로 인하여 힘든 신혼 초기보다 더 만족스러울 수 있다.[245] 하지만 한국 가족의 특징이 부부관계보다 부모자녀 관계 비중이 더 중요하게 여겨지기에 자녀가 출가한 후 빈 둥지 현상으로 인해 변화된 부부만의 생활양식과 생애주기에 적합한 역할적응을 제대로 해내지 못할 경우, 결혼 과정에서의 갈등이 누적되고 이러한 갈등 해결을 위한 노력이 실패할 경우 노년이혼으로 이어지게 된다. 이러한 노년이혼의 한국적 특징을 살펴보면 다음과 같다.

첫째, 한국 노년이혼이 여성 노인들에 의해 주도되는 경우가 많음에서 나타나듯이 노년이혼이 전통적인 가부장적 사고의 영향을 지닌 남편의 독선적 이기적 생활 태도와 관련된 요인이 복합적으로 작용하고 있다.[246] 둘째 노년이혼은 다른 연령대의 이혼에 비해 이혼의 사유가 훨씬 구체적이고 직접적이며 이혼을 고려한 시간도 장기간 계속되어 온다는 특징이 있다.[247] 셋째, 이혼 유보에 영향을 미쳤던 자녀 문제가

---

245 정연표, "노년기 결혼불안정성에 영향을 미치는 요인에 관한 연구", 16.
246 곽배희, "한국사회의 이혼실태 및 원인에 관한 연구", 128.
247 곽배희, "한국사회의 이혼실태 및 원인에 관한 연구", 132-33. 이혼이 성립된 시기는 노년기이지만 노년이혼의 상당수는 결혼 초기에 이혼을 생각하여 결혼 기간 내내 이 생각이 지속된 경우가 많다고 나타나고 있다.

어느 정도 해결된 상황이어서 이혼을 실행하기가 쉽다.[248] 넷째, 여성 노인들의 의식변화와 남성 노인의 양성평등 및 성 역할의 유연화 등의 변화된 사회와 가족문화에 부부가 적응하지 못함으로 인한 부부 중심의 사회구조 부적응에 기인한 부부갈등, 부모자녀 갈등 등이 이혼으로 이어진다는 점이다.[249] 다섯째, 여성 노인들의 경우 오랜 결혼기간 동안 이혼을 고려해왔기에 이혼에 대한 요구와 결심이 강력하다. 그렇기에 오랫동안 복합적으로 누적되어왔던 부부갈등이 자녀의 출가 이후 빠르게 진행되며 이혼의 주 청구권자는 여성인 경우가 많다.[250] 여섯째, 사회변화로 말미암은 여성들의 자의식 성장의 영향으로 자녀들의 입장 및 주위 시선이나 경제적 문제 등으로 미루어왔던 이혼을 남은 자신의 인생을 위해 결심하는 경우가 많다. 이런 경우 자녀들이 어머니와 함께 가족갈등을 겪어왔기에 어머니와 정서적으로 결속력이 강하며 적극적으로 부모의 이혼을 권유하는 경향이 많다는 점이다.[251]

이러한 측면에서 노년이혼의 경우 이혼 과정에서 자기 존중감의 저하·분노감·상실감과 무기력감·우울감 등의 정서적 신체적 어려움을 겪지만 오랜 결혼생활의 갈등을 해소하는 방안으로 이혼을 선택했기에 이혼 후 일반 사람들보다 행복지수가 높은 것으로 나타나고 있

---

248   유순희·정민자, "황혼이혼 결정 과정에 관한 연구", 56. 이혼을 생각한 시기가 결혼 초기인 경우가 많아서 적게는 30년 많게는 50년 가까이 이혼을 고려해온 경우가 많다.
249   곽배희, "한국사회의 노년이혼 증가와 그 특성", 322-23.
250   유순희·정민자, "황혼이혼 결정과정에 관한 연구", 57.
251   곽배희, "한국사회의 이혼실태 및 원인에 관한 연구", 135, 137; 곽배희, "한국사회의 노년이혼 증가와 그 특성", 323-24

다.[252] 즉 노년이혼은 고령화로 인해 늘어난 남은 생애를 행복하게 살고자 하는 노인, 특히 여성 노인들의 개인화의 한 유형이라 할 수 있다.[253]

2. 한국 노년이혼의 거시적 원인

이혼은 미시적 요인인 개인적 특성이나 가족적 배경 그리고 거시적 요인인 경제적 및 사회문화적 요인 등의 복합적 요인이 영향을 미쳐 이루어진다. 그렇지만 본 연구에서는 연구범위 상 거시적 요인인 인구 사회적, 사회문화적 차원을 중심으로 한국 노년이혼의 원인을 살펴보고자 한다.[254]

1) 인구 사회적 원인

한국사회의 평균수명 증가로 인해 한국사회의 자녀출가 후 노년기 부부만의 생애 기간이 연장되면서 이 기간 노년기 부부는 전통적인 남편의 가부장적인 사고와 노화에 따른 변화의 부적응, 경직된 성 역할 인식, 노년기 이전에 해결되지 못한 갈등의 표출 등으로 인해 부부

---

252 유순희·정민자, "황혼이혼 결정과정에 관한 연구", 66.
253 심영희, "개인화의 두 유형에 관한 연구: 가족 중심 생존 지향형과 황혼 및 가정 내 이혼형을 중심으로", 한국이론사회학회, 「사회와 이론」 23 (2013): 307-8.
254 김길현·하규수, "노년기 부부관계 요인이 결혼만족도 및 이혼의도에 미치는 영향", 한국콘텐츠학회, 「한국콘텐츠학회논문지」 12 (2012): 257 (http://dx.doi.org/10.5392/JKCA.2012.12.05.256); 이무영·이소희, "이혼발생에 영향을 미치는 요인 분석", 42.

관계의 어려움이 이혼으로 이어지고 있다.[255] 또 평균수명 증가로 인해 이전 세대 노인들과는 달리 노인 부부 만의 가구, 즉 노인의 유배우자 비율이 증가하고 있다. 또 이전 노인세대들이 자녀들의 부모부양을 위한 방안으로 부모와 자녀들이 동거하는 비율이 높았으나 오늘날 노인세대들은 변화된 사회 인식으로 인해 자녀들과 동거를 꺼리는 실정이다.[256] 이로 인해 3세대 이상 가구 비율이 60년대에 비해 절반 이하로 감소하였으며 2014년의 조사에서는 65세 이상 노인 2/3 이상인 67.5%가 자녀와 따로 사는 것으로 나타나고 있다.[257]

이러한 인구 사회적 변화로 인해 오늘날 노인들은 이전 세대 노인들과는 달리 자녀들이 출가한 후 부부만의 빈 둥지 기간이 길어짐으로 인해 부부간의 성 역할변화의 수용과 적응의 필요가 높아졌다. 하지만 노년기 부부가 이러한 변화에 적절히 적응하지 못할 경우 노년 부부 독립가구에서의 남편과 아내의 부적응 문제와 갈등이 심화되며 결국 노년이혼으로 이어질 위험이 높아진다.[258] 노년이혼 증가의 주요 요인이 여성 노인들의 이혼 증가에 기인한 바가 큰 이유도 이와 같은 인구 사회학적 변화에서 비롯된 노인가구의 부적응과 갈등으로 말미암았음

---

255 정연표, "노년기 결혼불안정성에 영향을 미치는 요인에 관한 연구", 17.
256 곽배희, "한국사회의 이혼실태 및 원인에 관한 연구", 132. 연구에 따르면 노인독립 가구로 사는 이유가 본인들이 '편하고 좋아서'라고 응답한 비율이 76.5% 이르는 것으로 나타나고 있는 것으로 보고 되고 있다.
257 나예원·김형수, "노년기 부부의 결혼생활 만족도와 삶의 만족도에 영향을 미치는 환경요인에 관한 연구", 647.
258 성한기, "한국부부의 이혼: 경향과 대책", 47; 권중돈, 『노인복지론』, 295; 정옥분, 『성인발달의 이해』, 421.

을 볼 수 있다. 대부분의 경우 여성 노인들이 남성 노인들보다 결혼에 대해 불만족한데 그 이유로는 노년기 부부생활에서 여성 노인들이 얻는 보상이 본인들이 자각하는 인내와 헌신 정도에 미치지 못한다고 여기기 때문이다.[259] 인구 사회학적으로 볼 때 평균수명 증가로 인한 고령화의 심화가 노인부부 독립 가구 수와 노인부부 가구의 생애주기 증가를 가져와 이러한 변화에 제대로 대처하지 못하는 노인부부의 경우 부부갈등의 심화로 인해 이혼 위험이 높아지는 것이다.

2) 사회문화적 원인

거시적인 노년이혼의 또 하나의 원인으로는 사회문화적인 요소를 꼽을 수 있다. 근대화로 인한 전통적인 유교적 가부장제의 약화와 개인주의 및 양성평등에 관한 사회적 인식의 향상 등으로 인해 하나의 제도로서의 결혼 관계에 관한 전통적인 결혼관이 동반자적인 우애적 관계로 인식이 변화된 점에서 찾을 수 있다.[260] 김순성은 오늘날 한국 목회상황을 인구학적인 고령화와 함께 사회문화적으로는 탈 제도화와 개인화로 진단하고 있다.[261] 이러한 목회상황은 한국 사회가 1970년대 이후 급격하게 진행된 전통 농경사회에서 산업화와 도시화로의 사회변동의 영향으로 말미암았다고 할 수 있다.[262]

---

259 정연표, "노년기 결혼불안정성에 영향을 미치는 요인에 관한 연구", 28.
260 이명희, "현대 가정의 이해와 사역 전망", 15.
261 김순성, "실천지향적 신학교육을 위한 방법론 및 실천적 제언", 13-14
262 곽배희, "한국사회의 이혼실태 및 원인에 관한 연구", 3.

짧은 기간에 진행된 한국의 급격한 사회변동으로 전통적인 농업사회는 근대적인 산업사회로 변화되었으며 이에 따라 급격하게 진행된 도시화는 주거문화의 변화와 가족구조에 변화를 가져와 부모 자녀 동거형태인 대가족형태의 가족구조가 부부 중심의 핵가족으로 바뀌었다. 이러한 가족구조의 급격한 변화는 대부분의 경우 생활양식과 그것을 뒷받침하는 가치관의 변화가 따르지 않음으로 인해 가족의 삶에 있어서 여러 분야에서 갈등과 충돌을 발생시켰다.

이러한 갈등은 정치적으로는 민주화 과정으로의 어려움으로 나타났고, 1990년대 이후 새로운 지배적 가족 형태가 된 핵가족제도 아래에서 이전까지 남성 가장의 가부장적 가족 규범의 변화를 가져와 부부 중심 그리고 민주적 가족관계라는 새로운 관점으로 변화되어가는 사회적 변화에 적절하게 대응하지 못함으로 인한 갈등을 원인으로 꼽을 수 있다.[263]

가족구조는 산업을 뒷받침하는 사회구조의 변화에 발맞춰 도시 중심, 부부 중심 또는 핵가족으로 변화하였지만 이러한 구조변화를 좇아오지 못하는 개인의 의식과 가치관의 영역에서 소위 '문화지체'가 발생하면서 전통적 가문 중심, 남성 중심, 부모 중심의 여성 차별적인 가부장적 권위주의적 가족주의와 이에 기인한 사회 저변에 깔린 남녀 차별이 며느리와 시어머니의 관계, 부모관계와 부부관계의 우선순위, 가족집단주의와 부부 중심의 개인주의 등의 영역에서 갈등과 어려움을 가

---

263 곽배희, "한국사회의 노년이혼 증가와 그 특성", 324.

노년기 목회돌봄과 상담

겨왔다. 즉, 가족구조의 변동에 제대로 대응하지 못한 사람들의 의식과 가치관의 사회문화적 지체 현상이 여러 가족갈등을 야기하였고 이것이 한국사회 노년 이혼율 상승에 영향을 미치고 있다.[264] 특히 결혼을 주로 제도적으로 이해했던 과거와는 달리 결혼생활을 상호친밀감과 애정 관계의 관점에서 생각하는 결혼에 대한 사회적 개념과 기대치의 변화, 특히 남성보다는 여성의 경우 부부간의 친밀감을 더 중요시하고 기대하기 때문에 여성들에게서 불만족이 증가하게 되었다.[265]

여성의 사회경제적 지위 향상과 양성평등에 따른 자의식의 변화, 이혼에 대한 사회적 법적 제약의 감소, 그리고 가족 구조적으로는 전통적인 가부장적 직계가족체계에서 가족개념과 부부 역할에 대한 이해가 급격하게 변화하는 주거형태와 산업구조에서 요구하는 새로운 가족제도인 핵가족으로 이루어진 민주적 부부 중심의 가족관계로 바뀌는 과정에서의 부적응이 노년이혼을 부추기는 부부갈등으로 나타나게 되었다.[266] 이 밖에 법 제도의 변화 역시 노년이혼에 일정 부분 영향을 미쳤다. 1991년 개정된 민법의 재산분할제도는 이혼할 경우 여성에게 불리하였던 경제적 부분이 개정되어 과거보다 이혼을 쉽게 결정하게 만든 요인이 되었다.[267]

---

264 곽배희, "한국사회의 이혼실태 및 원인에 관한 연구", 5, 49.
265 홍근미, "중년여성의 위기에 대한 이해와 기독교상담", 한국복음주의실천신학회, 「복음과 실천신학」 25 (2012): 217.
266 박선영, "이혼 여성들을 위한 교회 내 프로그램 연구", 한국성경적상담학회, 「성경과 상담」 5권 (2005): 58; 곽배희, "한국사회의 이혼실태 및 원인에 관한 연구", 3-4.
267 조영순, "노년기 부부의 이혼의도에 영향을 미치는 요인 연구", 37.

결론적으로 노년이혼의 증가는 산업화와 도시화로 인한 급격한 사회변동으로 인해 사회문화적으로 전통적인 가족 규범이 약화되고 여성의 사회적 지위 향상에 따른 전반적인 사회의 남성과 여성 간의 양성평등 의식 격차의 심화되었다. 또 부부 중심의 핵가족이 새로운 가족구조가 됨으로 인해 전통적으로 노년기에 부모 자녀 중심으로 생활하던 노인들의 삶이 부부 중심의 부부독립 가구 생활방식으로 전환됨에 따른 경제적 문제와 부부 역할 재적응의 문제가 잠재되어 왔던 결혼 기간의 갈등과 맞물리면서 노년기 이혼을 촉발하는 원인이 되고 있다. 이혼에 대한 관점 역시 전통적이라 할 수 있는 일탈로 규정하는 입장에서 삶에서 발생하는 일종의 위기로 보는 입장으로 변화해가고 있다.[268] 하지만 한국 사회가 노년이혼을 현재의 어려운 상황을 해결하기 위한 어쩔 수 없는 선택으로 보는 이혼의 불가피성과 긍정적 측면의 인식이 늘어나고 있지만 여전히 노년이혼에 관하여 부정적인 인식이 우세하다. 따라서 현시점에서 교회 내에서의 적극적인 노년이혼 예방 및 치유방안의 모색이 절실하다 하겠다.[269]

---

268 이무영·이소희, "이혼발생에 영향을 미치는 요인 분석", 41; 곽배희, "한국사회의 이혼실태 및 원인에 관한 연구", 20.

269 이혜수·이영숙, "황혼이혼에 대한 태도유형 연구", 한국생활과학회, 「한국생활과학회 학술대회논문집」 (2013): 287.

3. 노년이혼의 목회돌봄 방안

　최근 늘어나는 노년이혼으로 인해 노년 이혼자들의 이혼 후 건강한 삶과 적응을 위한 사회적 지지체계 등에 관한 관심이 증가하고 있으나 여전히 노년이혼 당사자들을 위한 일부 가족들의 지원 외에는 사회적으로나 교회적인 지원은 거의 없는 실정이다.[270] 교회의 교인구성비가 급격히 고령화되는 현실은 목회의 새로운 패러다임 변화를 요구하지만 대부분의 개신교회들은 이러한 현실의 필요를 외면하거나 간과한 채 여전히 젊은이 중심의 패러다임을 지향하고 있다. 물론 미래 세대를 준비해야 하는 책임이 오늘의 교회에 있는 것은 사실이지만 지금의 교회현실을 도외시한 채 미래만을 준비하는 자세는 교회 현장에서의 교인들이 직면한 돌봄의 필요를 간과하는 문제를 초래하여 미래마저도 제대로 준비하지 못하는 결과를 초래할 위험이 크다.[271] 이러한 점을 염두에 두고 본 연구에서는 우선 노년이혼 문제 해결을 위해 노년기 부부를 돕는데 목회자와 교회 노인사역자들이 유의해야 할 일반적 지침을 제시한 후 예방 및 치유적 목회돌봄 방안을 제시하고자 한다.

270　여한구, "저출산 고령시대의 목회설계", 한국복음주의실천신학회, 「복음과 실천신학」 29 (2013): 129; 유순희·정민자, "황혼이혼 결정과정에 관한 연구", 67.

271　박선영, "이혼 여성들을 위한 교회 내 프로그램 연구", 52; 송길원, "황혼이혼을 넘어서 무덤 이혼까지 있는 세상?", 165.

1) 노년부부 목회돌봄을 위한 일반적 유의사항

노년이혼의 예방과 치유적 돌봄을 위해 도움이 되는 선제적 준비는 노년 부부를 돌보는 목회자와 노인전문사역자들이 알아야 할 노인들의 일반적 관심사 및 노인상담의 일반적 특성을 이해하는 일이다. 먼저 노년기에 접어든 한국 노인 부부의 주요 관심 영역은 주로 다음과 같다. 첫째, 인지기능의 감퇴를 포함한 건강문제. 둘째, 경제적 안전감의 담보. 셋째, 역전된 역할에 따른 부부 및 성인 자녀와의 갈등. 넷째, 건강이나 역할 또는 주요 관계 상실에 따른 우울 관련 정서적 어려움. 다섯째, 죽음과 관련된 불안과 두려움이다.[272] 이러한 노인들의 주요 관심 영역을 이해하는 것은 상담과 교육현장에서 사역자들과 대상 노인들과의 공감대 형성에 도움을 주어 상담과 교육의 효과를 높이는 데 도움이 된다.

노년 부부 상담의 경우, 다른 상담과는 달리 노년기의 특성으로 인해 독특한 특성과 어려움이 있다.[273] 첫째, 대부분의 경우 내담자의 연령이 상담자나 사역자의 연령보다 높다. 이런 점은 장유유서의 유교 문화 영향 하에 있는 한국문화의 특성상 목회돌봄 현장에서 담임 목회자의 경우를 제외하고는 노인들로 하여금 상대적으로 젊은 사역자들과 신뢰 관계를 맺기 어렵게 만들며 노인들을 돕는 사역자 역시 부담을 느끼게 한다. 둘째, 노인 특유의 보수성과 안전감의 이슈로 인해 상

---

272   이장호·김영경, 『노인상담』 (서울: 시그마프레스, 2006), 17-8.
273   양병모, 『목회상담 이론과 실제』 (대전: 그리심어소시에이츠, 2015), 383-85.

담이나 돌봄에서 다른 상담에 비해 변화에 대한 저항이 비교적 강하다. 셋째, 인생 경험의 폭이 넓은 노인들이기에 신뢰를 얻기 위해 담당 사역자들은 어느 분야의 사역자보다 상담이나 돌봄 준비를 위한 유연성과 함께 전문성이 요구된다. 넷째, 노인들의 경우 다른 연령층에 비해 남은 삶에 대한 의지나 변화 욕구가 상대적으로 약하기에 무엇보다 동기부여와 변화 욕구를 가지도록 돕는 노력이 필요하다. 다섯째, 다른 상담에 비해 노인들의 경우 자신들의 문제가 자녀들에게 부끄러움이 될까 봐 가족들의 개입을 꺼리기 때문에 다른 돌봄에 비해 가족과 보호자의 지지가 상대적으로 약하다. 여섯째, 노년기 부부갈등이나 이혼의 문제는 남성 노인과 여성 노인 입장이 다른 측면이 있기에 돌봄과 상담에서 성차를 고려한 접근과 담당 사역자들의 성차에 따른 민감성이 필요하다.

2) 예방적(선지적, prophetic) 돌봄 방안

오늘날 교회가 목회현장에서 실행 가능한 노년이혼 문제를 위한 우선적 돌봄 방안은 예방적 방안이다.[274] 사실 가족과 부부 관련 문제의 원인 연구의 실천신학적 적용은 우선적으로 예방적 접근 방안이라 할 수 있다. 결혼을 포함한 모든 가정 문제에 대한 최고의 우선적 대응 방안은 치유보다 예방이다. 미국 텍사스의 에벌린 기독대학교 총장을 역임한 머니(Royce Money)는 가족 돌봄을 위한 예방의 중요성을 "절벽 밑

---

274   박선영, "이혼 여성들을 위한 교회 내 프로그램 연구", 52.

에 앰뷸런스를 대기시키는 것이 아니라 절벽 주위에 방벽을 치는 것이다"라는 비유로 설명하고 있다.[275] 이런 점에서 교회는 기독교인의 노년이혼 문제 예방을 위한 최적의 기관이다.

노년이혼에서 예방은 결혼 관계가 파국으로 치닫기 전에 효과적으로 문제를 해결하는 방안을 모색하고 돕도록 준비하는 것이다. 노년이혼의 거시적 원인에 기초한 예방적 돌봄의 방향은 노년기의 부부관계 향상(강화), 부부갈등 해소를 돕기 위한 방안, 그리고 노년 부부를 지지해줄 사회적 지지방안이 포함되어야 한다. 따라서 노년이혼 예방을 위해 교회 내에서 비교적 용이하게 실행할 수 있는 방안을 제시하면 다음과 같다.[276]

(1) 교회 내 부부관계 향상 및 갈등 예방을 위한 프로그램과
    교육기회 제공

노년이혼이 잘못된 결혼 동기나 준비되지 않은 결혼에서부터 비롯되는 경우가 많다는 점에서 장기적 예방접근으로는 노년기 이전의 기존의 젊은 부부를 위한 결혼 예비 프로그램이나 결혼강화 프로그램의

---

275 Royce Money, *Ministering to Families* (Texas: A.C.U, 1987), 29.
276 김준수는 교회 내 가정사역의 단계를 다음과 같이 제시하고 있다. 첫째, 가정사역에 대한 세미나나 특강을 개최하는 단계. 둘째, 지속적인 가정사역 프로그램을 두는 단계. 셋째, 교회 내 가정사역위원회나 전담 사역자를 두어 이상의 프로그램들을 체계적으로 진행하는 단계. 넷째, 가정 사역을 교회의 여러 소그룹과 연결하여 교회 전체 조직에 가정사역이 영향을 미치도록 하는 단계. 다섯째, 교회의 사명선언문이나 핵심가치에 가정사역 내용을 포함시켜 교회의 중심사역으로 삼는 단계. 김준수, "교회 안에 가정 목회, 어떻게 할 것인가?", 「목회와 신학」 5 (2003): 61-3.

164   노년기 목회돌봄과 상담

강화가 필요하다.[277] 이와 함께 고령화되는 교회 내 구성원들을 위해 노인들을 위한 성별에 따라 차별화된 부부 관계 향상 프로그램이나 갈등 예방 교육이 강화되어야 한다. 특히 부부간의 의사소통이 남녀 노인의 결혼만족도와 갈등 예방에 매우 중요한 영향을 미치는 점을 감안하여 부부 간의 의사소통증진방안을 위한 프로그램이 필요하다.[278] 부부간의 의사소통은 "의사결정과정에서 상대의 의견을 존중하고 경청하며, 솔직한 대화를 하는 정도"를 의미한다.[279] 따라서 부부가 서로 자기 표현력을 함양하고 상대 배우자의 입장에서 생각하려는 노력, 개방적이고 효율적인 의사소통을 향상할 수 있는 부부 대화 교육프로그램이 필요하다.[280]

또 노년기 이혼에 큰 영향을 미치는 결혼만족도와 배우자 만족도에는 부부간의 성 역할 태도가 중요한 영향을 미치기 때문에 생애주기 변화에 따른 노년기 성역할 인식전환 관련 교육이 필요하다.[281] 이때 유의할 점은 성 역할 인식에는 남녀 노인의 성차에 따른 특성이 있음을 고려하여 즉 성별에 따른 교육과 상담, 부부관계 증진 프로그램을 개발하고 운영할 필요가 있다. 왜냐하면 기존 노년이혼에 관한 연구에

277   유순희·정민자, "황혼이혼 결정과정에 관한 연구", 67; 성한기, "한국부부의 이혼: 경향과 대책", 49.
278   이윤로·유시순, "노인 부부의 결혼만족도에 영향을 주는 요인에 관한 연구", 15.
279   김길현·하규수, "노년기 부부관계 요인이 결혼만족도 및 이혼의도에 미치는 영향", 259.
280   이윤로·유시순, "노인 부부의 결혼만족도에 영향을 주는 요인에 관한 연구", 17.
281   나예원·김형수, "노년기 부부의 결혼생활 만족도와 삶의 만족도에 영향을 미치는 환경요인에 관한 연구", 659-60.

서 나타난 공통적 특징 중의 하나가 이혼 고려와 이혼 결정 과정에서의 남녀의 성별 차이가 존재하고 있기 때문이다. 이러한 현상의 이면에는 여성과 남성의 성별과 관련된 사회문화적 배경의 차이가 존재하고 있으며, 무엇보다 여성 노인들의 이혼 의도가 남성 노인보다 높고 강렬하며, 결혼불안정성 역시 여성 노인이 높다는 점에서 교회 내 예방적 돌봄은 부부 공통의 영역과 성차에 따른 아내와 남편의 분리영역으로 나누어 준비되어야 효과적이다.[282]

(2) 교회 내 가족 구성원들을 위한 가족 지지 증진 프로그램 제공

부모의 노후를 가족이 책임져야 한다는 생각이 2002년 70.7%에서 2010년 36%로 급격히 감소하는 것과 같이 노인 부부의 부양에 대한 사회적 가치관 변화가 급격히 진행되고 있지만 여전히 노인들에게 있어서 가장 중요한 사회적 지지는 자녀들과의 관계이기에 노인을 위한 자녀를 포함한 가족의 지지를 증진하는 프로그램이 필요하다.[283] 특히 결혼만족도와 함께 노년이혼에 공통적인 영향을 미치는 중요한 요

---

282 구혜경·유영달, "기혼부부의 결혼만족도, 이혼고려 정도 및 이혼장애요인에 관한 연구-부부간 차이를 중심으로-", 한국가족학회, 「가족과 문화」 20 (2008): 27-29; 정연표, "노년기 결혼불안정성에 영향을 미치는 요인에 관한 연구", 73-4, 172; 유순희·정민자, "황혼이혼 결정 과정에 관한 연구", 68; 이윤로·유시순, "노인 부부의 결혼만족도에 영향을 주는 요인에 관한 연구", 15; 곽배희, "한국사회의 이혼실태 및 원인에 관한 연구", 107; 조영순, "노년기 부부의 이혼의도에 영향을 미치는 요인 연구-남·여 노인의 비교를 중심으로-", 113

283 한미현, "이혼으로 인한 가정해체의 실태 및 가정회복을 위한 방안의 탐색", 한국아동복지학회, 「아동복지연구」 2권 2호 (2004): 228; 정연표, "노년기 결혼불안정성에 영향을 미치는 요인에 관한 연구", 75.

인이 가족을 포함한 주위 사람들의 영향이기에 가족지지 증진 프로그램이 교회교육이나 가족 사역에 포함되어야 한다.[284] 일선 목회현장에서 현재 제대로 제공되지 못하고 있는 예방적 돌봄의 영역을 꼽으라면 이러한 세대 간 교육이나 가족관계 프로그램이라 하겠다. 따라서 교회 내 노년이혼의 예방적 돌봄을 위해서는 이제까지의 수평적 교육이나 예방프로그램에서 나아가 세대 간의 수직적 교육이나 예방적 가족 프로그램의 제공이 시급하게 필요하다. 이러한 가족 구성원들을 위한 가족 지지 증진 프로그램에는 성경적인 부모 자녀관(엡 6:1-4; 골 3:20-21)을 근간으로 하여 자녀들이 부모를 공경하는 부분을 포함하여 성인 자녀 가정에 관한 노년 부모들의 태도 및 역할전환 역시 함께 토의하고 배우는 과정이 포함되도록 준비하여야 한다.[285]

(3) 정기적인 부부관계와 가족 및 이혼에 관한 목회자의 설교와 교육

노년이혼의 예방 돌봄의 또 하나의 방안은 목회자가 가정의 달이나 특별한 절기에 설교나 교육의 기회를 통하여 이혼의 주요 원인이 되는 부부갈등 및 부부관계에 관한 주제를 정기적으로 적절하게 가르치고 권면하는 일이다.[286] 이를 위해 목회자는 스스로 성경적 관점에서 가정

---

284 차성희, "노년기 부부갈등이 이혼행동에 미치는 영향-사회적 자원 활용과 문제해결 능력을 중심으로-" (박사학위논문, 경기대학교 정치전문대학원, 2005), 79. 노인들의 경우 부부문제가 발생하면 50% 정도 자녀들과 우선적으로 논의하는 것으로 나타나고 있다.

285 구혜경·유영달, "기혼부부의 결혼만족도, 이혼고려 정도 및 이혼장애요인에 관한 연구", 1.

286 일부 학자의 경우 이혼가정의 문제가 매우 개별적이어서 설교나 교육을 통한 도움에 관해 회의적이라고 하지만 본 연구자는 이와 견해를 달리한다. 왜냐하면 이혼의 구체적 내용은

과 부부관련 주제에 평소 관심을 가지고 연구하고 자료를 축적하는 노력이 필요하다.[287]

사실 목회현장에서 목회자들이 직접 이혼에 관련된 주제로 설교하는 경우가 많지 않은 실정이다. 따라서 목회자는 교회의 상황에 따른 필요 외에도 기회를 따로 가져 이혼에 관한 예수님의 가르침(마 5:31-32, 마 19:7-9; 막 10:1-12)과 바울서신의 가르침(고전 7:10 ff)등의 성경에서 언급하고 있는 이혼 관련 부분을 복음적이고 균형 있는 주해를 통해 설교하고 가르치는 기회를 가질 필요가 있다.[288] 이때 주의할 점은 목회자가 결혼 관계의 회복과 지속이 성경에서 가르치는 하나님의 뜻임을 분명히 하지만 이혼을 일방적으로 부정적으로 다루기보다는 이혼이 '차악(次惡)의 선택' 영역에 속하는 문제임을 공감적으로 설교하는 일이다.[289] 그래야만 교회 내 이혼의 위기를 겪는 당사자들이 그나마 힘든 상황에서도 용기를 내어 목회자에게 자신의 문제를 가져올 수 있다.

이밖에 고령화의 상황을 대비하여 교회 내 노인 관련 전문 상담프로그램을 상설하여 노년이혼의 예방을 꾀할 필요가 있으며 또한 자원봉

개별적이나 이혼을 대하는 기본자세나 신앙적 태도 등은 설교나 교육의 기회를 통해 확장되거나 수정될 수 있기 때문이다. 홍영택, "이혼 및 재혼 위기 가족을 돌보기 위한 교회 프로그램 연구", 한국기독교학회, 「한국기독교신학논총」 55 (2008): 236-37.

287 한미현, "이혼으로 인한 가정해체의 실태 및 가정회복을 위한 방안의 탐색", 228-9.

288 이와 관련된 자료로는 Kenneth E. Hagin, *Marriage Divorce and Remarriage*, 오태용 역, 『결혼, 이혼 그리고 재혼』 (서울: 베다니출판사, 2016); Jay E. Adams, Marriage, *Divorce and Remarriage in the Bible*, 송용자 역, 『결혼·이혼·재혼 : 성경의 가르침에 대한 새로운 통찰』 (서울: 부흥과 개혁사, 2008)을 참조하시오.

289 홍영택, "이혼 및 재혼 위기 가족을 돌보기 위한 교회 프로그램 연구", 231-32.

노년기 목회돌봄과 상담

사자를 중심으로 노인전문 상담사역자를 발굴 훈련하여 노인전문 사역를 통한 노년 이혼의 예방 사역자로 준비할 필요가 있다. 만약 개교회 차원의 이러한 준비가 어렵다면, 노회나 지방회 차원에서의 노인전문 사역이 가능한 주축교회를 중심으로 이러한 예방 사역을 공동으로 운영하는 교회 간 또는 교단 간 협력 사역이 필요하다.

3) 치유적(Therapeutic) 돌봄 방안

이상에서 살펴본 예방적 돌봄 방안과 함께 이미 이혼을 경험한 노년 이혼자들의 치유를 위한 돌봄 방안 역시 필요하다. 그런데 이혼과 관련한 예방적 돌봄들은 교회 내에서 실행하는데 별 어려움이 없지만 이미 이혼한 사람들을 대상으로 한 치유적 돌봄은 이혼 후 이혼자들이 교회를 떠나거나 교회 내의 이혼에 관한 사람들의 통념과 낙인효과로 인해 목회현장에서 실행하기 쉽지 않은 현실이다.[290] 하지만 그럼에도 불구하고 누구보다 신앙적, 정서적 지지가 필요한 이혼 당사자들, 특히 교회를 계속 출석할 가능성이 있는 이혼의 피해자들을 전인적으로 돌보는 일은 예수 그리스도의 한 몸된 신앙공동체의 중요한 책임이다.

이때 교회가 치유적 돌봄에서 유의해야 할 점은 다음과 같다. 교회가 먼저 적극적으로 이혼 당사자를 접촉하도록 노력하여야 하며, 비판단적이며 헌신적이고도 공감적으로 접근하여야 하며 이 과정에서 인내를 가지고 당사자를 향한 지속적인 관심을 유지하도록 하여야 한

---

290 박선영, "이혼 여성들을 위한 교회 내 프로그램 연구", 52.

다.[291] 이러한 유의점을 염두에 두고 본란에서는 먼저 목회자의 개인 상담을 통한 노년이혼의 치유적 돌봄방안을 간략하게 제시한 후, 현재 한국교회 현장에서 실행되고 있는 거점교회나 전문사역교회의 자조그룹 프로그램 참여를 통한 치유방안을 포함한 기타 치유적 돌봄 방안을 모색해보고자 한다.

(1) 담당(상담) 목회자를 통한 정서적, 인지적, 의미적 돌봄

이혼자들, 특히 이혼피해자들을 위한 치유적 돌봄은 가능하면 목회 여건이 허락하는 한 해당 교회 담당 목회자나 상담목회자의 심도 있는 전인적 상담이 필요하다. 이와 관련하여 목회자가 사용할 수 있는 상담 접근을 소개하면 다음과 같다.

먼저 정서적 치유를 위하여 담당 목회자는 이혼 과정을 시간 선에 따라 이혼 당사자와 함께 되돌아보는 시간을 가진다. 이 과정에서 당사자가 느끼는 분노·후회·원망 등의 감정을 담당 사역자의 도움을 받아 탐색하고 언어적 또는 글쓰기를 통한 자기 고백 과정을 밟도록 한다. 이러한 자기 고백의 방법은 정서적으로 분노와 우울이 감소하며 감정적 정화(카타르시스)를 경험하기 쉽기에 대면상담과 같은 직접적인 상담자와 내담자의 언어적 소통보다 저항감이나 부담감이 적기에 초기 이혼자를 대상으로 한 돌봄 방법으로 유용하다.[292]

---

291   Cornes, *Divorce & Remarriage: Biblical Principles & Pastoral Practice,* 361-79.
292   홍근미, "중년여성의 위기에 대한 이해와 기독교상담", 230-32.

또 이혼 상대방에 대한 과도한 분노나 원망 등이 이혼 후 삶의 새로운 정립이나 함께 있는 자녀에게 부정적 영향을 줄 수 있다. 따라서 목회자는 이러한 부정적 감정의 완화나 해결을 위해 목회자는 상대 배우자의 입장에서 그 내면 이야기나 상대 입장 이해를 돕기 위한 역할전이 등의 방법을 사용하여 이혼 당사자의 고착된 인지 변화를 시도할 필요가 있다.[293] 이러한 인지적 변화가 이루어지게 되면 목회자는 이혼 당사자로 하여금 이혼의 상처를 넘어서 그 상처가 가져온 신앙적 성숙의 요소와 삶의 성숙으로의 의미 등을 함께 탐색함으로 신앙과 삶에서 '상처입은 치유자'로서의 새로운 소망을 정립하도록 도울 필요가 있다. 비록 이혼 자체는 부정적이지만 그 가운데서도 하나님 요소를 발견할 수 있도록 도우며 이를 통한 현실 삶의 긍정적 해석과 의미재구성은 이혼 당사자로 하여금 앞으로의 삶의 재정립에 긍정적 인식과 소망을 발견할 수 있게 해줌으로 신앙공동체에 건강한 복귀를 돕는다.[294]

(2) 교회의 자조 모임(Self-Supporting Group) 프로그램을 통한 돌봄

대부분의 기독교 이혼자들의 경우 이혼을 전후하여 기존 교회를 떠나는 경우가 많다.[295] 이런 경우 이혼 당사자들을 위한 담당 목회자의 돌봄이 불가능하게 된다. 따라서 목회자가 자신의 교회 여건상 또는 당사자가 목회자와의 개인 상담을 할 수 없거나 교회를 떠나는 경우

---

293 홍근미, "중년여성의 위기에 대한 이해와 기독교상담", 234.
294 홍근미, "중년여성의 위기에 대한 이해와 기독교상담", 235.
295 홍영택, "이혼 및 재혼 위기 가족을 돌보기 위한 교회 프로그램 연구", 232.

이혼 당사자들을 위한 현실적인 돌봄을 제공할 수 있는 효과적인 방안은 다른 교회나 기독교단체가 제공하는 이혼자들을 위한 자조 치유모임 프로그램이다.[296]

이러한 돌봄은 일반 소규모교회들이 제공하기에는 인적 물적 자원의 한계가 있기에 자조 치유모임을 제공하고 있는 교회나 단체의 이혼자 치유 돌봄 프로그램을 소개하여 도움을 받도록 하는 것이 효과적이라 할 수 있다.[297] 이때 주의할 점은 자칫 이혼 당사자가 자신의 교회나 목회자가 자신을 부담스러워하여 이렇게 하는 것이 아닌가 하는 마음이 들 수 있기에 목회자가 단순히 프로그램을 소개하고 권하는 차원을 넘어 직접 해당 프로그램 관련 정보를 준비하여 제공하거나 함께 연락을 취하는 노력이 필요하다. 아울러 비록 교회를 떠나더라도 해당 교인의 경제적 상황을 고려하여 진행할 수 있다면 이혼 당사자의 프로그램참가 비용을 조력할 필요도 있다. 이러한 자조 치유모임을 통한 돌봄은 공통의 아픔을 겪고 있는 노년 이혼자들로 하여금 자조 모임을 통해 서로 당면한 문제를 나누는 과정에서 개인의 문제해결 능력을 향상시킬 수 있는 동시에 고립감에서 벗어날 수 있는 정서적 지지와 공감을 얻을 수 있게 한다.[298]

---

296 Cornes, *Divorce & Remarriage: Biblical Principles & Pastoral Practice,* 382-5.

297 현재 교회 내에서 이혼자들을 위한 프로그램으로는 대표적으로 온누리교회의 '드림어게인'이란 이름의 '이혼자 행복학교'가 있다. 또한 교회 구성원의 90% 이상이 이혼자로 이루어져 있는 서울 수유동의 새출발교회(김성희 목사)의 경우는 이혼자를 위한 교회로써 치유와 회복 사역을 활발하게 진행하고 있다.

298 유순희·정민자, "황혼이혼 결정과정에 관한 연구", 68; 박선영, "이혼 여성들을 위한 교회

(3) 교육이나 콘퍼런스 및 가족 상담을 통한 이혼자 가족 돌봄

노년 이혼자들에게 있어서 가족 지지는 매우 중요하다.[299] 하지만 이혼 과정에서 가족들 역시 다양한 부정적 경험과 상처를 경험하게 되기에 노년 이혼자 가족 지지체계의 회복을 위해 노년 이혼자 가정의 가족과 자녀들을 위한 가족 교육 또는 유사한 아픔을 겪고 있는 가족들을 위한 콘퍼런스나 가족 상담 프로그램이 도움이 된다.[300] 교회는 이를 위해 유사한 경험을 겪었던 평신도 사역자들을 중심으로 노년 이혼자 자녀들을 대상으로 결혼과 이혼에 관한 가족단위 교육과 이들을 위한 콘퍼런스나 목회자를 통한 가족 상담을 제공할 필요가 있다. 이 또한 현실적으로 개 교회 차원에서 이러한 교육이나 콘퍼런스가 쉽지 않기에 고령화가 심화되어 감에 따라 앞으로 지방회나 노회 또는 지역단위의 초교파적 협력 창구를 통해 협력사역을 통한 이러한 돌봄을 제공하는 노력이 효과적이라 하겠다.

이밖에 교회는 이혼이 지니는 사회적 인식으로 인해 노년기 이혼을 겪는 사람들이 적극적으로 도움을 구하지 않는 점이 있음을 감안하여 다음과 같은 돌봄을 제공하는 것이 바람직하다. 첫째, 교회 내 법률을 전공하거나 관련 일에 종사하는 자원봉사자를 발굴하여 실질적이고 효율적인 이혼 과정의 여러 문제에 도움을 받도록 할 필요가 있다.[301]

내 프로그램 연구", 57.

299 차성희, "노년기 부부갈등이 이혼행동에 미치는 영향", 79.

300 유순희·정민자, "황혼이혼 결정과정에 관한 연구", 68.

301 Cornes, *Divorce & Remarriage: Biblical Principles & Pastoral Practice,* 413-6.

둘째, 노년기 이혼 당사자의 경제적 상태를 주의 깊게 살펴 도움을 제공하도록 하여야 한다. 특히 남성 노인의 경우 도움에 소극적이거나 교회의 돌봄에서 자신을 소외시킬 가능성이 큼으로 교회 내 담당 사역자들의 정기적 심방 등과 같은 세심한 돌봄과 함께 공공기관의 복지혜택 등에 관해 정보를 제공하여 도움을 받도록 함이 필요하다. 끝으로, 교회는 이들 노년 이혼자들을 돌봄의 대상이라는 차원을 넘어 이들을 교회 여러 분야의 자원봉사나 자조집단의 도우미나 이혼이나 사별 관련 돌봄 사역자로 발굴하여 자원화하는 적극적이고도 긍정적 노력이 필요하다.

끝으로 의학의 발달로 인하여 고령화는 전 세계적인 추세이다. 하지만 고령화를 겪는 모든 나라가 노년이혼의 급격한 증가를 경험하고 있지는 않다. 또 서구사회를 중심으로 이혼율이 증가하고는 있지만 한국처럼 노년기 이혼이 급격히 증가하는 나라는 드물다. 따라서 본 연구는 이러한 한국 노년이혼의 급격한 증가가 한국의 특수한 인구학적 및 사회문화적 상황에서 기인한 거시적 요인에 있음을 살펴보고 이에 대한 목회돌봄 대응책을 예방과 치유방안으로 나누어 살펴보았다. 물론 인구학적 및 사회문화적 원인 연구는 성격상 그 대응 방안이 치유적이기보다는 예방적인 측면에서 효과적이기에 예방적 목회돌봄 방안에 좀 더 치중하였지만 교회 현장에서 필요한 치유적 돌봄 역시 중요하기에 목회현장에서 실행 가능한 치유방안을 함께 제시하였다.

하지만 이혼문제, 특히 노년이혼 문제를 거시적 관점에서만 그 원인을 살펴보는 데는 한계가 있다. 그 이유는 이혼문제가 개인적, 가족 배경적 및 경제적 요인들이 복합적으로 작용하여 발생하기 때문이다. 이혼의 원인과 관련한 개인적 및 가족 배경적 요인과 경제적 요인들은 대부분 사회가 공통으로 지니는 요인이며 본 연구에서 다루기에는 연구범위와 분량이 소논문에 담기에 한계가 있고 이혼의 성경적 신학적 논의 또한 동일한 이유로 연구에 포함하지 못했다. 이에 노년이혼의 한국적 특성이 잘 드러나는 인구학적이고도 사회문화적 요인에 한정하여 노년이혼과 이에 관련된 실천적인 영역인 목회돌봄을 살펴보았다. 따라서 이후 노년이혼에 관하여 개인적 및 가족 배경적 후속연구, 그리고 성경적 신학적 논의가 이루어진다면 좀 더 종합적이고 균형 있는 한국 노년이혼에 관한 연구가 되리라 생각한다.

아울러 본문에서 잠시 언급이 되었지만 가족의 다른 영역은 목회 현장에서 매우 관심있고 밀접하게 다루어지는데 이혼문제 만은 목회돌봄이 제대로 이루어지지 못하고 있는 실정이기에 본 연구가 조금이나마 한국교회 목회현장에서 이혼문제 특히 노년이혼 문제의 심각성을 환기시키고 그 해결책을 함께 고민하기를 바라는 마음으로 연구를 진행하였다. 물론 이혼문제를 교회 현장에서 다루기에는 여러 가지 제약이 많다. 기본적으로 성경의 가르침을 바탕으로 한 기독교의 신앙문화가 이혼에 부정적이며 이에 따라 교회에서 이혼 당사자들이 공개적으로 자신들의 어려움을 호소하고 도움을 받는 데 한계가 있다. 또한 노년이혼의 경우 자칫 교회 중요 지도적 위치에 있는 구성원이 당사자일 경우 해당 신앙공동체가 함께 어려움을 겪는 어려움도 있다. 하지만 이러한 여러 현실적 어려움에도 불구하고 성경의 가르침에 최대한 순종하려는 교회의 노력과 진지한 고민이 동반된다면 세태를 거스르는 복음의 능력이 한국교회 현장에 드러나리라 믿는다.

6장

노년기 죽음 인식과 목회 돌봄

인간은 피조물 가운데서 유일하게 죽음을 생각하고 이에 대해 의미를 부여하는 존재라고 한다. 하지만 인류는 역사의 발전과정에서 의식적 무의식적으로 죽음으로부터 멀어지고자 노력해왔다. 그것은 죽음이 삶의 모든 것을 빼앗아 가기 때문에 본능적으로 또는 무의식적으로 죽음을 회피하는 현상과 이를 뒷받침하는 사회 제도에서 엿볼 수 있다.[302]

한국사회는 불과 한 세대 전만 하여도 집 밖에서 맞이하는 죽음에 대하여 좋지 않게 생각하여 임종에 가까워지는 환자를 급히 구급차를

---

302 서혜경, 「노인죽음학개론」 (서울: 경춘사, 2009), 39; Shelly Kagan, 「죽음이란 무엇인가?」, 박세연 역 (서울: 엘도라도, 2012), 375.

노년기 목회돌봄과 상담

이용하여 집으로 데려오곤 하였다. 이렇게 집에서 가족에 둘러싸여 맞이하는 죽음은 자연스럽게 가족구성원들로 하여금 죽음을 경험할 기회를 제공하고 죽음에 대하여 생각할 수 있는 기회를 제공함으로 자연스럽게 죽음을 삶의 한 부분으로 인식하는 죽음교육의 효과를 가져왔다.[303] 하지만 오늘날 21세기 한국사회는 산업화, 공중위생의 개선, 예방적 건강관리의 체계화, 치료중심적인 현대의학의 발달, 가족제도의 변화 등으로 말미암아 죽음을 생활 현장으로부터 분리시키며 개인화하는 추세를 밟아가고 있다.[304]

이러한 죽음을 경원시하는 사회적 현상과 더불어 효율성과 생산성에 높은 가치를 두는 현대사회의 물질적 가치관은 오늘날의 죽음, 그것도 죽음에 가장 가까이 살고 있는 노인의 죽음에 대하여는 상대적으로 관심이 소홀한 상황이다.[305] 하지만 이전과는 달리 현대 의료기술의 발달로 인하여 인간의 평균수명이 길어짐과 동시에 죽음의 과정 역시 길어졌기에 노년기의 죽음 문제는 사회적으로 점차 이슈가 되고 있다.[306] 이러한 노인의 죽음문제는 준비되지 않은 수명의 연장으로 인한

303　박선왜, "시설거주노인과 재가노인의 죽음 인식과 생활만족도 간의 관계에 관한 연구" (석사학위논문, 순천대학교 사회문화예술대학원, 2013), 2.

304　이이정, 「죽음학 총론」 (서울: 학지사, 2011), 166-7.

305　이러한 현대사회의 죽음 배제의 원인에 대한 다면적 접근은 김균진, 「죽음의 신학」 (서울: 대한기독교서회, 2002), 70-83; 이지영, 이가옥, "노인의 죽음에 대한 인식", 「한국노년학」, 24권 2호 (2004): 210-1; 곽혜원, 「존엄한 삶, 존엄한 죽음」, 22-3을 참조하시오.

306　현외성 외 4인, 「노인상담: 이론과 실제」 (서울: 유풍출판사, 1998), 18; 곽혜원, 「존엄한 삶, 존엄한 죽음」 (서울: 새물결플러스, 2014), 209; 김신미 외 2인, "노인과 성인이 인식하는 '좋은 죽음'에 대한 연구", 「한국노년학」, 23권 3호 (2003): 96-7. '임종기'(end-of-life)란 죽어가는 당사자가 자신의 상태가 불치임을 알게 되는 순간부터 또는 주위 가까운 이들이 환

고통스러운 삶과 2018년 고령사회, 2026년의 초고령사회 진입을 눈 앞에 둔 오늘날 한국사회가 당면한 문제이자 하루속히 준비하여야 할 사회적 도전이라 하겠다.[307]

그렇기에 최근 국가적으로 여러 가지 죽음과 관련된 노년기 돌봄 방안이 강구되고 있다. 2015년 7월 15일부터 말기 암 환자의 호스피스 완화의료에 대한 건강보험이 적용되고 있으며, 호스피스 대상 환자의 대부분이 익숙한 환경인 가정에서 호스피스 서비스를 받고 싶어 하기에 정부는 2016년 3월부터 가정호스피스를 시범적으로 실시할 예정으로 있다.[308] 또한 최근 2016년 1월 8일 국회에서는 '호스피스 완화 의료 및 임종 과정에 있는 환자의 연명 의료 결정에 관한 법', 속칭 '웰다잉법'을 통과시켜 2018년 시행을 눈앞에 두고 있다.[309]

자가 불치의 상황임을 인지하게 되는 순간부터 사망하는 순간까지를 의미한다. 대부분의 노인들이 10 여 년 전 심각한 질병진단을 받고 3~4년 정도 지난 후에 사망에 이른 것에 비해 요즘은 대략 5~6년 정도 지난 후에 사망에 이른다.

307 Donald Capps, 「인간 발달과 목회적 돌봄」 (서울: 이레서원, 2001), 문희경 역, 31; 박선왜, "시설거주노인과 재가노인의 죽음 인식과 생활만족도 간의 관계에 관한 연구", 1; 양병모, 「목회상담: 이론과 실제」 (대전: 그리심어소시에이츠, 2015), 371-2.

308 변해정, "복지부, '가정 호스피스제도 도입'", 「뉴시스 인터넷판」, http://www.newsis.com/ar_detail/view.html?ar_id=NISX20151211_0010472151&cID=10201&pID=10200. 2015년 12월 16일 인터넷 접속, 한국호스피스완화의료학회의 '2012년 말기 및 진행 암 환자' 조사를 보면 암 환자의 75.9%는 가정에서 지내길 원하고 있었다. 가정 호스피스를 이용할 의향이 있다는 응답도 89.1%에 달했다. 이에 복지부는 이달 중 '암관리법' 시행규칙을 개정해 가정 호스피스 규정을 법제화하고, 내년 3월부터 가정 호스피스 수가 시범사업을 추진할 예정이다.

309 http://star.mbn.co.kr/view.php?no=23329&year=2016&refer=portal, 2016년 1월 12일 인터넷접속, 이 연명의료결정법은 인간으로서의 최소한의 품위와 가치를 가진 죽음과 관련된 '죽음의 질'의 문제 해결을 모색하는 과정에서 입안된 것으로 회생 가능성이 없고 원인 치료에 반응하지 않으며 급속도로 임종단계에 접어든 임종기 환자가 자신의 뜻을 문

급격한 고령화에 따른 죽음의 질의 문제에 대한 이러한 사회적 대응과는 달리 한국 개신교의 부흥과 성장의 주역 세대인 베이비부머들의 급속한 고령화에 직면해 있는 한국교회는 노인사역 및 노인의 죽음과 관련하여 제대로 된 준비와 돌봄 방안을 준비하지 못하고 있는 실정이다.[310] 특별히 농촌과 어촌은 이미 초고령사회 내지는 초초고령사회에 들어섰기에 노인들이 다수인 농·어촌 교회는 구성원들의 특성상 죽음과 장례가 흔한 상황이 되었고 이러한 상황은 목회자들로 하여금 노인 돌봄에서 죽음과 관련된 목회자들의 교육 및 이를 바탕으로 고령 노인 교인들의 돌봄이 시급함을 보여주고 있다.[311]

하지만 그동안 한국교회는 청소년 사역과 중·장년 사역에 중점을 두어왔기에 상대적으로 노인을 돌보는 사역은 소홀히 여겨 왔다.[312] 신학교육현장도 청소년 사역과 가족 사역을 포함한 청장년 사역이나 교회성장관련 교육에는 관심을 쏟았으나 노인이나 노인과 관련된 임종이나 사별 관련 연구와 교육은 부족하였다.[313] 이로 인하여 오늘날 대부분의 목회자들이 노인사역 및 죽음돌봄 사역에 관한 예비지식이나 배움이 결여된 채로 목회자가 되기에 노인이나 임종환자나 그 가족들

서로 남겼거나 가족 2명 이상이 평소 환자의 뜻이라고 진술하면 의사 2명의 확인을 거쳐 연명 치료를 중단하도록 한 내용으로 이루어져 있다.

310 Rob Moll, 「죽음을 배우다」 (서울: IVP, 2010), 이지혜 역, 210-1; 곽혜원, 「존엄한 삶, 존엄한 죽음」, 202-3.

311 Moll, 213.

312 곽혜원, 「존엄한 삶, 존엄한 죽음」, 204.

313 Moll, 「죽음을 배우다」, 210-1.

에게 효과적인 목회돌봄을 베풀지 못하고 있는 것이 현실이다.[314] 따라서 고령화에 따른 여러 문제들이 있으나 본 연구에서는 노인들의 주된 관심의 대상이지만 표현하기를 주저하는 영역이라 할 수 있는 '죽음인식'에 대한 연구를 통하여 길어진 임종기 노인들의 죽음인식에 관해 살펴보고 이를 적절하게 도울 수 있는 지역교회 차원의 목회돌봄 방안을 제시하고자 한다.

1. 죽음인식 관련 주요 개념 이해 및 노인 죽음인식의 중요성

죽음인식이란, "임종과 죽음에 대한 불안, 염려, 의미 등의 여러 요소가 복합된 개념으로 인간이 죽음에 대해 호의적 또는 비호의적 반응을 일관성 있게 나타내는 복합적인 현상을 의미한다."[315] 이러한 죽음인식의 연구는 "죽음에 대한 태도 자각의 증진", "죽음에 대한 수용 촉진", "죽음에 대한 개인 신념의 긍정적 변화"를 목표로 한다.[316] 따라서 성서적 교회상과 목회를 추구하는 침례교의 목회현장에서 죽음인식 논의는 죽음에 대한 성서적 이해에서 출발해야 마땅하기에 죽음의 성

---

314 곽혜원, 「존엄한 삶, 존엄한 죽음」, 201.
315 지경애, "간호사의 영적건강·죽음의식이 호스피스 태도에 미치는 영향" (석사학위논문, 대전대학교, 2003), 김숙·한정란, "성인들의 죽음에 관한 인식, 죽음준비, 죽음불안", 25에서 재인용.
316 김지현 외 3인, "성공적 노년기의 자아통합감에 대한 인식에 영향을 주는 변인들에 대한 연구: 죽음에 대한 태도를 중심으로", 「한국심리학회지: 사회 및 성격」, 23권 4호 (2009): 127.

서적 가르침에 대해 살펴본 후, 죽음인식과 불가분의 관계에 있는 죽음불안 및 '좋은 죽음'의 의미를 찾아보고 마지막으로 본 연구주제인 노인죽음인식의 중요성을 알아보고자 한다.

1) 죽음의 성서적 이해 및 죽음불안과 '좋은 죽음(good death)'의 의미

죽음은 그 자체로 관점과 접근 영역에 따라 다양한 정의와 의미가 있다. 하지만 죽음 자체의 이해가 본 연구의 주된 관심이 아니기에 사망학의 대표적 학자 중의 한 사람인 카스텐바움(Robert Kastenbaum)의 견해를 따라 죽음을, "되돌이킬 수 없는 삶의 정지"로 정의하고 성서에서 가르치고 있는 죽음의 의미를 살펴보면 다음과 같다.[317]

성서는 죽음과 관련하여 부정적인 동시에 긍정적인 의미가 있음을 보여주고 있다.[318] 첫째는 생명의 창조주로서의 하나님에 대한 이해는 자연스럽게 성서에서의 죽음에 대한 부정적 가르침을 보여준다. 죽음은 생명을 파괴하는 종국적인 파괴자 또는 원수로 표현되고 있다. 그렇기 때문은 성서에서는 사람들의 삶에서 '왕 노릇을 하는' 죽음은 두려운 대상이며 피하고 싶은 대상으로 표현되고 있다(롬 5:14). 죽음을 회피하고 두려워하는 이유는 죽음이 하나님의 본래 창조의 뜻에 반하는 악이기 때문이다. 죽음은 한 인간을 자신의 육체로부터, 사랑하는

---

317 Robert J. Kastenbaum, *Death, society, and Human Experience*, 3 ed. (Columbus, Ohio: Charles E. Merrill, 1986), 17; 죽음의 정의와 관련된 자세한 의학적 논의는 Michael de Ridder, 「우리는 어떻게 죽고 싶은가?」 (서울: 학고재, 2011), 이수영 역, 46-68; 곽혜원, 「존엄한 삶, 존엄한 죽음」, 219-46; Kagan, 「죽음이란 무엇인가?」, 246-57을 참조하시오.

318 곽혜원, 「존엄한 삶, 존엄한 죽음」, 170-2.

사람들로부터, 하나님의 온전한 형상을 유지하는 능력을 **빼앗아** 가는 모든 슬픔과 고통과 상실의 원인이다.

하지만 이러한 성서의 죽음에 대한 부정적 측면의 가르침은 예수 그리스도의 십자가 사건으로 인하여 더 이상 죽음이 영원한 파괴나 원수가 아니라 영생으로 가는 과정으로 긍정적으로 변화되게 되었다. "죽음은 창조 세계를 향한 하나님의 목적에 포함되지 않는다. 하나님은 우리를 죽게 하기 위해서가 아니라 살게 하려고 창조하셨다."[319] 그러므로 죽음이 가져온 모든 저주와 파괴가 예수 그리스도의 구원사역으로 인하여 그 효력이 상실되고 죽음이 영생으로 가는 과정이 되게끔 변화시키신 하나님의 사랑과 은혜에 성서적 죽음이해의 기초를 두어야 한다.[320] 즉 신약이전의 죽음에 대한 패배적이고 부정적인 이해는 두 번째 아담인 예수 그리스도의 죽음과 부활로 인하여 죽음을 정복하심으로 죽음이란 영생하는 관문이라는 긍정적 사실로 변하게 된 것이다.[321]

이러한 죽음에 대한 성서의 두 가지 가르침은 오늘날 기독교인들에게 다음과 같은 가르침을 준다. 첫째, 죽음이 가져오는 부정적 가르침은 사람들에게 실존적으로 자신의 모습과 현실을 직시하게 하여 영원하신 사랑과 생명의 하나님 앞에서 겸손하게 만든다. 둘째, 예수 그리스도 안에서의 새로운 피조물로서의 삶은 죽음을 향해 당당하게 "사망

---

319 Kallistos Ware, "Go Joyfully: The Mystery of Death and Resurrection", in *The Inner Kingdom* (Crestwood, N.Y.: St. Valdimir's Seminary Press, 2000), 30, Moll, 「죽음을 배우다」, 36에서 재인용.
320 Moll, 「죽음을 배우다」, 36.
321 곽혜원, 「존엄한 삶, 존엄한 죽음」, 121.

아 네가 쏘는 것이 어디 있느냐(고전 15:55)"고 외치며 죽음을 하나님께서 자신에게 맡긴 이 땅에서의 소명의 완결로 보기에 죽음 자체를 은혜로까지 여기게 된다.[322] 따라서 성서적인 죽음의 가르침은 자연의 법칙으로는 삶의 쇠약과 종결이지만 영적이며 인격적인 측면으로는 삶의 완성과 궁극적 성취를 의미한다.[323]

죽음인식은 죽음으로 인한 상실과 불안이 내포되어 있으며 개인이 지닌 종교적 신념, 생활경험, 그리고 건강수준에 직접적인 영향을 받아 형성된다.[324] 죽음불안이란 "죽은 사람이나 죽음을 생각나게 하는 것과 마주쳤을 때 유발되는 정서적 불안정이나 고통"을 말한다.[325] 죽음불안은 "존재의 상실에서 오는 두려움, 죽어가는 과정에서 오는 두려움과 공포 그리고 사후의 결과에 대한 불안을 표현하는 심리적 과정"이라 할 수 있다.[326] 대체로 죽음인식이 긍정적일수록 죽음불안이 상대적으로 낮아지는 반면 삶에 대한 애착이 강할수록 죽음불안은 높아진다. 또한 자아통합감이 높거나 사회경제적 수준이 높을수록 죽음불안이 낮다.[327]

---

322 Ibid., 122.

323 Ibid., 129.

324 한규량·김기정, "죽음에 대한 인식 및 태도 분석: 청년집단, 중년집단, 노년집단 간 비교를 중심으로", 「과학과 문화」, 2권 4호 (2005): 84-5; 서혜경, 「노인죽음학개론」, 60; 임은미 외 13인, 「인간발달과 상담」 (서울: 학지사, 2013), 379; 한규량·김기정, "죽음에 대한 인식 및 태도 분석", 90. 죽음인식에 영향을 주는 복합적 요인으로 인하여 연령에 따라 죽음인식은 다르게 나타난다.

325 이이정, 「죽음학 총론」, 78.

326 김숙·한정란, "성인들의 죽음에 관한 인식, 죽음준비, 죽음불안", 27.

327 한규량·김기정, "죽음에 대한 인식 및 태도 분석", 89. 노인 죽음불안의 요인에 관한 자세

죽음불안과 '부적 상관관계(負的 相關關係)'에 있는 '좋은 죽음'이란 일반적으로 우선 편안한 죽음이다. 즉, 고통이나 고생 없는 짧은 임종기의 죽음이다. 다음으로 관계적으로 고통스럽지 않은 죽음이다. 배우자와 비슷하게 죽거나 남은 가족이나 가까운 이에게 부담을 주지 않는 죽음이다. 그다음으로 좋은 죽음이란, 원하는 삶을 누리다 맞이하는 죽음이다. 삶을 후회 없이 살다가는 죽음, 베풀거나 신앙적인 삶으로 마감하는 죽음, 후손의 행복을 보고 맞이하는 죽음 등이 이에 속한다.[328]

2) 노인 죽음인식의 중요성

노년기는 인생발달단계의 마지막 단계로서 죽음이 가장 임박한 시기이며 죽음이 가깝다는 현실을 더욱 실감하기에 그 어느 시기보다 죽음이 삶의 전체 영역에 미치는 영향이 큰 시기이다. 이러한 노인의 죽음인식은 노인으로 하여금 자신이 살아갈 시간이 상대적으로 짧아지고 죽음이 다가온다는 현실을 자각하도록 하여 남은 생을 유용하게 보내는데 중요한 역할을 한다. 즉, 노인들의 죽음에 대한 인식이나 그에 대한 의미 부여가 삶의 방식을 변화시킬 수 있다.[329]

한 설명은 임은미 외 13인, 「인간발달과 상담」, 380쪽의 표 12-4를 참조하라.

328 김신미 외 2인, "노인과 성인이 인식하는 '좋은 죽음'에 대한 연구", 106; 이명숙·김윤정, "노인이 인식하는 좋은 죽음", 「한국콘텐츠학회논문지」, 13권 6호 (2013): 288, 295(283-99); 장경은, "빈곤여성노인들은 어떻게 죽음을 인식하고 준비하고 있을까?", 328. 좋은 죽음과 관련된 노인들의 의식에 관련된 더 자세한 내용은 김숙·한정란, "성인들의 죽음에 관한 인식, 죽음준비, 죽음불안", 26-7를 참조하시오.

329 김숙·한정란, "성인들의 죽음에 관한 인식, 죽음준비, 죽음불안", 26.

인간의 죽음과 그에 따른 사회심리적 변화를 최초로 체계적으로 제시한 퀴블러–로스(Elisabeth Kübler-Ross)는 죽음인식이야말로 개인의 삶을 의미 있게 만들며 참된 자기의 삶에 충실하게 만드는 요소라고 말한다.[330] 죽음을 통해 삶을 바라볼 때 인간은 삶의 궁극적 의미를 발견할 수 있으며 삶에 대하여 더 깊은 통찰이 가능하다.[331] 따라서 죽음은 노년기의 노인들에게 살아온 삶을 평가하는 중요한 잣대가 될 뿐만 아니라 앞으로 남은 생을 어떻게 살아가야 할 것인가를 깨닫게 해주는 매우 중요한 기회이다.[332] 노인의 죽음인식은 노인으로 하여금 죽음을 삶의 자연스러운 과정으로 받아들이게 함으로 자신의 남은 시간을 의미 있게 살 수 있도록 도우며 자연스럽게 죽음을 수용할 수 있도록 준비시킴으로 인생의 마지막을 하나님의 자녀답게 확신 가운데 맞이할 수 있도록 돕는 기능이 있다.[333]

이러한 노인의 죽음인식은 자신이 살아온 삶에 대한 자신의 평가에서 형성되고 이러한 죽음인식은 노인의 현재의 삶에 영향을 미친다.[334] 노인들이 죽음을 인식하게 되는 계기는 대체로 다음의 세 가지 경우이다. 첫째, 주변에서 타인의 죽음을 경험하게 될 때, 둘째, 신체적으로

---

330 Elisabeth Kübler-Ross, ed., *Death: The Initial Stage of Growth* (Englewood Cliffs, NJ: Prentice-Hall, 1975), 164.
331 곽혜원, 「존엄한 삶, 존엄한 죽음」, 9.
332 Ibid., 9.
333 서혜경, 「노인죽음학개론」, 120-1.
334 김지현 외 3인, "성공적 노년기의 자아통합감에 대한 인식에 영향을 주는 변인들에 대한 연구", 116.

노화에 따른 질병을 앓게 되었을 때, 셋째, 중요한 사회적 역할의 상실을 경험하게 될 때이다.[335] 노인들의 경우 젊은이들보다 죽음에 대한 불안은 상대적으로 적으나 죽음을 더 자주 생각하는데 이때 노인들은 자신의 신념과 가치관에 따른 노인의 죽음인식은 죽음에 대한 태도에 직접적 영향을 미친다.[336] 특히 죽음에 가까워지는 노인들의 경우는 필연적으로 닥쳐올 죽음에 대해 어떠한 인식을 두는가에 따라 현재와 남은 삶의 질이 영향을 받기에 노인의 죽음인식을 바탕으로 죽음에 대해 수용적 태도를 갖는 일은 성공적인 노년기의 삶을 살아가는데 도움이 된다.[337]

그 어느 때보다 임종기가 길어지고 있는 오늘날의 노인들에게 있어서 죽음인식은 삶의 질에 중요한 영향을 미친다.[338] 길어진 노인들의 임종기가 한편으로는 자신의 삶을 충분히 성찰하고 죽음을 위한 준비를 의미 있게 할 수 있는 시간을 가지게 하는 측면이 있는 반면, 다른 한편으로는 노인 본인은 물론 돌보는 이들에게 육체적·정서적·경제적 어려움을 가중시키는 측면도 있다.[339]

이처럼 노인의 삶에서 중요한 죽음인식에는 어떤 요인이 영향을 주

---

335 이지영·이가옥, "노인의 죽음에 대한 인식", 201.
336 박형규, "노인의 죽음에 대한 태도 결정요인에 관한 연구", 「사회복지」, 112 (2010 여름): 102-3.
337 박미란, "양로원 할머니들의 죽음인식과 교육과의 관계 고찰", 교육인류학연구, 12권 1호 (2009): 220.
338 김신미 외 2인, "노인과 성인이 인식하는 '좋은 죽음'에 대한 연구", 95.
339 곽혜원, 「존엄한 삶, 존엄한 죽음」, 210.

는가를 파악하는 일은 목회현장에서 노인의 죽음인식돌봄을 위한 방향 설정에 도움이 된다. 따라서 다음에서는 노인죽음인식에 직접적 영향을 미치는 주요한 요인들을 살펴보기로 한다.

2. 노년기 죽음인식에 영향을 미치는 요인

노년기의 죽음인식은 죽음을 두려워하는 공포와 죽음을 받아들이는 수용적 태도를 포괄하는 복합적인 개념으로서, 개인의 인구학적 특성 및 사회심리적 요인과 신앙적 확신 등에 영향을 받는다.[340] 이 가운데 연령이나 성별 등의 인구학적 요인은 노년기 죽음인식에서 참고할 요인이기는 하나 돌봄이나 상담 및 교육 등을 통하여 변화를 가져올 수 있는 영역이 아니기에 본 연구에서는 노인의 죽음인식에 영향을 미치는 주요 요인인 신앙적 요인, 사회심리적 요인 가운데서 노년기의 주요 발달과제인 자아통합감, 그리고 신체 및 사회경제적 요인을 중심으로 죽음인식과의 관계를 살펴보고자 한다.

---

340 노년기 죽음인식에 영향을 주는 요인들에 대한 더 자세한 이론적 연구는 김지현 외 3인, "성공적 노년기의 자아통합감에 대한 인식에 영향을 주는 변인들에 대한 연구: 죽음에 대한 태도를 중심으로", 116 (115-30); 김신미 외 2인, "노인과 성인이 인식하는 '좋은 죽음'에 대한 연구", 96; Andy Martens and Brandon J. Schmeichel, "Evidence that Thinking about Death Relates to Time-Estimation Behavior", *Death Studies,* vol. 35 (2011): 504; 임경수, 「인간발달 이해와 기독교 상담」, 295; 박선왜, "시설거주노인과 재가노인의 죽음인식과 생활만족도 간의 관계에 관한 연구", 6; 이이정, 「죽음학 총론」, 59-60, 72를 참조하시오.

1) 신앙적 요인과 죽음인식

노인이 되었다는 것은 그만큼 죽음에 가까이 있다는 것, 즉 태어난 때보다는 죽을 때가 더 가깝다는 것을 의미하며 "죽음과 친해지는 일은 평생에 걸친 영적 과제"이기에 죽음인식에 중요한 축을 형성하고 있는 신앙은 노인의 죽음인식과 관련된 목회돌봄에서 매우 중요하다.[341] 신앙은 노인으로 하여금 임박한 죽음을 수용하도록 도와주고, 삶의 의미와 중요성을 느끼고 깨닫게 해주며, 노년기의 여러 가지 상실에 적응하도록 해주며 노년기가 지니는 고유의 의미와 가치를 발견하고 누리도록 하는데 도움을 준다.[342]

물론 종교마다 죽음과 관련한 각기 다른 가르침이 있고 같은 종교를 가진 경우라도 개인의 신앙 정도에 따라 죽음에 대한 인식이 다르다.[343] 하지만 일반적으로 신앙은 임종환자나 노년기의 죽음과 같은 부정적인 사건을 경험할 때 이를 극복하는 요소가 된다.[344]

성인발달단계의 마지막 단계인 노년기의 과제인 통합(integrity)은 각 개인이 자신이 살아온 삶을 수용하는 일이다. 삶의 수용에서 가장 중요한 과제는 죽음의 수용이다.[345] 자아통합을 성공적으로 수행하기 위

---

341 Henri J. M. Nouwen, 「죽음, 가장 큰 선물」, 홍석현 역 (서울: 홍성사, 1998), 34, 80; 조명옥,
     "노인이 인식한 죽음의 의미와 준비에 관한 문화기술적 탐색 사례연구", 31.
342 최병현, 「노인의 죽음과 내세 준비」 (서울: 솔로몬, 2006), 39-40.
343 George E. Vaillant, 「10년 일찍 늙는 법, 10년 늦게 늙는 법」 (서울: 나무와 숲, 2002), 이덕남
     역, 352, 357.
344 김성은, "노년기 기독여성의 죽음인식 경험과 목회신학적 돌봄", 12.
345 Capps, 「인간 발달과 목회적 돌봄」, 30-1.

해서는 (하나님과의 인격적 관계를 포함한)관계에서의 신뢰가 필요하므로 성공적인 노년기를 위해서 신앙이 깊어질 것이라는 것이 일반적인 생각이다. 왜냐하면 노년기의 노화과정 자체가 신앙발달에 도움이 되는 방향으로 삶의 조건들을 변화시키기 때문이다. 노화는 젊은 날의 타오르는 본능을 잠재우고, 노년기를 단조롭고 느긋하게 만들어 주며, 자신의 힘으로 변화시킬 수 없는 상황들을 담담하게 받아들이고, 하나님께서 현재 자신에게 허락한 삶의 아름다움을 누릴 수 있도록 내적인 평화를 가질 수 있게 해준다.[346] 일반적으로 종교적 헌신이 강한 사람이 사후세계를 더 믿는 경향이 있기에 신앙이 있고 내세에 대한 믿음이 강한 경우 죽음불안정도가 낮은 반면 중간 정도 수준의 신앙을 지닌 사람의 죽음불안정도가 가장 높다.[347]

신앙과 죽음인식과의 관계에서 한 가지 중요한 사실은 개인의 시간에 대한 주관적 인식이 죽음인식에 직접적 영향을 미친다는 사실이다. 그렇기 때문에 신앙적으로 죽음 이후의 삶을 확신하는 이들은 시간인식을 사후로 연장하기에 사후의 삶을 인정하지 않는 사람과는 죽음인식이 다르다는 사실을 보여준다.[348] 따라서 이러한 점에서 사후세계의 믿음이라는 신앙적 요인이 노인의 죽음인식에 직접적 영향을 미치기

---

346 Vaillant, 「10년 일찍 늙는 법, 10년 늦게 늙는 법」, 376.

347 서혜경, 「노인죽음학개론」, 61; 김지현, 민경환, "노년기의 죽음에 대한 태도와 죽음 대처 유능감에 영향을 주는 변인에 대한 연구", 14; 이상빈, "죽음에 대한 인식과 죽음불안의 관계", (전북대학교 교육대학원 석사학위논문, 2015), 37, 52; 이이정, 「죽음학 총론」, 89.

348 Martens and Schmeichel, "Evidence that Thinking about Death Relates to Time-Estimation Behavior", 504-5.

에 목회현장에서 노인들로 하여금 구원의 확신을 통한 하나님의 사랑과 천국에서의 부활을 확인하도록 하는 과정은 죽음인식과 관련한 목회돌봄에 매우 중요하다 하겠다.

2) 자아통합감과 죽음인식

성공적 노화의 척도라 할 수 있는 자아통합감은 에릭슨의 성인발달 단계 분류에서 여섯 번째 삶의 과제로서 인생의 마지막 날들을 효과적으로 보내기 위해 꼭 필요한 과업이다.[349] 이것은 '세상의 이치와 영적인 통찰력에 도달하는 경험'으로 노년기에 과거와 현재의 삶을 만족스럽게 여기고 궁극적인 지혜를 가지게 되어 다가올 죽음에 대해 수용적 태도를 보이는 단계로서 육체적 정신적 기능은 쇠퇴하지만 지혜를 통해 자신의 과거와 현재, 자신과 사랑하는 사람들, 그리고 세상과 꾸준히 통합을 이루어나갈 수 있다.[350] 노년기에 이르러 자신의 인생을 통합적 관점에서 볼 수 있는 경우, 사람들은 자신들의 과거 경험을 재구성(reframing)하는 과정을 통하여 자신이 살아온 삶에서 정도의 차이는 있으나 만족감을 지닐 수 있으며 동시에 자신을 둘러싼 사람들과 공동체로부터 자신이 수행해온 역할과 일에 대한 인정을 받고 있음을 확인하고 자신의 삶에 의미를 부여하게 된다.[351]

---

349 Vaillant, 「10년 일찍 늙는 법, 10년 늦게 늙는 법」, 227.

350 Erik H. Erikson, *Childhood and Society* (New York: W. W. Norton, 1950), 232; Erik H. Erickson, *The Life Cycle Completed: A Review* (New York: Norton, 1982), 61-3.

351 Harold Geist, *The Psychological Aspects of the Aging Process* (New York: Robert E. Kriefer Publishing Co., 1981), 40.

노년기 목회돌봄과 상담

이렇게 자신의 인생이 의미 있고 보람 있는 것이었다고 느끼는 사람은 대체로 죽음을 비교적 쉽게 받아들이지만, 그렇지 못하고 자신의 인생이 허무하며 후회와 분노와 자책감으로 절망감에 빠지는 노인은 죽음에 대한 공포와 불안이 심화된다.[352] 특히 기대수명이 길어진 오늘날 자신이 살아온 삶을 회상하는 시간은 이전 세대보다 길기에 오늘날의 노인들은 더욱 힘든 후회와 자책 그리고 우울감에 시달리게 된다. 과거 자신의 삶에서 애착과 욕망의 대상이었던 것들이 이제는 증오와 혐오와 분노와 자책의 대상이 되어 깊은 상실감과 우울감으로 나타나게 된다.[353] 이러한 노인들은 수치로 인해 자신을 비난하고 대인관계에서도 어려움을 겪기에 자신의 남은 삶을 고립된 채로 비생산적으로 보내며 심할 경우 불안과 죄의식, 그리고 절망에 빠져 자살을 결심하기도 한다.[354]

노인의 죽음인식과 직접 관련이 있는 자아통합감은 세 가지 요인에 의해 영향을 받는다.[355] 첫째는 남은 삶의 제한으로 인한 심리적 영향이다. 즉 노년기에 접어든 사람들은 자신의 삶의 끝이 멀지 않았음을 자각하기에 이러한 자신의 삶의 남은 날이 많지 않다는 현실을 인식하고 이에 따라 자신의 삶을 정리하며 살아가는 태도는 통합적 삶을 사는 데 있어서 매우 중요하다. 둘째는 사회경제적 요소이다. 노년기의

---

352   김지현 외 3인, "성공적 노년기의 자아통합감에 대한 인식에 영향을 주는 변인들에 대한 연구", 116, 126.
353   Capps, 「인간발달과 목회적 돌봄」, 58-9.
354   Helen L. Bee, *The Journey of Adulthood* (New York: Mcmillan Publishing Co., 1992), 66.
355   임경수, 「죽음불안과 발달심리」, 316-9.

은퇴로 인한 사회적 역할의 상실은 경제적 어려움을 동반하기에 노년기의 삶을 통합적으로 수용하기 위해서는 사회경제적 요소가 어느 정도는 안정되어 있어야 한다. 셋째는 신체적 건강과 관련된 요소이다. 노년기에 겪는 신체적 노화는 노인들로 하여금 여러 가지 신체적 질병에 쉽게 노출되게 만든다. 노인들의 질병은 심리적 사회적 역할에 직접적 영향을 미치며 동시에 죽음불안에도 직접적 영향을 미치기에 노년기에 겪는 신체적 건강의 요소는 노년기 발달과제인 자아통합감에 중요한 영향을 미친다. 그러므로 다음에서 죽음인식에 영향을 미치는 신체 및 사회경제적 요인에 대하여 간략하게 살펴보고자 한다.

3) 신체 및 사회경제적 요인과 죽음인식

죽음인식과 관련된 노인들의 중요 관심은 '건강과 경제적 능력'의 두 가지이다.[356] 이 두 가지는 서로 밀접한 연관이 있다. 오늘날 한국노인들이 호소하는 가장 심각한 문제는 경제적 어려움이다. 일반적으로 사회경제적 수준이 높을수록 죽음준비도가 높고 죽음불안이 낮게 나타나지만, 어떤 연구에서는 상류층 노인일수록 죽음불안이 높게 나타나고 노인의 현재 빈곤 정도가 심각할 경우 오히려 죽음을 수용적으로 대하고 있는 연구도 있다.[357] 이는 하류층 노인의 경우 죽음이 현실의

---

356 조진희·김분한, "중년여성의 성공적 노화인식과 우울", 「한국생활환경학회지」, 19권 2호 (2012): 264; 박선왜, "시설거주노인과 재가노인의 죽음인식과 생활만족도 간의 관계에 관한 연구", 40.

357 박형규, "노인의 죽음에 대한 태도 결정요인에 관한 연구", 114; 장경은, "빈곤여성노인들은 어떻게 죽음을 인식하고 준비하고 있을까?", 342. 연령별로는 일반적으로 청소년 시기

어려움과 고통으로부터의 해방이라고 여기기 때문이라고 설명될 수 있다.[358] 준비되지 않은 노후로 인한 이러한 경제적 문제는 노인의 신체적 질병의 회복과 불안에 직접적 영향을 미친다. 경제적 수준과 더불어 교육 수준과 죽음인식의 관계에 관하여는 일반적으로 교육 수준이 높을수록 죽음불안이 낮게 나타나고 있으며 교육수준이 높을수록 죽음에 대한 수용적 태도를 가지는 경향이 있다.[359]

은퇴와 더불어 노인들이 겪는 경제적 어려움은 노인들의 생리적 욕구과 안전의 욕구를 심각하게 위협하며 신체적 노화현상으로 인한 질병과 퇴행성 질환으로 인한 각종 장애들 역시 생리적 욕구와 안전의 욕구를 심각하게 위협한다.[360] 노인들 질병의 대부분이 장기적 치료가 필요한 상황이기에 신체적 질병의 문제는 사회경제적 문제와 직결된다고 하겠다.[361] 한국노인의 사망원인의 대부분이 노화나 퇴행성 변화로 인한 것이기에 불치 진단 이후부터 임종까지의 기간이 길어지며 이에 따라 노인 당사자는 자칫 고통스러운 죽음 과정을 겪게 되며 주위

와 청년시기에 죽음에 대한 불안이 높고 이후 나이가 들어갈수록 조금씩 줄어들다가 장년기(40말-50말)에 이르러 친구나 가까운 이들의 죽음으로 인해 다시 증가한 이후 감소해 나간다.

358 김명 외 3인, 「노인보건복지 이론과 실제」 (서울: 집문당, 2004), 218; 김지현·민경환, "노년기의 죽음에 대한 태도와 죽음 대처 유능감에 영향을 주는 변인에 대한 연구", 20, 22.

359 김지현·민경환, "노년기의 죽음에 대한 태도와 죽음 대처 유능감에 영향을 주는 변인에 대한 연구", 17; 박형규, "노인의 죽음에 대한 태도 결정요인에 관한 연구", 115.

360 양병모, 「목회상담 이론과 실제」, 376-7.

361 김명 외 3인, 「노인보건복지 이론과 실제」, 183-4; 설은주, 「고령화 시대의 노인목회」, 117, 119. 65세 이상 한국노인들의 만성질환 유병률이 87%나 되는 상황에서 노인들은 경제적 어려움으로 인하여 부양자에게 의존하게 된다.

가족들 역시 육체적·정신적·재정적 어려움을 겪게 된다.[362]

건강 상태가 좋지 않을수록 죽음인식이 높다.[363] 죽음을 인식하면서 나타나는 첫 번째 변화는 건강에 대한 관심이 증가하는 것이다.[364] 특히 노인들에게 있어서 질병과 장애는 사회적 기능수행과 직접적 연관이 있으며 이러한 사회적 기능수행의 어려움은 노인으로 하여금 사회적 관계로부터 고립을 가져와 고독감과 우울감을 유발하기에 죽음인식에 부정적인 영향을 미친다.[365] 노인들이 불평하고 신경질적이며 적대적으로 되어가는 이유는 노년기의 신체적 쇠퇴로 인한 상실감과 과거에 자신이 지녔던 신념들이 무가치한 것이란 사실을 받아들여야 하므로 인한 심리적 충격 때문이다.[366] 그렇기에 질병이 있고 건강평가가 좋지 않을수록 죽음불안의 정도가 높다.[367]

이상에서 죽음인식에 영향을 미치는 주요 요인들인 신앙적 요인, 자아통합감 그리고 사회경제 및 신체적 요인을 살펴보았다. 이를 바탕으로 다음 장에서는 이들 주요 요인들과 관련된 목회현장에서의 실천적인 돌봄방안을 모색하고자 한다.

---

362 이이정, 「죽음학 총론」, 144.
363 박선왜, "시설거주노인과 재가노인의 죽음인식과 생활만족도 간의 관계에 관한 연구", 37.
364 이지영·이가옥, "노인의 죽음에 대한 인식", 208-9.
365 Robert Kahn and John Rowe, 「성공적인 노화」 (서울: 신정, 2001), 최혜경·권유경 공역, 61.
366 R. Dewey & W. J. Humber, *An Introduction to Social Psychology* (New York: Macmillan, 1966), 김성은, "노년기 기독여성의 죽음인식 경험과 목회신학적 돌봄", 20에서 재인용.
367 서혜경, 「노인죽음학개론」, 61.

3. 노인의 죽음인식 돌봄을 위한 방안

죽음은 보편적 현상이지만 죽음인식은 개인과 사회가 지닌 사회문화적 특성에 따라 다양하며 교육과 돌봄을 통해 변화할 수 있다.[368] 교회현장에서 그리스도인들이 어떻게 죽어야 하는지를 가르치지 않으면 인생을 아름답게 마무리할 길은 요원해지고 만다. 목회자들이 임종을 앞둔 신자들을 제대로 돌보지 않으면 신자들은 잘 죽은 법을 배울 기회를 잃어버리게 된다.[369] 좋은 죽음은 하루아침에 이루어지지 않는다. 그것은 현명하고도 배려심 깊은 신체적 돌봄과 가족 및 신앙공동체인 교회의 돌봄이 반드시 필요하다.[370] 이런 점에서 노인의 죽음인식과 관련한 지역교회의 목회돌봄 방안의 핵심과제는 노인들로 하여금 자신들의 죽음에 대하여 영적·사회심리적·경제적, 그리고 신체적으로 잘 대처할 수 있도록 준비시키는 일이다. 따라서 본 장에서는 앞에서 논의한 노인의 죽음인식에 영향을 미치는 세 가지 주요 요인을 중심으로 지역교회에서의 돌봄방안을 모색해보고자 한다.

1) 노인죽음인식 돌봄을 위한 신앙적 접근:
하나님의 사랑과 부활의 확신

인생의 마지막 단계인 노년기에서 죽음은 노인들에게 불가피한 사

---

368 조명옥, "노인이 인식한 죽음의 의미와 준비에 관한 문화기술적 탐색 사례연구", 32.
369 곽혜원, 「존엄한 삶, 존엄한 죽음」, 214.
370 Moll, 「죽음을 배우다」, 70.

실이기에 존재의 한계를 넘어 궁극적인 관심을 가지게 되는 것은 지극히 당연한 일이며 죽음에 대해 수용적인 태도를 가지는 것은 노년기의 남은 삶을 더욱 의미 있게 만들기에 매우 중요하다.[371] 수년전 작고한 김수환 추기경의 다음과 같은 고백이 이를 여실히 보여준다: "나는 요즘 정말 힘든 고독을 느끼고 있네. 86년 동안 살면서 느껴보지 못했던 그런 절대 고독이라네. 사람들이 나를 사랑해주는데도 모두가 다 떨어져 나가는 듯하고, 하느님마저 의심되는 고독 말일세. 모든 것이 끊어져 나가고 나는 아주 깜깜한 우주 공간에 떠다니는 느낌일세. 세상의 모든 것이 끊어지면 오직 하느님만이 남는다는 것을 내게 가르쳐주시려고 그러시나 봐."[372]

기독교인이란, 부활하신 하나님의 아들 예수 그리스도를 삶의 주인과 구세주로 믿고 그분의 생명을 소유했다고 주장하는 사람들이다. 그리고 교회는 죽은 자의 부활을 믿는 공동체다. 따라서 믿음을 드러내야 할 중요한 영역은 바로 죽음을 대하고 그 죽음을 준비하며 죽음을 맞이하는 자세라 할 수 있다.[373] 따라서 노인의 죽음에 대한 신앙적 접근은 하나님의 사랑에 대한 확신 그리고 그에 기초한 부활을 확신하는 소망을 모든 죽음에 적용하는 일이다.[374] 따라서 평소 건강할 때부터 죽음과 관련된 논의를 많이 할수록 좋은 죽음을 맞이할 가능성은 커지

---

371 Erik H. Erikson, et al., *Vital Involvement in Old Age* (New York: W. W. Norton & Co., 1994), 63.

372 "고찬근 신부가 전하는 김수환 추기경 투병기", http://cafe.naver.com/fiatfiat/4583, 2016년 1월 9일 인터넷 접속.

373 Moll, 「죽음을 배우다」, 71.

374 Ibid., 30.

기에 목회자는 고령 노인들이나 임종기에 있는 노인들을 방문하거나 상담을 통하여 하나님의 사랑과 부활에 관하여 재확신하도록 인도하여야 한다.[375]

나우웬(Henri Nouwen)은 죽음을 준비하는 첫 번째 단계는 "다시 어린 아이가 되는 것"이라고 말하면서 하나님께 대한 절대 의존의 필요성을 말한다.[376] 하나님께 대한 의존은 각자에게 어떤 일이 일어나든지 하나님이 안전하게 지켜주고 계시다는 실존적인 안전감을 제공하기에 죽음을 포함한 그 어떤 것도 두려워할 필요가 없으므로 하나님의 자녀들을 진정한 자유로 이끈다.[377] 그러므로 목회자는 로마서 8:38-9에 나타난 하나님의 포기하지 않는 사랑의 가르침을 사용하여 상담과정에서 하나님의 절대 사랑에 기초한 안전감을 확신시키도록 하여야 한다.

노인의 죽음인식에 대한 돌봄 접근에서 반드시 다루어야 할 또 하나의 신앙적 요소는 부활이다. 나우웬은 "부활을 언급하지 않으면서 죽음과 죽음의 과정에 대해 쓰는 것은 마치 바람을 언급하지 않으면서 항해에 대해 쓰는 것과 같다"라고 말한다.[378] 고린도전서 15장 12절 이하에서 바울은 부활이 없으면 그리스도인들의 믿음이 헛것이라고 말한다. 예수님의 부활과 그 예수 그리스도를 믿는 이들의 부활에 대한 소망이 죽음인식에 대한 신앙적 논의를 가능하게 한다.

---

375 곽혜원, 「존엄한 삶, 존엄한 죽음」, 215.
376 Henri J. M. Nouwen, 「죽음, 가장 큰 선물」 (서울: 홍성사, 1998), 홍석현 역, 34.
377 Ibid., 37.
378 Ibid., 151.

목회자의 이러한 개인적 차원의 신앙적 돌봄과 함께 교회는 매년 규칙적으로 고령 노인 또는 임종기 노인들의 죽음인식을 돕는 신앙 확신 프로그램을 개설하고 운영할 필요가 있다. 노년기의 특성으로 인하여 출입이 자유롭지 못한 노인들을 대상으로 자원봉사자들의 도움으로 셔틀을 이용하여 참여하거나 그것도 어려운 노인의 경우는 방문 신앙 확신 프로그램을 시행하는 것도 도움이 된다. 또한 목회자는 연중 설교계획 가운데 적어도 전·후반기 한 번 이상을 죽음인식과 관련된 설교를 하는 것도 필요하다. 이때 목회자의 죽음인식 관련 설교는 회개와 용서가 우선하기보다는 죽음을 앞둔 이들의 감정인 두려움과 불안의 공감이 요구된다. 그리고 임종이 새로운 안식의 세계로 가는 출발지임을 강조하며 예수 믿음으로 죄와 지옥의 악한 권세를 이겼다는 사실을 강조하도록 한다.[379]

2) 노인죽음인식 돌봄을 위한 자아통합감 고취

교회 내에서의 목회돌봄은 교회 안에서의 대면적 개인 상담과 교육과 토론 및 예배의식을 통하여 교회공동체 안에서 노인들의 정체성을 새롭게 발견 또는 정립하게 하여 삶의 의미를 발견하도록 하여 죽음의 두려움을 완화시키며 남은 생을 의미 있게 살아가도록 하는데 있다.[380] 노년기의 정체성 형성 과제의 핵심은 자아통합(integrity)으로 이는 두

---

379   Moll, 「죽음을 배우다」, 86-7.
380   김성은, "노년기 기독여성의 죽음인식 경험과 목회신학적 돌봄", 24.

가지를 통하여 이루어진다.[381]

첫째는 각 개인이 자신이 살아온 삶을 수용하는 일이다. 이는 자신의 삶에서 소중한 이들과의 관계와 자신이 살아온 자신의 삶에서의 책임이라는 영역이 포함된다. 삶의 수용에서 가장 중요한 과제는 죽음의 수용이다. 둘째는 세대와 세대 간의 승계를 성공적으로 이루어내는 일이다. 이는 성공적인 노화의 중요한 요소인 생산성과 의미의 담지자라는 요소와 밀접한 관련이 있다.[382]

목회상담학자 캡스(Donald Capps)는 통합을 이루기 위한 방법 중의 하나로 자신을 하나님 앞에 노출하는 것을 제시하고 있다. 즉 노년기에 느끼는 감정 중의 하나인 수치감을 하나님 앞에서 드러내고 신앙의 눈으로 재구성해낼 때 수치라고 여겼던 일들이 다른 의미를 지닐 수 있음을 발견할 수 있기에 자신의 인생에 있어서 중요한 일들이나 기억들을 회피하거나 지연시키지 말고 목회자와의 의미 있는 상담을 통하여 또는 교회공동체의 집단 프로그램을 통하여 노출하고 의미를 재발견하는 일이 필요하다는 것이다.[383] 이를 위해 다음에서 제안하는 '기억

---

381 Capps, 「인간 발달과 목회적 돌봄」, 30-1.

382 한성열 편역, 「에릭슨, 스키너, 로저스의 노년기의 의미와 즐거움」 (서울: 학지사, 2000), 75-6; Vaillant, 「10년 일찍 늙는 법, 10년 늦게 늙는 법」, 69-72. Vaillant는 노년기의 생산성과 의미의 담지자에 관하여 이렇게 설명하고 있다: "생산적인 개인은 직접적이고 미래 지향적인 관계, 즉 정신적 조언가나 스승이 되어 한 사람의 개인을 돌본다. 의미의 담지자는 과거의 문화적 성과들을 대변하고 과거의 전통을 보존하는 방향으로 단체나 조직, 모임에 속한 사람들을 이끈다." (71).

383 Capps, 「인간 발달과 목회적 돌봄」, 123, 137-9.

하기' '함께하기' '돌봄의 이야기 나누기' 등의 방법들이 도움이 된다.[384]

　기억하기는 인생의 회고를 통해 자신의 인생을 좀 더 의미 있게 만드는 방법으로 다음과 같은 방법들이 도움이 된다.[385] 첫째, 자서전이나 저술이나 녹음을 사용하는 방법이다. 둘째는 자신의 과거로의 순례여행이다. 건강과 여건이 허락한다면, 노인들은 자신이 태어나고 자라고 인생의 중요한 시기를 보낸 장소를 방문하여 사진을 찍고 그 장소와 관련된 본인의 삶에 대한 생각을 기록하는 방법이다. 셋째는 사진첩이나 영상자료, 편지나 기타 중요한 자료들을 사용하는 방법이다. 넷째는 의미있는 사람들과의 만남이다. 학교 동창이나 가족, 교회나 기타 자신이 오랫동안 속해있던 단체의 사람들과의 만남을 통해 자신의 모습을 돌아보도록 한다.

　'함께하기'는 임종기에 있는 노인들의 심리 정서적 변화 및 적응의 과정에 동참하여 임재사역을 실천하는 일이다. 임종기 노인들의 겪는 부정·분노·타협·우울과 퇴행·수용 등의 과정은 차례로 진행되는 것이 아니라 노인 각자가 겪는 신체적·경제적·심리적 변화에 따라 되풀이 되거나 정체되는 과정을 반복한다. 따라서 이 과정에 교회의 노인 돌봄을 전담하는 부서의 자원봉사자들이나 목회자들이 함께하여 임종기의 과정을 함께하면서 하나님과의 화해, 자신과의 화해, 소중한 이들과의 화해를 이끌어내는 동시에 죽음 후의 삶에 대한 소망을 제시하

384　김성은, "노년기 기독여성의 죽음인식 경험과 목회신학적 돌봄", 25.
385　Papalia 외 2인, 「인간발달 II」, 450-1.

는 일이 필요하다.

'돌봄의 이야기 나누기'는 노인 개개인의 죽음인식에 관련된 이야기를 간증이나 고백의 형태로 회중 또는 집단에 속한 사람들과 나눔으로 공감과 학습 및 격려의 기회를 제공하는 것을 말한다. 이를 위해 목회자는 사전에 돌봄의 이야기를 나누고 싶은 노인을 만나고 먼저 해당 이야기를 듣고 자아통합적인 해석이 될 수 있도록 함께 의견을 나누는 일이 필요하다. 이렇게 될 때, 한 사람의 개인 이야기는 공감과 격려를 통하여 서로의 이야기가 되며 결국은 공동체의 이야기가 되어 교회 구성원 노인들의 자아통합감 재구성에 도움을 준다. 이러한 방법이 긍정적으로 진행될 경우, 새로운 시각으로 자신의 삶을 조명하여 자신이 살아온 삶의 의미를 창조적으로 재구성하게 만드는데 도움을 줄 뿐 아니라, 자신을 둘러싼 인간관계에서의 미해결과제를 직면하고 해결하는 기회를 제공해주기도 한다.[386]

노년기를 절망 가운데 지내는 노인들의 경우, 자신들의 삶을 후회와 두려움, 분노와 자책, 그리고 우울감과 회피함으로 지내게 되는 경향이 있다. 이러한 노인들은 고독감과 거부감으로 자신의 현실을 수용하지 못하고 퇴행할 위험이 높다.[387] 이러한 고립된 삶과 친근감을 상실한 외로움 그리고 자신의 지나온 삶에 대한 후회와 자책과 분노는 노년기의 삶을 절망에 빠지게 만들며 나아가서 자신의 죽음에 직면하여

---

386 Ibid., 449.
387 Bee, *The Journey of Adulthood*, 66.

깊은 불안을 가지게 만든다.[388] 이러한 노년기의 삶은 스스로를 수치스럽게 만들고 이러한 수치감은 자신이 살아온 삶을 부정하고 심지어 경멸하게 하기도 한다.[389] 노년기의 이러한 절망과 수치의 문제를 해결하기 위해서는 하나님 앞에 나아가 자신을 노출하는 과정이 중요하다. 대표적인 자기노출의 행위는 고백의 기도이며 이러한 하나님 앞에서의 자신의 삶을 돌아보며 하나님 앞에 드리는 고백의 기도는 수치를 극복하는 유용한 방법이라 할 수 있다.[390] 고백의 기도 또는 자신의 삶을 회피하지 않고 직면하여 돌아보는 일은 목회현장에서 일련의 개인 돌봄이나 집단을 대상으로 한 교육과정을 통하여 도움을 줄 수 있다.

3) 노인죽음인식 돌봄을 위한 신체 및 사회경제적 영역의 돌봄방안

오늘날 목회현장에서 비교적 활발하게 진행되고 있는 노인돌봄의 영역이라면 신체 및 사회경제적 영역의 돌봄이라 할 수 있다. 이 영역의 돌봄은 국가나 지방자치단체의 복지지원과 연계되어 있는 부분이기에 오늘날 교회사회사업의 영역으로 새롭게 연구와 돌봄접근이 활발하게 진행되고 있는 실정이다.

노인들의 삶에서 가장 부담을 느끼는 지출이 생활비라고 응답하는 경우가 10명 중 4명에 이르고 있다.[391] 이는 준비되지 못한 고령화에

---

388 임경수, 「죽음불안과 발달심리」, 327.

389 Michael Lewis, *Shame: The Exposed Self* (New York: The Free Press, 1995), 2.

390 Capps, 「인간 발달과 목회적 돌봄」, 90-2.

391 권중돈, 「노인복지론」 (서울: 학지사, 2005), 86.

직면하고 있는 오늘날 노인들의 가장 큰 문제 중의 하나가 경제적 문제로 인한 노인 빈곤임을 볼 수 있다.

이러한 노인들의 경제적 어려움은 외부 활동에 필요한 식비나 활동비 사용에 제한을 가져와 노인들의 사회적 활동을 위축시키고 결과적으로 노년기의 사회적 고립을 심화시키게 만든다.[392] 경제적 어려움은 또한 신체적 영역, 즉 질병대처능력에 영향을 미쳐 노인들의 대부분이 만성질환에 시달리는 상황에서 노인들의 삶의 질을 떨어뜨리고 이는 죽음불안에 부정적 영향을 미치는 결과를 초래한다. 노인들이 질병치료를 조기에 받지 못하는 이유는 진료비나 약값 등의 의료비 부담과 아울러 병원 내원을 도와줄 도우미가 부족하기 때문이다.[393]

따라서 신체 및 사회경제적 영역의 죽음인식 돌봄을 위해서는 교회가 정책적으로 관심을 가지고 재정과 인력을 노년사역에 배정하는 노력이 필요하다. 사실 노인돌봄은 병원 방문의 도움, 요리나 청소 등의 가사도움, 의학적 선택에서의 조언자 안내, 휴식 등의 모든 영역에서 교회의 도움이 필요하다.[394] 따라서 교회는 노인돌봄 전담 사역을 조직하고 활성화하여 자원봉사자를 발굴하고 이를 통한 노인들의 제반 어려움들을 체계적으로 돌보아야 하겠다.

끝으로, 하나님께서 주신 생명 존엄의 마지막 단계는 죽음까지 이기에 죽음은 생명 존중의 중요한 한 영역이며 이를 제대로 가르치고 실

---

392   Ibid., 87.
393   Ibid., 122-3.
394   Moll, 「죽음을 배우다」, 213.

천하도록 하는 일이야말로 매우 중요한 영혼돌봄 사역의 영역이 아닐 수 없다. 오늘날 한국사회의 급격한 고령화와 궤를 같이 하고 있는 한국교회에서의 노인들의 죽음인식의 문제는 급격히 증가하는 교회 내에서의 노인들의 영적 안녕과 삶의 의미재구성을 위한 시급한 현안 과제라 하겠다. 교회는 한국사회와 교회의 고령화와 급격한 노령화를 부담으로 느끼기보다 이들을 꼭 필요한 교회구성원으로 보고 마지막 순간까지 교회 생활에 적극 참여시켜야 한다. 세대 간 연결고리가 약해지고 있는 현실에서 더욱 적극적인 교육과 연습이 필요하다. 노인과 죽음을 앞둔 이들을 지속적으로 돌보며 공동체의 일원으로서 사역할 수 있게 참여시킨다면 젊은이들로 하여금 노년을 어떻게 맞이하고 죽음을 어떻게 맞이할 것인가에 대한 지혜를 배우게 할 수 있다.[395]

사실 노인의 죽음인식과 관련된 논의는 2000년대 이후부터 본격적으로 사회적 관심의 대상이 되었고 몇몇 좋은 저서들과 연구논문들이 발표되었다. 하지만 이러한 사회적 변화에도 불구하고 교회현장은 고령화의 한 가운데에 있으면서도 고령화와 불가분의 관계에 있는 노인들과 그들의 죽음인식의 영역에는 이전과 다름없는 태도를 견지해오고 있다. 아쉽게도 시간과 지면의 제한 때문에 기독교 역사에서 면면히 이어져 내려온 중요한 죽음인식의 돌봄 영역을 본 연구에서 충분히 살피지 못한 점이 아쉬움으로 남는다.

---

395 곽혜원, 「존엄한 삶, 존엄한 죽음」, 206.

노년기 목회돌봄과 상담

노년기 완화 목회돌봄

한국사회는 2026년에는 65세 이상 노인인구가 전체인구의 20.8%(1,035만 명)로 초고령사회(Super Aged Society)에 진입하며, 2045년에는 노인인구가 전체인구의 38.2%를 차지해 세계 최고령국이 될 것이라는 전망이 나오고 있다.[396] 이 같은 고령화로 인하여 1999년 이후 2010년까지 연평균 3.5%의 암 발생 증가율을 보이고 있으며, 국가가 사망원인 통계를 작성하기 시작한 1983년부터 2012년까지 30년 사이에 한국의 암 사망률은 2배 이상이 되었다.[397] 2014년 9월 23일 통계청이

---

396 "2045년 세계 최고령국", [온라인자료] http://news.sbs.co.kr/news/endPage.do?news_id=N1001233365&plink=OLDURL, 2015년 1월 15일 접속.

397 황상익, "한국인과 암 사망률", [온라인 자료] http://news.khan.co.kr/kh_news/khan_art_

발표한 '2013년 사망원인 통계'에 의하면 2013년 암으로 사망한 사람은 7만 5,334명으로 전체 사망자의 28.3%를 차지했다. 이는 2012년 암 사망자 7만 3,759명보다 1,575명(2.1%) 증가한 것이다.[398]

암치료기술이 발달하여 인구 10만 명당 암 사망률은 줄어들고 있으나 여전히 전체 사망에서 차지하는 암으로 인한 사망자는 늘어나고 있다. 이와 함께 말기암 환자의 돌봄에 대한 관심 역시 늘어나고 있다. 대부분 암치료를 담당하는 병원에서는 말기암 환자가 되면 환자에게 거주지 근처 병원에서 완화치료 또는 호스피스 서비스를 받도록 권한다. 하지만 대부분의 경우 환자와 가족들은 현실을 받아들이지 못하고 대형병원에서의 치료를 계속 받기를 원하거나 검증되지 않은 대체요법을 찾는 경우가 많은 현실이다.[399] 최근 건강보험공단 산하 건강보험정책연구원의 조사에 의하면, 상급종합병원 44곳 입원 말기 암환자 중 적극적 항암치료군이 절대다수인 약 97.4%이며, 완화돌봄군은 2.6%에 불과했다. 그만큼 완화돌봄으로 '웰다잉(well-dying)'을 준비하는 말기 암환자는 적다는 사실은 아직 한국사회에서 완화돌봄이 뿌리

---

view.html?artid=201402212045285&code=210100, 2014년 10월 22일 접속.

398 "작년 암 사망자 75,334명, 전년 대비 1,575명 증가", [온라인 자료] http://www.datanews. co.kr/site/datanews/DTWork.asp?itemIDT=1002910&aID=20140923134644 460, 2014년 10월 22일 접속.

399 홍진의, "의료현장에서 바라보는 죽음의 문화", 「죽음맞이-인간의 죽음, 그리고 죽어감」, 한국죽음학회 웰다잉 가이드라인 제정위원회 편 (서울: 모시는사람들, 2013), 200-1. 실제 말기암 환자가 완화의료를 제공하는 기관을 이용하는 비율은 2011년 기준 전체 말기암 환자의 11.9%에 불과하다.

노년기 목회돌봄과 상담

내리지 못하고 있음을 보여주고 있다.[400]

환자가 의학적으로 불가능한 치유에 대한 열망으로 계속해서 치료를 고집할 경우, 가족들 간의 '암묵적 합의(conspiracy of silence)'로 인해 환자와의 대화는 겉돌게 되고 더 없이 소중한 시간을 서로를 감춘 채 진실한 대화나 마음을 나누지 못하고 보내게 된다. 이로 인해 환자는 점점 가족들로부터 소외되고 소중한 사람들과의 진솔한 관계를 상실하게 된다. 이로 인하여 환자는 자신을 둘러싼 사람들이 자신과 점점 멀어진다고 여기게 되며 스스로 주위사람들과의 관계가 소원해지게 되고 원망, 후회, 실망 등의 부정적인 정서적 반응을 경험하게 된다. 결국 이 땅에서 삶의 마지막이 평안과 다시 만남을 기약하는 소망의 장이 아니라 자칫 죄책감과 후회 그리고 상처를 지닌 채 사랑하는 이들과 이별하게 된다.[401]

오늘날 의료기술의 발전과 저출산 및 생활환경의 개선으로 인한 한국사회가 직면한 급격한 고령화와 관련된 삶의 질적 향상 욕구는 사람들의 주요 관심이 웰빙(well-being)과 '치유(healing)'에서 '유지(sustaining)'와 웰다잉(well-dying)의 영역으로 확장되어가야 할 필요를 낳고 있다. 이에 정부도 2015년 7월부터 말기 암환자를 대상으로 한 완화돌봄을

---

400 "암환자 말기 진료비, 호스피스 비용보다 훨씬 많아" [온라인자료] http://news.naver.com/main/ranking/read.nhn?mid=etc&sid1=111&rankingType=popular_day&oid=001&aid=0007307997, 2014년 12월 18일 접속.

401 Peter A. Clark, "The Transition between Ending Medical Treatment and Beginning Palliative Care: The Need for a Ritual Response", *Worship,* vol. 72, no 4 (1998): 347-8.

의료보험에 적용하기로 결정하고 현재 실무 작업을 진행 중이다.[402]

이러한 사회적 변화는 목회현장에서 치유에 중점을 두었던 전통적 돌봄접근에서 나아가 전인적 목회돌봄이 요구되는 유지와 지탱으로까지 확장되어야 할 필요를 낳고 있다. 따라서 이러한 목회신학과 목회상담의 주요 관심 영역 패러다임의 변화가 요구되는 상황에서 본 연구는 완화돌봄의 여러 상황 가운데서 고령화를 염두에 두고 진행된 점과 의료기관과 호스피스에서 섬기는 전문 목회상담자나 원목들이 아닌 일반 교회 목회자를 대상으로 한 논의와 제안이라는 연구 범위의 한계 하에서, 유지와 지탱의 주요 돌봄영역인 '완화돌봄(palliative care)'이 무엇인지, 그리고 그 의미에 대하여 살펴본 후, 완화돌봄과 관련한 목회상담적 이해를 숙고하고, 이를 바탕으로 목회현장에 적용 가능한 완화돌봄의 목회적 접근방안을 제시한다.[403]

1. 완화돌봄의 이해와 목회상담적 의미

1) 완화돌봄의 이해

완화돌봄은 1960년대부터 시작된 호스피스 운동과 관련하여 시작되

---

402 "내년 하반기부터 호스피스·완화의료 건강보험 적용", [온라인자료] http://www.yonhapnews.co.kr/bulletin/2014/12/19/0200000000AKR20141219044600017.HTML?input=1195m, 2014년 12월 27일 접속.

403 정부는 2015년 7월부터 말기암환자에 대해 완화돌봄을 건강보험에 적용하기로 결정하였다.

어 1980년대부터 활발하게 전개되었다.[404] '완화돌봄'이란 용어는 1974년 캐나다 출신 외과의사 마운트(Belfour Mount)에 의해 처음으로 사용되었으나, 이 용어는 오늘날 관련 분야에 따라 사회복지분야에서는 '완화케어', 간호학에서는 '완화간호,' 의학에서는 '완화의료(palliative medicine)'라는 용어로 사용되고 있고, 종종 호스피스와 혼용하기도 한다.[405]

어원적으로 완화돌봄에서의 '완화(palliative)'는 '가리다, 덮다, 경감시키다'라는 의미를 지닌 라틴어 'palliare'에서 유래되었다.[406] 어원에서 볼 수 있듯 완화돌봄이란 질병의 원인을 파악하여 환자를 치료하는데 중점을 두는 전통적 의학접근과는 달리 현대 의학으로 치료가 더 이상 가능하지 않은 경우, 회복이나 치료가 아닌 환자가 호소하는 증상의 치료나 완화 및 스트레스 관리를 통하여 임종에 가까워지는 환자의 삶의 질을 향상시키기 위한 돌봄이다.

'완화돌봄(palliative care)'에 대해 세계보건기구(WHO)는 "통증이나 다른 신체적, 사회심리적, 그리고 영적 문제들의 조기 파악과 철저한 평

---

404 Sukanya Mitra and Nalini Vadivelu, "Multidisciplinary Approach and Coordination of Care", *Essentials of Palliative Care*, eds., Nalini Vadivelu et. al. (New York: Springer, 2013), 7.

405 본 장에서는 본래의 용어인 '완화돌봄'으로 연구를 진행한다. 용어의 정의와 관련된 더 자세한 설명은 홍진의, "의료현장에서 바라보는 죽음의 문화", 「죽음맞이-인간의 죽음, 그리고 죽어감」, 한국죽음학회 웰다잉 가이드라인 제정위원회 편 (서울: 모시는사람들, 2013), 201; 손선영, "호스피스 완화간호와 삶의 질", 「간호학 탐구」, 16권 2호 (2007): 123-4(121-134), Asgeirsdottir, et. al., "In the Shadow of Death", 4:2; Rod MacLeod, "Setting the Context: What Do We Mean by Psychosocial Care in Palliative Care?" *Psychosocial Issues in Palliative Care*, ed. Mari Lloyd-Williams (New York: Oxford University Press, 2008), 1-2를 참조하시오.

406 Mitra and Vadivelu, "Multidisciplinary Approach and Coordination of Care", 7.

가 및 해결 수단을 사용한 고통의 예방과 해결을 통하여 생명을 위협하는 질병과 관련된 문제에 직면한 환자와 그 가족들의 삶의 질을 향상시키려는 접근"이라 정의하고 있다.[407] 다시 말해, 일반적으로 생명을 위협하는 각종 질병을 겪는 환자와 그 가족들의 삶의 질을 향상시키기 위해 '총체적 고통(total pain)'의 예방과 완화에 중점을 둔 전인적 돌봄이 완화돌봄인 것이다.[408]

　사실 말기 암환자들의 가장 큰 두려움은 고통이다.[409] 말기 암환자의 약 90%가 고통을 호소하며 이 가운데서 절반 정도 환자가 겪는 고통의 정도는 치통 또는 그 이상 정도의 고통이며, 약 25~30% 환자는 거의 산모의 산통에 버금할 정도 또는 그 이상의 고통을 경험한다. 심한 통증은 환자의 본래 인격을 파괴하기까지 하기도 한다.[410] 그렇기에 즉, '의학적인 치료에 환자의 병세가 더 이상 긍정적으로 반응하지 않고 점차 악화되어 가까운 시일 내에 임종을 맞을 것으로 예상되는 상태의 환자에게 통증관리를 포함한 신체적, 실존적, 심리정서적, 그리고 영적 영역에 대한 조력과 완화를 목적으로 제공되는 돌봄'이 완화돌봄이다.[411]

407　http://www.who.int/cancer/palliative/definition/en/. 2014년 12월 25일 접속.

408　David Oliviere, et al., *Good Practices in Palliative Care* (Burlington, VT: Ashgate, 1998), 3-5.

409　Angele Ryan, "Symptom Management", *Essentials of Palliative Care*, eds., Nalini Vadivelu et. al. (New York: Springer, 2013), 107.

410　최보식, "임종 앞둔 여성, 딸의 한마디에 표정 바뀌며…", [온라인자료] http://news.chosun.com/site/data/html_dir/2012/07/29/2012072901394.html, 2015년 1월 15일 접속.

411　Mitra and Vadivelu, "Multidisciplinary Approach and Coordination of Care", 7-8.

완화돌봄의 주된 대상은 대체로 다음의 세 종류로 나눌 수 있다. 첫째는 임종 전 수개월 또는 수주 전까지 비교적 양호한 상태를 유지하는 환자이다. 둘째는 급작스러운 사망에 이를지 모를 점진적으로 악화되는 만성적인 장기부전 환자의이다. 셋째는 대부분의 병약한 노인들에 해당되는 꾸준히 진행되는 오랜 시간에 걸친 기능약화 환자이다.[412] 일반적인 완화돌봄의 개입 단계는 환자의 상태에 따라 달라진다. 즉, 가정에서 간병인의 도움을 받는 외래돌봄부터 시작하여 요양병원으로 대표되는 기관돌봄 그리고 호스피스돌봄의 과정을 거치면서 완화돌봄이 제공된다.[413] 따라서 완화돌봄은 환자의 상태에 따라 '외래 완화돌봄', '입원 완화돌봄', 그리고 '호스피스돌봄'의 단계로 나뉘어서 행해진다.[414]

2) 목회상담적 의미

(1) 신앙적 선택으로써의 완화돌봄

일반적으로 시한부 삶을 선고받은 사람들은 인생과 자기를 둘러싼 세계 및 미래를 포함한 전인적인 영역에서의 변화와 혼란을 경험하게 된다. 즉, 죽음을 눈앞에 둔 당사자는 신체적 고통과 함께 열심히 살아온 자신에게 일어난 불치의 상황에 대해 하나님께 분노하거나 질병의 원인을 자신의 죄로 돌리며 죄책감을 느끼는 등의 영적 고통과 아

---

412 MacLeod, "Setting the Context", 5.

413 Mitra and Vadivelu, "Multidisciplinary Approach and Coordination of Care", 10-11.

414 Ibid., 10.

울러 경제적 불안과 관계적 단절에 대한 두려움과 아쉬움의 사회적 고통, 자신의 무능력감과 삶의 무의미함 같은 실존적 고통, 그리고 친밀한 이들과의 관계적 단절과 정서적 고통 등에 노출된다.[415] 이때 불치병을 앓는 당사자는 선택을 할 기회를 가지게 된다. 이때 어떤 이들은 인간답게 죽을 수 있는 권리, 즉, 흔히 말하는 존엄사(death with dignity)를 선택하는 경우가 있으며 어떤 이들은 비록 힘들지만 하나님께서 허락한 삶의 분량을 최선을 다해서 살아가기로 결심하기도 한다.

기독교 신앙의 측면에서 존엄사는 결코 용인될 수 없는 선택이다. 성경은 분명하게 생명을 주관하시는 분이 인간 자신이 아니라 하나님 이심을 밝히고 있다(신 32:39; 시 139:16; 엡1:11). 안락사나 존엄사라 불리는 의사의 도움에 의한 자살은 명백히 이러한 생명에 대한 하나님의 주권을 부인하는 동시에 그분의 인간에 대한 사랑을 왜곡하는 행위이다.[416] 완화돌봄은 스스로의 힘으로 자신의 죽음을 결정하는 죽을 수 있는 권리로써의 존엄사가 아니라, 죽음을 직시하고 죽음에 압도되는 것이 아니라 사랑의 하나님께서 원하시는 가장 질적인 죽음을 맞이할 수 있도록 돕는 돌봄방안이다. 이러한 점에서 완화돌봄은 장래의 소망

---

415 불치환자가 경험하는 고통에 대한 더 자세한 설명은 Dame Cicely Saunders, *Cicely Saunders: Selected Writings 1958-2004* (New York: Oxford University Press, 2006), 218; David W. Kissane, "The Relief of Existential Suffering", *Arch Intern Med.*, 22 October 2012, 1502; Raphael J. Leo and Maria Theresa Mariano, "Psychological Distress and Psychiatric Comorbities in Palliative Care", *Essentials of Palliative Care*, eds., Nalini Vadivelu et. al. (New York: Springer, 2013), 23-5.를 참조하시오.

416 Kathryn A. Holewa and John P. Higgins, "Palliative Care-the Empowering Alternative: A Roman Catholic Perspective", *Trinity Journal,* vol. 24, no. 2 (Fall 2003): 209.

이 없는 이들이 주장하는 존엄사 내지는 죽을 권리보다 나은 대안으로써 제시할 수 있는 신앙적 선택이 될 수 있다.[417]

(2) 적극적이며 생산적 돌봄으로써의 완화돌봄

완화돌봄을 선택하고 그 과정을 밟아가는 일련의 과정은 삶의 포기나 생명에 대한 소중함을 간과하거나 하나님의 능력을 의심하는 일은 아니다. 또한 완화돌봄은 단순히 사회적 필요나 경제적 요구에 수동적으로 반응하여 이루어지는 돌봄이 아니라 하나님의 형상을 닮은 인간의 질적인 삶을 적극적으로 추구하기 위해 이루어지는 돌봄이라 할 수 있다. 사실 완화돌봄은 질병보다는 인간 자체의 가치와 존엄성에 중점을 두는 돌봄이다.[418]

기독교 신앙에서 죽음도 인간 삶의 한 부분이기에 그 죽음을 맞이하는 과정 역시도 삶의 질을 평가하는데 중요한 부분이다. 따라서 불치병에 의해 시한부 삶을 살아가는 이들에게 있어서 신앙인으로써 선택할 수 있는 방안은 하나님께서 자신에게 허락한 이 땅에서 삶을 최선을 다해 의미 있게 마감하는 일이라 하겠다. 실제로 완화돌봄을 결정하기 이전까지 대부분의 건강한 신앙인들은 여러 가지 실험적이고 힘든 치료과정들을 하나님께서 사용하시는 치유의 방법으로 믿고 최선을 다해 임하며 임상현장에서 비신앙보다 치료의 효과가 높은 것으로 보고되고

---

417 Ibid., 207.
418 Ibid., 213.

있다.[419] 심지어 완화돌봄의 과정을 거치면서 신앙적으로 돌봄을 받는 환자들이 그렇지 않은 환자들보다 오히려 기대생존율에서 평균보다 훨씬 오래 생존하였으며 환자와 그 가족들이 느낀 삶의 질적 만족 역시 훨씬 높은 것으로 보고되고 있다.[420] 이러한 점에서 볼 때 완화돌봄이 삶의 포기나 현실에 대한 패배적이고 수동적인 수용이 아니라 더욱 적극적인 삶의 수용과 인간 존중과 사랑의 돌봄이라 할 수 있겠다.[421]

시한부 환자 대부분은 육체적 고통이 경감되어 자신의 시간을 긍정적이며 의미 있는 곳이나 대상에게 사용하기를 원하며, 마지막 순간까지 자신다운 모습을 가능한 유지하려고 애쓰며 사랑하는 이들에게 둘러싸여 평안하고 의미 있는 생의 종말을 맞이하고 싶어 한다.[422] 이런 점에서 완화돌봄은 삶의 추수기에 자신의 삶을 돌아보아 자신의 성취에 감사하고 의미를 부여하는 관점에서 생산적으로 바라보는 기회를 제공하는데 유용하다(고후 4:16). 사실 고통마저도 성서의 가르침은 개인이 겪는 고통을 예수 그리스도의 십자가의 고통에의 동참으로 보고 있으며(골 1:24), 죽음은 영생의 과정의 필연적인 부분이라 여긴다(고전 15:51-54). 그렇기에 신자들에게 있어서 삶에서의 고통과 죽음은 단순

---

419   Michael J. Balboni and Tracy A. Balboni, "Reintegrating Care for the Dying, Body and Soul", *Harvard Theological Review*, vol. 103, no. 3 (2013): 354.

420   Ibid., 352-3.

421   Lynne Lamberg, "'Palliative Care' Means 'Acitve Care': It Aims to Improve Quality of Life", *JAMA*. vol. 288. no. 8 (2002): 943-4.

422   홍진의, "호스피스·완화의료", 「죽음맞이-인간의 죽음, 그리고 죽어감」, 한국죽음학회 웰다잉 가이드라인 제정위원회 편, (서울: 모시는사람들, 2013), 211.

한 육체의 아픔과 소멸이 아니라 믿음 안에서의 여정이라는 관점에서 볼 때 십자가에서 정점을 이루었던 예수 그리스도의 삶의 발자취를 닮아가는 과정이며 성숙함과 성화(聖化)에 이르는 단계를 밟아가는 일이라 하겠다.[423]

나아가서 완화돌봄의 과정에서 수반되는 하나님과 사람에의 '의존' (dependence) 역시 부끄럽고 피해야 할 과정이 아니라 인간으로서의 삶의 자연스럽고도 필연적인 과정이며 완화돌봄과정에서 생기는 고통과 의존함과 불안과 두려움은 하나님을 포함한 사랑하는 이들과의 관계를 더욱 공고히 하게 만든다.[424] 따라서 목회자는 효과적인 완화돌봄을 통하여 영적으로는 숙명적이기보다는 하나님의 사랑을 확신하는 가운데 섭리적이며, 자신과 하나님 모두와 평화하는 동시에 자신의 삶의 재해석을 통하여 의미를 발견하고 긍정적으로 반추하도록 도움을 주어야 한다.[425]

(3) 목회상담 패러다임의 전환으로써의 완화돌봄

전통적으로 목회자의 돌봄은 '요람에서 무덤까지'를 아우른다. 즉 목

---

423 Bruce Rumbold, "The Spirituality of Compassion: A Public Health Response to Ageing and End-of-Life Care", *Aging, Spirituality and Palliative Care*, ed. Elizabeth MacKinlay, (Binghamton, NY: The Haworth Pastoral Press, 2006), 31; Richard A. McCormick, *Corrective Vision: Explorations In Moral Theology* (Kansas Citym KS: Sheed and Ward, 1994), 116-7.

424 Clark, "The Transition between Ending Medical Treatment and Beginning Palliative Care", 349.

425 재해석에 대한 구체적 단계와 방안은 Donald Capps, 「재구조화: 관점의 변화를 이끄는 목회상담과 돌봄사역」 (대전: 엘도론, 2013), 김태형 역, 41-3, 47-78을 참조하시오.

회상담은 '치유(healing)'와 '유지(sustaining)'와 '인도(guiding)'와 '화해(recon-ciling)'를 통하여 인간의 출생부터 임종까지의 전 인생여정에 개입하여 돌봄을 제공한다.[426]

초기 교회시대부터 치유에 대한 일반인들의 관심과 사역에서의 영향력은 중요하게 여겨졌다. 하지만 인간의 삶에서 치유가 가능한 영역이 있는 반면, 원상회복이 불가능한, 즉 회복되지 않은 영구적인 상실을 경험하는 불가역적인 영역 또한 존재한다.

사실 현대 사회에서 발생하는 불가역적인 상실의 문제들에 대응할 가장 적합한 목회돌봄은 유지나 지탱의 돌봄이라 하겠다. 목회돌봄의 주요 기능 중의 하나로써 '유지'는 목회사역에서 면면히 이어져 내려온 중요한 돌봄 영역인 동시에 오늘날 한국사회에 유행처럼 번지고 있는 치유(healing)에 대한 과도한 관심과 치유에 대한 신자들의 기대와 관련하여 '가장 원하는 돌봄이 아니라 가장 적절한 돌봄을 제공하기' 위해 오늘날 목회자가 새롭게 다시 이해해야 할 영역이다.

오늘날 웰빙과 함께 웰빙을 완성해 줄 웰다잉에 대한 사회적 관심이 증가하는 데 따라 주목받고 있는 완화돌봄은 은연중 한국 교회 내에 만연되어 있는 치유 중심의 목회돌봄 패러다임에서 오늘날 사회적 목회적 필요에 대응할 성서와 교회전통에서 면면히 이어져 내려온 중요한 또 하나의 목회돌봄 영역인 '유지(sustaining)'의 주요 실현 방안이

---

426   이 네 가지 주요 목회돌봄 기능에 대한 자세한 설명은 이 분야의 가장 권위있는 저술인 William A. Clebsch and Charles R. Jaekle, *Pastoral Care in Historical Perspective* (Englewood, NJ: Prentice-Hall, 1964), 33-66를 참조하시오.

라 하겠다. 그러므로 한국교회와 목회자는 사회적으로 완화돌봄에 대한 요구가 증가함에 따라 교회 전통에서 목회상담의 중요한 영역을 차지해 온 유지(sustaining)기능을 재조명하여 치유지향적인 목회현장에서의 관심을 유지와 지탱의 패러다임으로 확장해 나가야 하겠다. 따라서 목회자들이 목회돌봄의 현장에서 치유패러다임과 함께 완화돌봄과 같은 유지 돌봄 패러다임의 중요성을 깨닫고 준비한다면 급격히 심화되고 있는 교회 안팎의 고령화 상황에서 하나님의 사람들을 효과적으로 돌볼 수 있게 될 것이다.

2. 목회상담적 완화돌봄 방안 모색과 제안

모든 돌봄은 돌봄의 대상에 대한 이해가 우선하여야 그 효율성을 기대할 수 있다. 따라서 완화돌봄에 대한 이해를 바탕으로 완화돌봄에서 적용될 수 있는 목회상담적 돌봄방안을 모색함에 있어서 우선적으로 완화돌봄의 대상이 되는 시한부환자에 대한 이해가 선행되어야 한다.

1) 완화돌봄 대상의 이해

(1) 완화돌봄 선택의 결정
완화돌봄에서 가장 어려운 단계는 완화돌봄을 인정하고 수용하는 첫 단계이다. 객관적 현실 앞에서 어느 선택을 하느냐는 전적으로 환자 본인의 선택이며 목회상담자는 이 선택을 존중하고 선택에 따른 돌봄을 제공하여야 한다. 이 과정에서 환자 본인에게 사실을 알려야 하

는가의 여부는 논의의 대상이 아니라 어떻게 알릴 것인가가 고려되어야 한다.[427]

완화돌봄의 수용 단계와 관련하여 목회자는 환자의 반응과 이후의 적응에 영향을 미치는 요소를 고려하여야 한다.[428] 첫째는 나이이다. 나이에 따라 자신의 임종과 사망에 대한 이해가 다르다. 어린아이의 자신의 죽음과 임종에 대한 인식과 성인이나 노인의 자신의 죽음에 대한 이해는 다르다. 또한 나이에 따라 자신의 임종 상황에 대처하는 권한이 다르다. 둘째, 성별이다. 성별에 따라 임종 시의 관심의 영역이 다르다. 전통적으로, 여성은 가족의 운명과 상황을 자신의 죽음보다 더 중요하게 여기는 경우가 많다. 남성은 자신의 가장으로서의 정체성과 관련 있는 이슈, 즉 자신이 죽고 난 후에 가족들의 경제적인 여유, 가족들을 부양할 충분한 여유가 있는가에 관심이 있으며, 직장과 일에 관련된 관심이 높다. 셋째, 대인관계이다. 일반적으로 대인관계가 활발하고 좋은 환자가 좀 더 오래 생존한다. 친구나 가족관계가 적은 사람은 비교적 단명하는 경향이 있다. 거꾸로, 스트레스를 더 많이 겪는 임종환자일수록 대인관계가 원만하지 못한 경우가 많다. 넷째, 질병의 종류와 치료여건과 환경이다. 질병의 종류에 따른 고통의 차이, 의료기관의 질과 특성에 따른 환자 돌봄의 차이, 사회경제적 여건, 혹은 환

---

427 Elisabeth Kübler-Ross, *On Death and Dying,* 1st Touchstone edition (New York: Touchstone, 1997), 41. 이와 관련된 유용한 자료로는 Walter F. Baile and Patricia A. Parker, "Breaking Bad News", *Handbook of Communication in Oncology and Palliative Care*, eds. David W. Kissane, et al. (New York: Oxford university Press, 2010), 101-12를 참조하시오.

428 양병모, 「목회상담: 이론과 실제」 (대전: 그리심어소시에이츠, 2015), 352.

경에 따라 환자는 다른 반응을 나타낸다.

(2) 완화돌봄 환자의 내적 변화 과정

완화돌봄 대상인 시한부환자의 심리적 변화과정을 최초로 체계적으로 밝힌 퀴블러-로스는 시한부 삶을 선고받은 환자들이 다음과 같은 심리내적 단계를 겪는다고 설명한다.[429] 첫째, 부정·부인 단계: 자신의 진단에 대한 부정. 때때로 이 단계는 "충격"으로 묘사되어 멍한 상태가 되기도 한다. 둘째, 분노 단계: 초기의 충격과 부정이 지나간 뒤, "왜 하필이면 나인가?" 이러한 분노는 하나님을 포함한 모든 대상에 여러 가지 방법과 표현으로 투사된다. 셋째, 흥정 단계: 환자가 현재 상황 해결을 위하여 의료진이나 하나님께 흥정을 해보는 단계이다. 넷째, 퇴행(의기소침) 단계: 여러 가지 부정적인 신체적 증상을 경험하면서 환자는 자신이 회복할 수 없음을 분명하게 인식하게 되고, 스트레스, 긴장, 죄책감이나 무가치함과 더불어 임박한 죽음을 두려워하게 되어 우울하게 된다. 이때, 환자는 점점 외부와의 반응을 회피하고 자신의 생각과 감정이 죽음으로 인한 상실감에 의해 압도당하게 된다. 다섯째, 수용 단계: 이 상태의 느낌은 임박한 죽음을 자신의 것으로 인정함으로 고통과 투쟁이 멈추고 그냥 아무 생각이나 느낌이 없는 휴식과 같은 시간이다. 이 단계에서 의미 있게 삶의 마감을 할 수 있도록 돕는 일은 당사자와 남는 이들 모두에게 매우 중요하다.

---

429 이 단계에 대한 더 자세한 설명은 Kübler-Ross, *On Death and Dying*, 51-146을 참조하시오.

이상에서 언급한 단계들은 순서대로 진행되기보다는 마지막 수용의 단계로 안정화되기까지 상황과 시간에 따라 다섯 단계의 과정이 계속하여 반복된다.[430] 그리고 목회자가 명심해야 할 것은 환자에게 있어서 이상의 다섯 단계 전 과정에 지속적으로 존재하는 것은 '희망(hope)'이라는 요소란 사실이다. 대부분의 시한부환자들의 희망은 다음과 같이 요약할 수 있다. 기적적인 치유에 대한 희망; 신약개발 가능성의 희망; 죽음을 준비할 수 있는 시간; 자신에게 친숙한 환경에서의 임종과 짧은 임종기간; 사랑하는 이들이 지켜보는 가운데, 의식이 남아있는 상태에서, 고통이나 다른 힘든 증세 없는 임종 등이다.[431]

(3) 완화돌봄 환자의 일반적 문제와 필요

완화돌봄의 대상이 되는 시한부 환자들이 겪는 대표적인 문제는 다음과 같다. 증세의 악화, 자유로운 활동의 상실, 신체적 능력 및 외모의 상실과 변화, 가까운 이들에게 짐이 되는 두려움, 자신의 삶의 의미 발견 및 죽음과 사후의 삶에 대한 이슈, 신체적 상실과 변화, 선택과 통제의 자유 상실, 자신의 존엄성 상실, 근본적 외로움, 관계의 질적 변화 등의 문제이다.[432]

이런 문제들에 대하여 완화돌봄을 받는 이들이 느끼는 내적 감정들

---

430 양병모, 「목회상담: 이론과 실제」, 351-2.

431 Therese A. Rando, *Grief, Dying, and Death: Clinical Interventions for Caregivers* (Champaign, Ill: Research Press, 1984), 27.

432 Kissane, "The Relief of Existential Suffering", 1501.

을 다음과 같다. 혼자 버려질 것 같은 또는 사랑하는 이들을 남겨두고 떠나야 한다는 두려움, 신체적 정서적인 감퇴와 이로 인한 정서적 사회적 무기력감, 생을 마감함 내지는 다가올 상실에 따른 슬픔, 지나가 버린 과거에 대한 그리움 및 오지 못할 미래에 대한 안타까움, 일과 관계에서 좀 더 잘하지 못한 것에 대한 후회와 죄책감, 자신의 현재 처지와 무기력함에 대한 수치감, 현재의 처지에 대한 분노 및 치료가 되지 않음과 제대로 자신을 이해해주지 못하는 것들에 대한 분노 등이다.[433]

시한부 삶을 살아가는 이들은 자신에게 허락된 시간이 많지 않다는 사실을 인지하고 있기에 일반 사람들과는 다른 필요들을 지니고 있다. 이러한 필요들을 살펴보면 대체로 다음과 같다. 자신의 과거와 현재 인생의 의미발견 필요. 여러 형태로 표현되는 희망(hope)의 발견 및 유지; 고립되지 않고 여전히 사회적 관계 속에서 자신의 존재를 느끼고자 하는 필요; 수용 및 사랑의 필요. 자존감을 포함한 자기 자신과의 화해와 평화의 필요; 소중한 사람들과의 화해와 평화. 개인의 영적 혹은 종교적 상황에 따른 하나님(절대자)과의 평화; 비록 현실적으로 부분적인 자율성이나 존엄성은 상실되었으나, 여전히 자신의 인간으로서의 존엄성이나 자율성과 독립성을 유지하고자 하는 필요; 자신의 육체적 고통의 경감과 가족들의 미래에 대한 불안감소의 필요 등이다.[434] 이 밖에도 자신을 육체적·정서적·영적으로 편안하게 해줄 여러 가지

---

433 MacLeod, "Setting the Context", 12; Oliviere, et. al., *Good Practices in Palliative Care*, 22, 25.

434 양병모, 「목회상담: 이론과 실제」, 353-4.

것들을 표현해야 하는데 대한 불안·두려움·분노·혹은 내적 갈등 등이 있다. 또한 어떤 이들은 자신들의 질병으로 인한 사회적 낙인을 두려워하거나 갈등을 겪기도 한다.

2) 완화돌봄의 기본원리

이상에서 살펴본 완화돌봄 환자들에 대한 이해를 바탕으로 완화돌봄에서 고려해야 할 기본원리를 살펴보면 다음과 같다.

(1) '일반적인 그러나 특수한'

앞서 살펴본 시한부 환자의 완화돌봄 선택에 따른 어려움과 환자의 내적 변화단계 및 문제와 필요는 시한부를 선고받은 환자들이 공통적으로 경험하는 어려움에 대한 이해를 돕는다. 하지만 완화돌봄에서 목회자가 유의해야 할 가장 중요한 사실은, 엄밀히 말해 당사자가 겪는 총체적 고통과 불안과 두려움은 자신 외의 그 누구도 잘 알지 못한다는 사실이다. 완화돌봄 현장에서 환자가 호소하는 신체적 고통은 일반적으로 환자가 표현하는 고통보다 훨씬 더 고통스러우며, 고통으로 인한 스트레스 역시 환자 자신이 말하는 정도보다 심각하며, 환자가 직면하는 죽음에 대한 두려움과 불안 역시 표현되는 것보다 훨씬 정도가 심하다.[435] 그러므로 목회자는 환자의 신체적 고통과 내적 상태에 대하

435　Tomasz R. Okon, "'Nobody Understands': On a Cardinal Phenomenon of Palliative Care", *Journal of Medicine and Philosophy*, vol. 31 (2006): 23-4.

여 충분한 이해와 공감이 쉽지 않다는 사실을 염두에 두고 자신의 임상적 경험이나 학문적 훈련의 내용으로 당사자의 마음이나 상태를 예단하지 않도록 주의해야 한다.

따라서 목회자는 완화돌봄의 효율성을 위하여 시한부환자를 돌볼 때 사회경제적 지위, 성별, 가족 구성원의 지원 정도 등 몇 가지 중요한 요소들을 고려하여 환자를 이해하도록 하여야 한다. 이러한 요소들은 임박한 죽음의 현실에 처한 환자들로 하여금 여러 가지 독특한 행동양식을 하게 만든다. 따라서 완화돌봄에서는 이러한 환자 개인 특유의 요소들을 충분히 고려할 때 목회자는 돌봄을 효율적으로 제공할 수 있다.[436]

이 밖에도 신체적 상태에 따라 분노와 두려움과 불안이 다양하게 표출되며, 대부분의 경우 자신의 과거 삶에서의 어려웠던 시절의 기억들, 특히 사랑했던 이들과의 사별에 따른 슬픔의 기억이나 자신의 삶에서 의미 있는 성취나 감사하는 일들의 기억을 회상하고 싶어 한다. 특별히 분노는 불치병의 진단 및 확진 시기에 집중적으로 발생하며 불안과 두려움 역시 이 시기에 함께 표출되는 감정이다. 또한 대부분의 경우 임박한 죽음과 좀 더 오래 생존하고 싶은 욕구 사이에서 갈등하며, 죽음이 가능한 가깝지 않다고 믿고 싶어 한다. 나이가 젊을수록 또

---

436 Curtis, "Empowering, Educating, and Advocating: How Social Workers Can Help Churches Integrate End of Life Care into Congregational Life", *Social Work & Christianity,* vol. 37, no. 2 (2010): 129, 131; Asgeirsdottir, et. al., "In the Shadow of Death", 4:9-10; David W. Kissane, "Forword", *Psychosocial Issues in Palliative Care*, ed. Mari Lloyd-Williams, 2nd ed. (New York: Oxford University Press, 2008), v.

는 이루고 싶은 중요한 일이 있을 경우 죽음을 부인하거나 회피하려는 경향이 높다.[437]

(2) '확실한 그러나 불명확한'

기독교 신앙 전통 안에서 죽음은 영생의 한 과정임은 틀림없다. 그리고 완화돌봄의 과정에서 죽음은 멀지 않은 장래에 다가온다는 사실은 확실하다. 하지만 언제 어떻게 죽음이 찾아올 것인지 정확히 예상하기는 쉽지 않다. 대부분의 경우 신앙 안에서 평안과 확신을 지니고 죽음을 준비하는 경우 비신앙인에 비해 예상 기대수명이 길어지는 것을 볼 수 있다.[438] 그러므로 완화돌봄이 시한부 환자를 대상으로 한 돌봄이지만 언제 어떠한 방법으로 죽음을 이야기할 것인지는 쉽지 않은 문제이다.[439] 예수님마저도 인간의 몸을 입고 계셨기에 제자들과의 대화와 겟세마네와 십자가상에서 이러한 어려움에 직면하셨다.

또한 완화돌봄에서 유의할 점 중의 하나는 대부분의 경우 임종에 가까울수록 환자가 정상적인 의사소통을 하는데 어려움을 겪는다는 사실이다.[440] 의사소통에 문제가 있을 경우 직접적으로 완화돌봄 대상인 환자가 지닌 주요 문제에 대한 정확한 평가를 어렵게 한다.[441] 따라서

---

437 Asgeirsdottir, et. al., "In the Shadow of Death", 4:4-6.
438 Balboni and Balboni, "Reintegrating Care for the Dying, Body and Soul", 352-3.
439 Okon, "Nobody Understands", 24.
440 Ibid., 22. 임종에 가까워지면서 의사소통의 어려움을 겪는 환자는 약 40% 정도에 이른다고 보고되고 있다.
441 Cathy Heaven and Peter Maguire, "Communication Issues", *Psychosocial Issues in Palliative*

목회자는 언제 어떠한 방식으로 환자와 죽음과 관련된 주제에 관해 대화를 나눌 것인가를 환자의 신체적 정서적 상태와 영적 성숙도를 고려하여 세심하게 준비하여야 한다.

(3) '돌봄을 베푸는 그러나 배우는'

퀴블러-로스는 '죽어감(dying)'의 과정을 '선생(teacher)'이라고 표현하였다.[442] 인간은 자신이나 가까운 이들의 죽음을 경험하는 과정에서 죽음 자체에 대한 이해도 높아지지만 동시에 어떻게 삶을 살아야 할 것인가에 대해 더 깊이 깨닫게 된다. 완화돌봄을 받는 환자는 물론 그 환자를 돌보는 의료진은 물론이고 여러 분야의 돌보는 이들 역시 환자를 돌보는 과정에서 삶의 소중함과 참가치를 깨닫고 배우게 된다. 목회자 역시 완화돌봄의 환자인 교인을 규칙적으로 심방하고 상담하는 과정을 통하여 영적으로 정서적으로 돌봄을 베풀기도 하지만 동시에 목회자는 환자 개개인의 고유한 인격과 독특한 경험 및 환자를 둘러싼 상황의 다양성으로 인하여 완화돌봄의 과정 속에서 배우며 자신과 공동체 및 하나님에 대한 깨달음을 확장해간다.[443]

(4) '홀로 직면하지만 함께 할 수 있는'

시한부 환자가 고통과 죽음의 문제 앞에서 환자 개인이 겪는 어려움

Care, ed. Mari Lloyd-Williams (New York: Oxford University Press, 2008), 22.

442 Kübler-Ross, *On Death and Dying*, 41.

443 Okon, "Nobody Understands", 35-6.

은 아무도 함께할 수 없는 현실에서 오는 소외감과 외로움이다. 따라서 목회자는 이러한 시한부 환자의 필요에 유의하면서 환자가 일련의 완화돌봄 과정 가운데서 소외감과 외로움에 쉽게 노출되기 쉬운 시기를 파악하고 적극적인 심방과 상담에 임해야 한다. 목회자가 환자와 그 가족들의 돌봄에 개입해야 할 주요 시기는 대체로 다음과 같다: 불치병의 진단, 점진적인 신체기능의 저하가 확연할 때, 증상완화 처치를 위한 입원, 증상의 악화시기, 증상완화처치의 중단 결정 시기, 임박한 임종단계, 그리고 사망 및 장례와 애도 시기의 돌봄.[444]

목회자는 이러한 자신의 직접적 돌봄 개입과 함께 환자를 위해 교회 회중의 중보를 요청하기도 하며, 비슷한 처지에 있는 환자와 그 가족들의 자조집단을 통한 돌봄을 제공하는 방법을 모색하는 것도 효과적이다. 자조모임은 환자와 그 가족들로 하여금 외로움이나 소외감을 감소 내지는 해소할 수 있는 효과적인 방법이 될 수 있다.[445] 비슷한 처지에 있는 환자와 그 가족들은 모임을 통하여 서로 공감하고 격려하며 문제들의 해결 방법을 찾을 수 있으며 자신들의 감정이나 내면의 고통을 비교적 안전하게 표현하며, 여러 가지 면에서 피드백을 받거나 할 수 있는 기회를 갖는다.[446] 자조집단은 기본적인 집단상담훈련을 받은 자원봉사자나 목회자가 모임의 도우미가 되며 모임의 횟수, 길이, 참가자의 범위 등의 내부 규칙을 구성원들이 스스로 결정하도록 한다.

---

444 Oliviere et al., *Good Practices in Palliative Care*, 68.
445 Ibid., 71.
446 Ibid., 72.

첫 모임은 라포(rapport)형성을 위해 자신들의 이야기를 각자 시간 범위 내에서 나누도록 한다. 모임의 리더는 매회 함께 나눌 수 있는 주제들을 미리 알려주고 준비하도록 한다. 모임이 진행되면서 임종하는 이가 생길 경우 함께 했던 시간들을 나누며 애도하며 다시 함께할 미래의 소망에 관해 나누는 시간을 갖도록 한다.[447]

3) 실제적 방안의 제안

(1) 개인적 접근방안

완화돌봄은 당사자와 그 가족 모두에게 질적으로 매우 좋은 나눔과 작별의 기회를 제공하는 역할을 한다.[448] 완화돌봄에서 목회자는 '회고방법' '추억상자(memory box)'와 '화풀이 벽(anger wall)', '미래편지쓰기' 등의 방법을 사용하여 환자와 그 가족들의 슬픔과 분노 및 마음의 부담을 해결하는데 도움을 줄 수 있다.[449]

회고 방법은 공식·비공식적인 방법을 통한 인생의 회고(Life Review), 환자와 함께 환자 자신의 삶을 회고해보는 것은 그 환자로 하여금 삶의 의미와 그 속에 담겨있는 영적인 축복과 의미를 새롭게 발견하는 기회가 된다.[450] 첫 번째 공식적 방법은 환자로 하여금 사진이나 일기,

---

447 Ibid., 74.

448 Holewa and Higgins, "Palliative Care-the Empowering Alternative", 217.

449 Oliviere, et al., *Good Practices in Palliative Care*, 66-8.

450 양병모, 「목회상담: 이론과 실제」, 355-6.

개인 기록 등을 통해 기억할 수 있는 데로 1~5년 단위로 주요 사건들과 그 사건들에 대한 본인의 느낌 평가 등을 기록하게 하고 그것들을 환자 자신의 관점으로 크게 정리하게 한다. (예: 황금기, 새싹기 등) 두 번째 공식적 방법은 사진들이나 기타 구술하고 그것을 녹음하여 목회자가 활자로 정리하여 환자 자신으로 하여금 재구성하게 한 후 의미의 재부여한다.

비공식적 방법으로는 오래된 사진이나 개인소장품, 혹은 방안에 있는 물건들에 대해 이야기하도록 하고 그에 대해 목회자가 반응하는 방법으로 진행. 이를 통해 환자는 자신의 과거 삶에 대한 새로운 관점이나 자아수용을 얻을 수 있다.

추억상자(만들기)는 임종이 가까워져 오는 환자가 장래에 자녀들에게 아주 소중할 것이라 여겨지는 물건들이나 영상이나 음성 또는 필기 기록들을 남겨놓기 위해 만드는 조그만 서랍들이다. 몇 개의 서랍으로 이루어진 조그마한 서류함 등이 사용될 수 있다. 추억상자에는 또한 환자가 좋아했던 음식이나 취미생활 기록, 기념품이나 가족들에게 남겨주고 싶은 환자의 소중한 개인 소장품 역시 포함될 수 있다. 환자에게 있어서 추억상자를 만드는 일은 매우 고통스러운 과정임은 틀림없다. 하지만 추억상자 만들기는 환자로 하여금 함께 할 수 없는 사랑하는 이들과의 미래를 현재 준비함으로 마음의 짐이나 안타까움을 약간이나마 해소할 수 있는 기회를 제공한다. 한편 환자의 가족에게도 후일에 환자를 추억하며 마음속에서 환자와의 관계를 지속해나가게 만들어 슬픔을 극복하는데 도움을 준다.

'화풀이 벽'은 환자나 그 가족들의 완화돌봄의 과정을 거치면서 원인을 알 수 없는 또는 언어로 표현할 수 없는 분노나 짜증의 해결에 도움을 주는 방법이다. 적절한 크기의 화이트보드에 분노의 대상을 그리거나 써 놓고 그곳으로 점토를 던지면서 내면의 분노를 표출하는 방법이다.[451]

'미래편지쓰기'는 환자가 자신이 함께 하기를 원했던 가족들의 미래사, 예를 들면, 자녀들의 결혼식, 학교 졸업식, 특별한 결혼기념일 등을 위해 미리 손 편지나 영상 또는 음성녹음의 편지를 작성하여 특정한 날에 그것을 열어보도록 함으로 환자로 하여금 슬픔이나 미안함 등의 감정을 완화시키는 것이다. 사실 부치거나 부치지 않거나, 미안함, 고마움, 사랑함, 등을 표현하는 편지를 쓰는 일은 환자와 그 가족 모두에게 정서적인 도움을 준다. 죽음에 대한 두려움이 큰 환자의 경우는 본인이 바라는 바람직한 죽음(예를 들어, 어떤 상황에서, 누가 있는 가운데, 마무리 지어야 할 일, 등등이 포함된)을 써보게 한 후, 이를 통하여 바람직한 죽음에 꼭 필요한 요소들과 비본질적인 요소들을 함께 의논함으로 죽음에 대한 막연한 공포와 두려움을 경감시키는 데 도움이 된다.[452]

이 밖에도 기도를 통하여 임종을 준비하는 방법이나 명상이나 미술 음악 요법을 통한 긴장, 두려움의 이완: 미리 준비된 이미지(그림, 사진 등)을 이용한 상상과 명상. 미술이나 음악요법을 통하여 환자 자신의 사후에 관한 그림 그리게 하거나, 자신의 고통을 그리게 하거나, 환자

---

451   Oliviere, et al., *Good Practices in Palliative Care*, 67.
452   Ibid., 68.

의 안정과 평안과 의미의 재구성에 도움이 되는 복음성가나 찬송가 선택된 음악을 듣게 한다.[453]

(2) 공동체적 접근방안

완화돌봄에서 의료적인 접근만큼이나 중요한 영역은 영적인 영역이라 할 수 있다. 삶이 얼마 남지 않았다는 사실을 인지하는 순간부터 사람들은 죽음과 살아온 삶을 포함한 자신의 삶의 의미와 미래를 생각하게 된다.[454] 이러한 상황에서 완화돌봄을 기관이나 가족 구성원 또는 목회자와의 대면적 혹은 일대일 관계의 돌봄으로만 제한하는 것은 전통적인 돌봄 방법이라 하겠다.

또 다른 돌봄 접근방법으로는 공동체적 접근방안을 들 수 있다. 완화돌봄에서 가족·친구·이웃·교회 등으로부터 제공되는 비공식적인 조력은 말기환자들의 삶의 질과 상태에 매우 중요한 영향을 미친다.[455] 시한부 삶을 사는 환자들의 대부분은 자신들에게 닥친 신체적 어려움으로 인해 자발적이든 아니든 종종 자신들이 이전에 속해있던 신앙공동체로부터 소외되어 있다는 느낌을 갖는다. (뇌졸중을 앓게 된 환자가 자신의 현재 모습이 창피하여 집안에만 있으려는 경우나 항암치료를 받는 환자의 경우 너무 체력적으로 힘들어 부득이하게 교회에 참석하지 못하는 등의 경우) 많은

---

453 양병모, 「목회상담: 이론과 실제」, 356-7.

454 Katrina Scott et al., "The Essential Elements of Spirituality in End-of-life Care", *Chaplaincy Today*, vol. 24, no. 2(2008): 19.

455 Curtis, "Empowering, Educating, and Advocating", 131.

교회들이 소속 환자들을 중보하기 위해 소식을 전하고 영적 정서적 지원을 제공할 뿐만 아니라 실제적인 도움을 주기 위해 노력하고 있다.[456] 이러한 교회의 노력은 고령화가 급속히 진행되는 한국의 현실에서는 더욱 많이 요구될 것이기에 교회들은 이를 위한 준비를 해야 한다.

첫 번째 공동체적 돌봄 방안은 앞서 제시한 자조집단을 통한 돌봄이다. 이 방법은 환자와 그 가족들이 각각의 고유한 신체적 가족적 상황이 있지만 회복될 수 없는 시한부 상태이며 임종이 멀지 않았다는 공통점이 있기에 상호돌봄을 위한 집단을 형성하고 서로를 돌볼 수 있다.[457]

또 다른 공동체적 돌봄 방안은 회중적 접근방안이다. 즉 교회에서 쉽게 실행할 수 있는 돌봄방안들이 여기에 속한다. 우선 교회는 목회자가 회중에게 환자에 관한 정보를 제공함으로 회중들의 해당 환자에 대해 관심을 갖게 하도록 하여야 한다. 그리고 중보와 동시에 환자와 그 가족들에게 실제적인 도움을 줄 수 있으며, 자원봉사 및 교회의 자원들을 사용하도록 격려하고 실행하도록 격려하여야 한다.[458] 더불어 교회는 기존의 경조부(慶弔部)에 더하여 시한부 환자를 돕기 위한 완화 돌봄 사역부서를 만듦으로 효과적인 완화돌봄 사역을 할 수 있다. 사실 대부분의 목회자들의 경우 임종을 눈앞에 둔 환자들을 돌보는 일은 그렇게 낯설거나 불편한 사역은 아니다. 하지만 일반 평신도 사역자들의 경우, 제대로 완화돌봄에 대해 교육과 훈련을 받지 않을 경우, 말

---

456   Ibid., 128.
457   Rumbold, "The Spirituality of Compassion", 41-2.
458   Ibid.

기환자들을 돌보는 일은 쉽지 않을 뿐만 아니라 효율적이지도 않다.[459] 따라서 적절한 훈련프로그램을 통하여 자원봉사자들을 교육하고 훈련하는 일이 필요하다. 완화돌봄 사역팀은 규칙적으로 환자가 겪는 외로움·소외감·두려움·우울감·분노·가족이나 사랑하는 이에게 짐이 됨에 대한 부담 등의 영적 정서적 필요를 효과적으로 돕기 위해 기초적인 경청 및 임종과 사별에 관련된 상담 교육을 받을 필요가 있다.[460]

이러한 교회의 완화돌봄 사역팀은 말기환자와 그 가족들을 위해 다양한 도움을 줄 수 있다. 자원봉사 사역자 중 의료 관련 종사자들은 환자의 신체적 필요에 도움을 줄 수 있으며, 다른 자원봉사자들은 자신의 형편에 알맞게 장보기, 세탁 및 가사일 돕기, 환자 가족에게 휴식 제공하기 등이 그것이다. 또한 교회는 이들 환자들의 예배를 돕기 위해 특별한 장소를 준비할 수도 있으며, 참석이 불가능할 경우 심방예배를 규칙적으로 드리거나 예배 녹화 테입 등으로 제공할 수 있다.[461] 이와 함께 교회는 주기적으로 교회 전체 회중을 대상으로 완화돌봄과 관련된 정보나 교육기회를 제공하고 설교나 교회주보를 통하여 도움이 되는 정보를 제공하는 일도 필요하다. 이를 통하여 회중들은 자신들의 미래에 준비를 할 수 있게 된다. 또한 환자들을 위한 중보와 함께 엽서나 편지 쓰기, 전화나 기타 SNS를 통한 격려와 위로 전하기, 그리고 환자 심방에 동참하는 일을 격려하도록 한다. 아울러 목회자는 해

---

459 Curtis, "Empowering, Educating, and Advocating", 132.

460 Ibid., 135.

461 Ibid.

당 환자의 영적 필요를 돕기 위해 죽음과 사후 삶에 관련된 중요 이슈들을 환자와 함께 다룰 수 있도록 하여야 한다.[462]

사랑은 사랑하는 대상의 필요에 민감하게 만든다. 인류의 마지막 적인 죽음은 피할 수 없는 이 땅에서의 인생의 마지막 과정이기에 치유가 불가능하다고 판단된 경우, 완화돌봄의 과정을 밟게 된다. 이 과정에서 신자들에게 목회자는 그 누구보다 완화돌봄의 당사자에게 중요하고도 의미 있는 존재가 된다. 따라서 목회자는 완화돌봄에 대하여 분명한 신학적 확신과 그 중요성을 확신하고 완화돌봄의 과정에 임하여야 한다. 특히 이 땅에서의 삶의 마지막 여행을 하는 이들에게 있어서 삶의 의미와 사후세계를 비롯한 가치관의 영역은 완화돌봄의 진행과정에서 매우 중요하다.

이 밖에도 목회자가 고려해야 할 영역은 환자의 자기인식이 있다. 환자의 자기인식의 첫 번째 영역은 환자의 신체적 기능의 변화 내지는 상실이다. 병증이 진행되면서 환자는 신체의 일부 기능이 감퇴 또는 소실되는 경험을 하며 이는 환자의 자기존중감에 영향을 미친다. 두 번째 영역은 신체적 기능 변화와 불가분의 관계가 있는 외모의 변화와 이로 인한 심리적 영향이다. 세 번째 영역은 사회적 관계에서의 자기인식의 변화이다. 완화의료의 과정에서 발생하는 외모, 신체적 기능, 관계적 변화는 환자의 자기 존재감에 대한 평가에 영향을 미치며 이는 대인관계에 영향을 미친다.[463]

---

462 Ibid., 136.

끝으로 한국사회 전반에 걸쳐 고령화가 심화되어가는 현실에서 교회와 사회는 간과되어 왔던 '웰 다잉(well dying)'과 완화돌봄에 대하여 인식의 전환과 제도적 지원에 관심을 가져야 하며 사회적으로 재정적, 법률적으로 뒷받침을 받는 단계별 완화돌봄을 위한 체계가 갖추어져야 하겠다.[464] 이를 위해 첫째, 현재 말기암 환자나 불치의 뇌신경계통 환자를 중심으로 활발하게 이루어지고 있는 완화돌봄은 사회의 급속한 고령화에 발맞추어 중증 노인성 질환과 중증치매 환자들에게까지 확장될 필요가 있다. 둘째, 완화돌봄 대상자가 원한다면 말기암 환자의 경우는 개인의 사생활을 고려한 상태에서 가정에서 의사나 자격을 갖춘 간호사의 의학적 돌봄을 받을 수 있도록 하는 제도적 뒷받침(외국의 홈케어 같은 제도)이 필요하다.

---

463 Joachim Widder and Monika Glawischnig-Goschnik, "The Concept of Disease in Palliative Medicine", *Medicine, Health Care, and Philosophy*, vol. 5, no. 2(2002): 193(191-7).

464 Ross Henry Larson, "Dying Right", *The Clergy Journal*, vol. 77, no. 5 (March 2001): 30(20-31)

8장

노년기 존엄사와 목회돌봄

2009년 6월 23일 오전 10시 22분 세브란스 병원에서 77세 김모 할머니의 인공호흡기를 제거하는 국내 첫 존엄사가 시행되었다. 2008년 11월 28일 내려진 사법부의 판결에 따라 시행된 이날의 존엄사는 환자가 식물인간 상태로 지낸 지 1년 4개월 만에 환자로부터 인공호흡기를 제거함으로 진행되었다. 하지만 환자가 사망단계에 이르렀다고 보았던 사법부의 판단과는 달리 환자는 호흡기를 뗀 지 200여 일이 지난 2010년 1월 10일 숨겼다.[465]

---

465 [온라인 자료] http://www.huffingtonpost.kr/2017/10/25/story_n_18381834.html?utm
_id=naver, 2017년 11월 2일 접속. 대법원은 환자의 연명치료중단을 허락하면서 다음의
세 가지 연명치료중단의 요건을 제시한 바 있다. 첫째, 회복가능성이 없고, 둘째, 생명과

이러한 김모 할머니의 사례는 생명 존중에 입각한 연명치료 중단의 요건과 절차가 구체화하는 계기를 마련하였다. 김모 할머니의 죽음 이후 정부는 2012년 12월 의료계와 종교계, 시민단체 등으로 생명윤리위 특별위원회를 구성해 연명의료에 대한 논의를 진행했고, 2016년 1월 8일 '호스피스완화의료 및 임종과정에 있는 환자의 연명의료 결정에 관한 법률안('연명의료결정법', 일명 존엄사법)'이 국회를 통과했고 2년간의 유예기간을 거쳐 2018년 2월 4일부터는 본격 시행될 예정이다.[466]

연명의료법의 국회통과로 한국은 호스피스·완화의료 도입 50년 만에 회복가능성이 없으며 사망에 임박해 임종과정에 있는 환자를 대상으로 '심폐소생술' '혈액 투석' '항암제' '인공호흡기 착용' 등의 네 가지 연명치료를 거부할 수 있는 연명의료 중단을 법적으로 허용하게 되었으며, 2017년 10월 23일부터 환자 뜻에 따라 연명 의료를 중단할 수 있는 '연명의료결정법 시범사업'이 전국 10개 병원에서 시작되었다.[467] 그리고 2017년 11월 22일 연명의료결정 시범사업 시작 후 처음으로 연명의료 거부 의사를 밝힌 환자 중 한 명이 사망함으로 합법적 존엄사 사례가 나왔다.[468] 물론 연명치료를 중단하더라도 통증 완화를 위한

관련된 중요한 생체기능의 상실을 회복할 수 없으며, 셋째, 환자의 신체 상태에 비추어 짧은 시간 내에 사망에 이를 수 있음이 명백한 경우. 조재국, "인간의 생명과 죽음에 관한 기독교적 이해", 「신학과 실천」, 24권 2호(2010): 144.

466 [온라인 자료] http://www.medipana.com/news/news_viewer.asp?NewsNum=208543, 2017년 11월 2일 접속.

467 [온라인 자료, http://www.yonhapnews.co.kr/bulletin/2017/10/23/0200000000AKR 20171023185700017.HTML?input=1195m, 2017년 11월 2일 접속.

468 [온라인 자료] http://www.yonhapnews.co.kr/bulletin/2017/11/22/0200000000A

의료행위나 영양 및 수분공급, 산소의 단순 공급은 환자가 숨을 거둘 때까지 지속되어야 한다.

이러한 '연명의료결정법'에 관한 일반 사회의 반응은 대체로 긍정적이다.[469] 하지만 이러한 긍정적 반응이 염려스러운 점 또한 없지 않다. 시행 예정인 현행 '연명의료결정법'의 문제점은 다음과 같다: 첫째, 현행법은 환자의 연명의료중단결정을 의사의 판단에만 전적으로 의존하고 있어서 생명권 침해의 위험이 있다. 둘째, 의사의 연명의료중단 결정에 법정대리인의 대리와 가족의 동의를 요건으로 하고 있는 현행법은 환자의 자기결정권을 침해할 위험이 있다는 점이다.[470] 다시 말해 현행 연명의료결정법은 자칫 해당 범위를 확대하거나 남용할 위험을 안고 있다는 것이다.[471] 이러한 가능성을 엿볼 수 있는 것이 2017년 11월 9일 국가호스피스연명의료위원회는 말기판정을 받지 않은 환자도

KR2017112203180017.HTML?input=1195m, 2017년 12월 3일 접속.

469 원경림, "한국에서의 안락사 논쟁 고찰: 보라매 사건을 중심으로", 「소극적 안락사, 무엇이 문제인가?」 (서울: 예영커뮤니케이션, 2007), 기윤실부설 기독교윤리연구소 편, 83-4; 건양대 의대 김광환 교수팀이 2016년 9월 실시한 조사에 의하면 한국사람 10명 중 8명은 항암제 투여, 심폐소생술, 혈액 투석, 인공호흡기 부착 등의 4가지 연명의료에 대해 부정적 생각을 지니고 있는 것으로 나타났다. 또한 종교를 가진 사람들의 연명의료거부 비율이 더 높게 나타났다. [온라인 자료] http://www.yonhapnews.co.kr/bulletin/2017/10/30/0200000000AKR20171030078000017.HTML?input=1195m, 2017년 10월 30일 접속.

470 임종희, "연명의료결정법의 문제점과 개선방안", 「인문사회 21」, 8권 2호 (2017): 991.

471 2018년 2월 4일 시행을 앞두고 있는 현행 '연명의료결정법'에 따르면 환자 의식이 없고 환자가 연명의료계획서 등을 미리 자신의 의사를 밝히지 않은 경우, 환자 가족 2인이 연명의료에 관한 환자의 의사를 (추정에 따라)진술하고, 그것도 없을 경우 환자 가족 전원이 합의해 연명의료중단을 결정할 수 있게 되어 있다. [온라인자료] http://terms.naver.com/entry.nhn?docId=3385743&cid=43667&categoryId=43667, [네이버 지식백과], 2018년 1월 14일 접속.

연명의료계획서를 쓸 수 있도록 법 개정을 권고 의결하였고 환자 스스로 중단 여부를 결정할 수 있는 시술의 범위도 현재 심폐소생술, 혈액투석, 항암제, 인공호흡기 착용 등 4가지로 제한하지 말고 범위를 탄력적으로 정할 수 있도록 권고한 점이다.[472]

따라서 사회적으로 인간 생명의 인위적 결정에 관한 법적 뒷받침이 제정된 상황에서 인간 생명의 주재권과 존엄성의 근원을 하나님의 주권으로 인정하는 기독교계나 교회는 소속 교인들의 돌봄을 위한 차원에서 이에 대한 공동의 의견이나 반응이 하루속히 정립되어야 함이 마땅하다 하겠다. 나아가서 급격한 고령화를 겪고 있는 한국사회와 교회가 당면한 과제들이 여럿 있지만 그 가운데서도 의료기술의 발단과 고령화에 따른 사람들의 죽음관련 이슈는 시급하게 준비해야 할 영역이다. 오늘날 한국사회 죽음의 질은 경제협력개발기구(OECD) 40개 회원국 가운데서 하위권인 32위를 기록하고 있다.[473] 즉, 의료기술의 발달에 따라 자연스러운 죽음이 아니라 치료의 범위를 확장하여 '병의 악화 속도를 늦추는 것'이나 '죽지 않게 함'까지도 포함함으로 성서에는 등장하지 않았던 고통스러운 죽음의 연장이라는 문제가 발생한 것이다.[474]

따라서 시기적으로나 상황적으로 현재 법제화되어 시행을 눈앞에

---

472 [온라인 자료] http://news.naver.com/main/read.nhn?mode=LPOD&mid=sec&oid=001&aid=0009671307&isYeonhapFlash=Y&rc=N, 2017년 11월 9일 접속.

473 전세일, 「품위있는 마무리」 (서울: 가리온, 2014), 28.

474 이종원, "기독교 생명윤리적 관점에서 본 존엄사", 「기독교사회윤리」, 17집 (2009): 170; 문시영, "존엄사-What, Why, and How?", 「존엄사, 교회에 생명의 길을 묻다」, 문시영 외 5인 (서울: 북코리아, 2009), 18.

두고 있는 존엄사와 관련된 목회현장에서의 혼란과 어려움을 해결할 논의가 필요한 시점에 있다. 또한 이를 바탕으로 임종을 눈앞에 둔 사람들과 그 가족들이 직면하는 죽음의 상황에서 하나님께서 허락한 삶의 마지막을 의미 있게 맞이할 수 있도록 돌보는 일은 목회현장에서 매우 중요하고도 시급한 문제이다. 하지만 '연명의료결정법'이라 불리는 속칭 '존엄사법'에서의 존엄사 문제는 의학의 발달정도가 달랐던 성서시대에는 문제가 될 영역이 아니었기에 성서적으로 분명한 가르침이 주어져 있지 않은 영역이다. 따라서 삶과 죽음과 관련된 성서의 여러 가르침과 하나님께서 인간의 삶의 선택에서 중요하게 사용되게끔 부여하신 이성과 지성과 겸손이 요구되는 연구이다.

본 장에서는 지면의 한계와 연구의 시간적 제한으로 인해 한국기독교에서 논란의 여지가 거의 없는 일반적인 안락사에 관한 논의를 지양하고 존엄사와 구분이 모호하여 교회현장에 혼란을 주고 있는 소극적 안락사와의 구별에 초점을 맞추어 연구를 진행하고자 한다. 또한 본 연구에서 사용하는 '존엄사(death with dignity)'란 용어는 의사조력자살 제도를 '존엄사'란 명칭으로 시행하고 있는 미국의 존엄사법에서의 '존엄사'를 의미하는 용어의 경우와는 다르다고 하겠다.[475] 연구의 진행을 위해 본 연구에서는 존엄사를 '회생가능성이 없는 임종환자가 무의미한 연명치료를 받지 않도록 하여 자연스러운 죽음에 이르도록 하는

---

475 최경석, "자발적인 소극적 안락사와 소위 '존엄사'의 구분 가능성", 「한국의료윤리학회지」, 12권 1호 (2009): 70; 이승구, "죽어가는 환자를 어떻게 이해해야 하는가?", 「한국개혁신학」, 27권 (2010): 373; 문시영, "존엄사-What, Why, and How?", 15.

8장: 노년기 존엄사와 목회돌봄   239

것'으로 잠정적으로 규정한다.

1. 존엄사의 복음적 이해

존엄사 논의에서 우선적으로 대두되는 어려움은 존엄사에 대한 이해나 정의가 명확하지 않다는 점이다. 이로 인해 같은 내용을 말하고 있지만 다른 용어로 정의가 되거나 같은 용어로 설명하고 있지만 내용은 다른 일들이 현장에서 발생하고 있다. 우선 장에서는 존엄사 이해에 어려움을 가져다주는 요인 중의 하나인 존엄사와 소극적 안락사의 혼동 문제와 존엄사에서 제기되는 주요쟁점을 살펴본 후 자연사를 기반으로 하는 존엄사의 복음적 이해를 모색하고자 한다.

1) 존엄사 개념의 불명확성

존엄사의 이해와 관련하여 가장 혼란을 겪는 유사한 개념은 '소극적 안락사'이다. 그리고 이 두 개념의 차이가 명확하지 않으므로 인하여 생기는 혼란이 존엄사에 대한 복음적 이해를 어렵게 만드는 주요 원인 중의 하나가 되고 있다. 최근까지 학자들이나 유수한 언론매체 및 유력한 기독교 언론매체에서도 이 둘 사이의 구분을 명확하게 하지 않은 채 같은 의미로 다루어왔다.[476] 소극적 안락사와 존엄사가 구별하기 어

---

476 「국민일보」, 2008, 11월 28일에 따르면 "존엄사와 안락사, 무엇이 다른가"에서 "존엄사는 말 그대로 품위 있는 죽음을 뜻한다. 의학적인 치료를 다했음에도 불구하고 돌이킬 수 없는 죽음이 임박했을 때 의학적으로 무의미한 연명치료를 중단함으로써 자연스럽게 죽

려운 이유는 둘 모두가 불가항력적으로 죽음을 받아들일 수밖에 없는 상태에서 선택된다는 점 때문이라 할 수 있다.[477]

(1) 존엄사와 소극적 안락사 이해의 현실: 혼용과 구분

독일 출신의 미국인으로 일본의 죽음학(또는 생사학) 선구자 중의 한 사람인 알폰스 데켄(Alfons Deeken)은 안락사와 존엄사가 혼동된 채 사용되고 있다고 지적하면서 일본 역시 존엄사와 소극적 안락사를 거의 동일한 의미에서 사용하고 있다고 말한다.[478] 미국의 경우 소극적 안락사를 "환자의 생명유지에 필수적인 영양 공급 및 약물투여와 같은 의료를 중단함으로써 환자를 서서히 죽음에 이르게 하는 행위"로 규정하며 소극적 안락사를 존엄사의 범주에 포함되는 것으로 보고 있다.[479] 이 정의에서 문제가 되는 것은 '환자의 의사결정 여부'의 문제와 '영양 공급의 중단'이 환자의 생명을 인위적으로 단축할 수 있다는 점이다.

한국 역시 소극적 안락사와 존엄사를 혼용하고 있는 실정이다. 협성대학교의 홍순원은 존엄사를 "환자의 생명권과 '존엄한 죽음'의 관점에서 자의적·수동적·소극적 안락사의 구체적인 사례"를 일반화환 개념이다. 그것은 소극적·간접적 안락사의 사례라고 소극적 안락사와 존

음을 받아들이는 것으로 정의된다. 소극적 안락사는 사망이 임박한 환자에 대해 생명유지에 필요한 처치를 하지 않거나 생명연장장치를 제거하는 것을 의미하는데 존엄사와 혼용되기도 한다." 문시영, "존엄사-What, Why, and How?", 17에서 재인용.

477 곽혜원, 「존엄한 삶, 존엄한 죽음」 (서울: 새물결플러스, 2014), 252.
478 Alfonse Deeken, 「죽음을 어떻게 맞이할 것인가」 (서울: 궁리출판, 2002), 오진탁 역, 98, 100.
479 곽혜원, 「존엄한 삶, 존엄한 죽음」, 249, 251-2.

엄사를 같은 개념으로 소개하고 있다.[480] 이러한 홍순원의 존엄사 이해
는 환자의 고통의 문제가 연명치료중단의 존엄사 이유가 된다고 보는
점에서 자연스러운 죽음이 아닌 고통단축을 위한 인위적 생명단축의
가능성이 있다.

KC대학교의 강경미 역시 "안락사란 자비와 존엄이라는 동기에서 삶
을 끝내는 행위로 '존엄사'라고도 한다"라고 설명하고 있다.[481] 그러면
서 존엄사를 "환자가 고통은 없으나 의식이 없어 정상적인 정신활동이
전혀 불가능해서 인간으로서의 존엄과 가치를 지키기 어려운 경우에
인간 본연의 모습을 지키기 위한 목적에서 생명을 단축하는 행위"라고
규정한다. 이러한 이해는 '의식이 없는' 상태의 환자를 인간의 존엄과
가치를 상실한 것으로 보아 자칫 의식이 없지만 여전히 한 인간으로서
의 생명의 존엄함을 지니고 있는 사람의 삶을 인위적으로 단축할 여지
를 주고 있다.[482]

이 밖에도 숭실대의 이종원은 소극적 안락사를 존엄사로 보고 있으
며, 감신대의 박충구 등 역시 존엄사를 자의적 소극적 안락사와 동일
하게 보고 있다.[483] 반면, 합동신학대학원의 이승구와 총신대학교의 이

---

480 홍순원, "안락사와 존엄사: 목회상담을 위한 메타윤리적 연구", 「신학과 실천」, 30권
     (2017): 440, 444.
481 강경미, "안락사의 생명윤리적 문제에 대한 기독교적 고찰", 「복음과 상담」, 12권 (2009):
     76.
482 Ibid., 79.
483 이종원, "기독교 생명윤리적 관점에서 본 존엄사", 166; 박충구, "현대 기독교 생명윤리의
     관점에서 본 안락사", 「한국기독교신학논총」, 67권 1호 (2010): 282.

상원은 존엄사와 소극적 안락사를 구분하여 설명하고 있다.[484] 요약하면 존엄사를 하나님의 생명주권에 기초하여 자연사를 위한 과정을 돕기 위한 행위로 보는 보수적 입장은 존엄사와 소극적 안락사를 구분하고자 시도하고 있으며 존엄사를 인간의 존엄과 가치를 유지하는 것에 초점을 맞추고 있는 진보적 또는 비신학적 입장에서는 존엄사와 소극적 안락사를 혼용하고 있으며 소극적 안락사에 대해 오늘날 많은 의사들과 법학자들, 진보적 신학자들은 대체로 긍정적 입장을 취하고 있다.[485] 본 연구에서는 존엄사와 소극적 안락사를 구분하여 이해하고자 하는 입장을 취하고 있다. 다음에서는 이 둘 사이의 다른 점에 대하여 살펴보고자 한다.

(2) 존엄사와 소극적 안락사의 구분

존엄사와 소극적 안락사를 구분하여 존엄사를 '말기환자에 대한 연명치료 중단'으로 접근하고자 하는 경향이 최근의 추세이다.[486] 물론 기독교 일각에서는 '존엄사'라는 용어 사용에 비판적인 입장이 있다. 즉, 무의미한 연명치료라는 개념자체가 생명의 절대가치를 상대화하거나 평가 절하할 위험이 있다는 것이다.[487] 이런 이해의 연장선상에서 한국기독교계와 가톨릭 모두 단순히 '무의미한 연명치료를 중단'하는

---

484 이상원, "안락사는 정당한가?", 「신학지남」, 68권 4호 (2001): 257-8; 이승구, "죽어가는 환자를 어떻게 이해해야 하는가?", 374.
485 김균진, 「죽음과 부활의 신학」 (서울: 새물결플러스, 2015), 513.
486 문시영, "존엄사-What, Why, and How?", 15.
487 이승구, "죽어가는 환자를 어떻게 이해해야 하는가?", 373-4.

소극적 안락사에 대해서는 반대하는 입장을 지니고 있다.[488]

왜냐하면 죽음을 가져올 수 있는 연명의료 처치를 중지하는 소극적 안락사 역시 하나님의 생명주권을 가르치고 있는 성서적 동의를 받지 못한다고 보기 때문이다. 또한 소극적 안락사 역시 적극적 안락사가 지니고 있는 다음의 문제점에서 자유롭지 않다고 보기 때문이다. 첫째, 적극적 안락사의 경우에서처럼 의학적 판단의 불완전성의 문제이다. 둘째, 대부분의 경우 육체적 고통이 조절될 수 있다면 굳이 소극적 안락사를 선택할 이유가 없다는 점이다. 셋째, 소극적 안락사를 선택하는 사람의 판단 역시 신뢰성에 의문이 있을 수 있기 때문이다.[489]

원경림은 소극적 안락사와 연명치료중단이라는 존엄사의 차이에 대해 다음과 같이 설명한다. 소극적 안락사는 정상적인 죽음의 과정을 앞당기려는 의도를 가지고 죽음의 원인이 의사가 어떤 행위를 하거나 하지 않는 것, 혹은 유익한 치료를 중단하는 것인 반면 무의미한 치료중단은 자연스러운 죽음의 과정을 거치도록 도와주는 것으로 질병 자체 때문에 죽는 것을 의미하며, 나아가서 환자에게 고통을 주는 행위를 중단하는 것을 의미한다.[490]

김건열은 존엄사가 소극적 안락사와 구별되는 세 가지 조건을 제시하고 있다. 첫째, 의료행위의 절차적 정당성 – 담당 의료진의 종합 진단과 그리고 병원윤리위언회의 결정. 둘째, 사전에 작성된 환자 본인

---

488   원경림, "한국에서의 안락사 논쟁 고찰: 보라매 사건을 중심으로", 80.

489   곽혜원, 「존엄한 삶, 존엄한 죽음」, 254.

490   원경림, "한국에서의 안락사 논쟁 고찰: 보라매 사건을 중심으로", 77.

의 '사전연명의료의향서' 또는 '연명의료계획서'에 근거한 환자의 자율적 의사표현. 셋째, 연명치료는 중단하더라도 환자의 통증관리 및 생리기능 유지등을 포함한 완화의료시술의 계속.[491]

조재국은 소극적 안락사와 존엄사의 차이를 "소극적 안락사는 영양공급이나 약물투여 등을 중단하여 죽음을 앞당기는 것"이나 "존엄사는 인공호흡기와 같은 연명장치만을 제거하는 것으로 죽음의 시기를 앞당기는 것으로 보지 않으려는 경향이 있다"라고 설명하고 있다.[492] 이러한 관점에서 존엄사와 소극적 안락사의 개념적 혼동을 막기 위해 문도호 씨는 "말기 질환으로 인하여 사망할 것이 분명한 환자에게 더 이상의 무의미한 치료를 중단하는 행위를 안락사에 포함시키지 말아야 한다. 말기환자에게 의미없는 치료를 중단하는 것은 '소극적 안락사'라고 하지 말고 '치료중단'"이라고 하는 것이 올바른 표현"이라고 주장한다.[493]

문도호는 의미 없는 치료의 중단인 존엄사와 안락사의 차이를 다음과 같이 정리한다. 첫째, 의도의 측면에서 의미 없는 치료의 중단은 치료를 받았을 때, 환자 측면에서 이득과 손해를 고려해서 불필요한 고통을 줄이려는 노력인 반면 안락사는 치료를 계속할 경우, 환자가 도움을 받을 수 있으나 죽음을 목적으로 치료행위를 중단하고자 결정하

---

491 김건열, 「존엄사 II: 죽음의 바른 길을 성경에 묻다」, 93-4.

492 조재국, "인간의 생명과 존엄한 죽음에 관한 기독교적 이해", 157.

493 문도호, "의미 없는 치료의 중단과 대안", 「소극적 안락사 무엇이 문제인가?」 (서울: 예영커뮤니케이션, 2007), 기윤실부설 기독교윤리연구소 편, 142-3.

는 것이다. 둘째, 권리의 측면에서 의미 없는 치료의 중단은 타인에 의해 자신의 신체가 결정되는 것에 대한 소극적 거부이나 안락사는 임종상황에 대한 적극적인 개입을 요청하는 것이다. 셋째, 가역성의 측면에서 의미 없는 치료의 중단은 언제든 치료중단철회를 결정하고 치료를 재개할 수 있으나 안락사는 시행과 동시에 죽음에 이른다. 넷째, 의사 역할의 측면에서 의미 없는 치료의 중단은 의사의 역할이 의미 있는 생존을 연장시키는 것이나 안락사에서 의사는 환자의 죽음에 직접적으로 관여한다.[494]

곽혜원은 역시 안락사와 존엄사의 차이를 인위성 여부로 보면서, 존엄사의 경우, 소생이 불가능한 임종기 환자에게 "영양공급은 유지하면서 환자가 자연사하도록 유도하는 것"이지만 소극적 안락사는 환자에게 "생명유지에 필수적인 영양공급을 중단"하여 죽음에 이르게 하는 것으로 설명하고 있다.[495]

새 세대 교회윤리연구소장 문시영은 "교회에 생명의 길을 묻다"에서 「국민일보」에 소개된 존엄사에 대하여 소개하고 있다: "존엄사는 말 그대로 품위 있는 죽음을 뜻한다. 의학적인 치료를 다했음에도 불구하고 돌이킬 수 없는 죽음이 임박했을 때 의학적으로 무의미한 연명치료를 중단함으로써 자연스럽게 죽음을 받아들이는 것", 그리고 "소극적 안락사는 사망이 임박한 환자에 대해 생명유지에 필요한 처치를 하지 않

---

494 Ibid., 142,
495 곽혜원, 「존엄한 삶, 존엄한 죽음」, 253.

거나 생명연장장치를 제거하는 것"으로 정의한다.[496]

이상에서 살펴본 소극적 안락사와 존엄사의 일반적 구분을 정리하면 다음과 같이 두 가지로 요약할 수 있다. 첫째, 소극적 안락사와 존엄사 둘 다 연명치료 중단이 수반되나 연명치료중단 이후 죽음에 이르기까지의 돌봄의 차이다. 즉 소극적 안락사는 연명장치의 제거나 중단으로 그치지만 존엄사는 계속적인 영양과 수분공급 및 통증관리를 제공하여 자연적인 죽음에 이르도록 하는 것이 다르다. 이러한 관점에서 존엄사를 본다면 한국의 '연명의료결정법'은 '연명의료를 중단하더라도 통증완화를 위한 의료행위나 영양분 및 수분공급, 산소의 단순공급을 중단하지 못하도록' 정하고 있기에 소극적 안락사에 해당되기보다는 존엄사에 해당한다고 볼 수 있다.

둘째 기준은 연명장치 제거행위의 결정 주체의 차이다. 소극적 안락사는 연명장치의 제거나 생명유지치료의 중지가 환자 본인의 자의적 결정이 아닐 수 있음을 보여준다. 하지만 존엄사는 생명유지장치의 사용 또는 중지에 대한 결정을 철저하게 환자 자신의 의지적 자율적 판단에 기초하여 시행한다는 점이다. 물론 연명장치의 제거가 죽음의 시기를 인위적으로 앞당길 수 있는 행위가 될 수도 있다는 점에서 이 둘 사이의 차이에 대한 모호함이 있다. 이러한 관점의 연장에서 가톨릭에서 표명하는 존엄사는 '무의미한 연명치료의 중단'으로 인간의 양심에

---

496 「국민일보」, 2008, 11, 28일 "존엄사와 안락사, 무엇이 다른가", 문시영, "문제의 자리: 존엄사-What, Why, and How?", 17에서 재인용.

따라 허용될 수 있기에 안락사가 아니라는 입장에 대해 보수적 기독교 입장에서는 선뜻 동의하기 어렵다는 입장이다.[497] 또한 현행 '연명의료결정법'에서의 환자 본인의 의사가 없을 경우, 보호자들이 환자의 추정의사를 표명하거나 환자가족 전원합의에 따라 연명의료중단을 결정할 수 있다는 점에서 성서에서 가르치는 자기신체에 대한 청지지적 자율권의 위배 위험성이 있다. 따라서 다음에서 복음적 존엄사 이해로 가는 길목에서 제기되는 현행 '연명의료결정법' 소위 '존엄사법'과 관련된 주요쟁점 몇 가지를 살펴보는 일은 도움이 된다.

(2) 존엄사 이해에서의 주요쟁점

시행을 앞둔 연명의료결정법은 그 대상을 '회생가능성이 없고, 치료해도 회복되지 않으며, 급속도로 증상이 악화되어 사망에 임박해 임종과정에 있는 환자'로 정하고, 동시에 그 주요 내용은 '심폐소생술', '혈액투석', '항암제 투여', '인공호흡기 착용' 등의 연명의료를 중단하는 내용을 골자로 하고 있다. 이에 따라 말기 임종환자에게 '무의미한 연명치료'를 중단할 수 있는 법적 뒷받침을 하고 있다.[498] 그리고 이러한 맥락에서 이 법안을 소위 '존엄사법'이라 부르기도 한다.

하지만 시행 예정인 '연명의료결정법'은 다음의 두 가지 잠재적 문제를 지니고 있다: 첫째, 현행법은 환자의 연명의료중단결정을 의사의

---

497   문시영 외 5인, 「존엄사, 교회에 생명의 길을 묻다」, 145.
498   김건열, 「존엄사 II: 죽음의 바른 길을 성경에 묻다」 (서울: 최신의학사, 2011), 95.

판단에만 전적으로 의존하고 있어서 자칫 생명권 침해의 위험이 있다. 둘째, 의사의 연명의료중단 결정에 환자의 의사표명이 없을 경우 법정 대리인의 대리와 가족의 동의를 요건으로 하고 있는 현행법은 환자의 자기결정권을 침해할 소지가 다분하다는 문제이다. 이러한 현행 연명 의료결정법이 안고 있는 문제점과 관련하여 복음적 존엄사 이해로 가는 길목에서 쟁점이 되는 두 가지 내용을 살펴보면 다음과 같다.

i) '회생가능성이 없고, 치료해도 회복되지 않는', 소위 '무의미한 치료'에 대한 해석 문제

연명의료중단의 근거가 되는 '회생가능성이 없고, 치료해도 회복되지 않는' 환자에 대한 해석은 그렇게 간단하지 않다. 2009년 3월 27일 한국기독교총연합회는 "무의미한 치료중단은 질병이 명백하게 치료 불가능한 말기질환이어야 한다"라고 무의미한 치료 중단이라는 의미의 존엄사를 부분적으로 수용하는 입장을 표명한 바 있다.[499] 하지만 이러한 한국기독교총연합회의 '무의미한 치료'의 의미가 의학의 발달로 연명도구가 급속히 발달하면서 "회생가능성이 없고, 치료해도 회복되지 않는, 즉 의미 없는 치료인가의 여부를 판단하는 일이 더욱 어렵기에 현실적 적용의 어려움에 따르는 쟁점을 다음의 세 가지로 요약할 수 있다.[500]

---

499 「기독교초교파신문」, 2009년 4월 2일, 강경미, "안락사의 생명윤리적 문제에 대한 기독교적 고찰", 88-9에서 재인용.
500 Scott B. Rae & Paul M. Cox, 「생명윤리학」 (서울: 살림, 2004), 김상득 역, 378-80; 문도호,

첫째, '의학적으로 무의미함'의 판단을 내리는 주체가 누구이며 그 주체가 지닌 의학적으로 무의미하다는 기준의 주관성의 문제가 있을 수 있다. 일반적으로" 의학적으로 연명치료가 더 이상 의미가 없다고 판단을 내리는 주체는 담당 의료진이다. 그런데 이러한 판단의 주체가 되는 의료진의 판단은 해당 의료진이 지닌 역량과 경험에 따라 달라질 수 있는 개연성이 있다. 따라서 의료진에 따라 연명치료의 중단이나 연장의 의미 부여가 다를 수 있는 주관적 여지가 있다. 여기서 의료현장에서 환자의 사회경제적 계층 차이로 인한 문제가 발생할 수 있다.

둘째, 의료진이 의학적으로 치료가 무의미하다고 하여 환자 자신이나 환자의 보호자가 그 견해에 동의하지 않을 수 있다. 의사나 병원 측에서 아무리 회생가능성이 없고 치료해도 더 이상 회복되지 않고 나빠지기만 한다고 해도 보호자나 환자 자신이 그러한 견해에 동의하지 못할 경우 '회생가능성이 없고, 치료해도 회복되지 않는' 경우에 대한 합의를 이루기 어렵다는 것이다. 의학적으로 의료진이 치료의 효과와 치료의 혜택 사이에서 더 이상의 치료가 의미가 있는지를 선택을 해야 하는 경우가 있다. 이때 환자의 생명유지 여부에 집착하는 환자나 환자 가족의 경우 '무의미한 치료'라는 데 대한 의미가 의료진의 입장과 달라질 수 있다. 연구자가 달라스 감리교메디칼센터에서 임상실습할 때 겪었던 일은 한 환자가 병원에서 갑자기 예후가 나빠지자 유족들이 불만을 표시하며 언쟁을 하는 과정에서 담당 의사가 다음과 같은 말을 하

"의미 없는 치료의 중단과 대안", 145.

노년기 목회돌봄과 상담

는 것을 들었던 적이 있다. "원하신다면 얼마든지 살려둘 수는 있어요."

셋째, 의료현장에서 '연명가능성 여부'와 '회생가능성'이 일치하지 않을 수 있는 문제가 있다. 의료현장에서 '의미 없는 치료(medical futility)'란 환자가 치료를 통하여 연명은 가능하지만 더 이상 회생가능성이란 혜택을 얻을 가능성이 없는 치료를 뜻한다.[501] 예를 들면, 항암치료로 환자의 생명연장이란 이득은 얻을 수 있지만 항암치료의 부작용으로 생명연장의 이익보다 더 큰 손해를 보는 경우를 들 수 있다. 물론 여기서 '환자에 대한 혜택'에서의 혜택이라는 용어가 지니는 삶의 질에 대한 가치판단에서의 주관성의 개입문제 또한 있을 수 있다.[502]

여기서 무의미한 치료에 대한 질문은 자연스럽게 '의학적 치료의 목적'에 대한 질문으로 이어진다. 사실 모든 의학적 치료의 목적은 단순히 생물학적 또는 생리적 기능유지 그 이상이다. 보수적 신학교에서 가르치고 있는 래(S. B. Rae)와 콕스(P. M. Cox)는 자신들의 「생명윤리학」에서 무의미한 치료를 다음과 같이 정의하고 있다. 첫째, 한 인간의 전인적 삶의 통합적 기능회복에 도움이 되지 않는 치료. 둘째, 단순히 영원한 무의식상태나 식물인간상태를 유지시키는 치료. 셋째, 생명유지 의술이나 기타의 기술 집중적인 의술에 의존하여 생명이 유지되는 상태를 종결짓지 못하는 치료. 넷째, 단지 죽어가는 과정을 연기하는 것에 불과한 치료. 다섯째, 의학적으로 인정되지 않은 치료, 장기적으로

---

501   문도호, "의미 없는 치료의 중단과 대안", 139.
502   Rae & Cox, 「생명윤리학」, 378-80.

혜택을 주지 못하는 치료 혹은 환자에게 해가 되는 치료 등이다.[503]

ii) 연명치료중단 결정 주체의 문제

시행 예정인 '연명의료결정법'은 환자가 의식이 없고 환자가 연명의료계획서 등을 미리 작성하지 않은 경우에는 환자 가족 2인이 연명의료에 관한 환자의 의사를 진술하고, 그것도 없을 경우 환자 가족 전원이 합의해 연명 의료 중단을 결정할 수 있다. 즉, 연명의료중단 결정에 법정대리인이나 가족의 동의를 요건으로 하고 있는 현행법은 환자의 신체 또는 생명에 관한 자기결정권이 침해받을 위험성이 있는 것이다.

하나님께서는 성서를 통하여 인간 개인의 자신의 몸에 대한 자주적 책임과 결정이 중요함을 가르치고 있다. (의식이 있는)모든 환자가 몸에서 어떤 것을 제거하는 것과 마찬가지로 자신의 몸에 무엇인가를 삽입하거나 설치하는 것을 동의하는 것은 모든 의료행위에서 필수적인 과정인 것이다. 이러한 과정은 환자의 인간으로서의 권리와 존엄성을 위한 것이다.[504] 따라서 환자는 불치병으로 인해 죽음이 임박한 상태에서

---

503 Ibid., 379.

504 이러한 상태에 대해 환자의 자신의 삶을 위한 선택이 혹여 소극적 수동적 자살로 인식되는 것은 아닌가란 우려가 있을 수 있다. 하지만 환자의 이러한 선택은 자살의 중요한 기준이 되는 스스로의 죽음의 선택이 아니라 스스로의 더 나은 삶을 위한 선택이며 동시에 죽음을 눈앞에 둔 불치환자의 더 나은 삶을 위한 선택이라는 관점에서 일반적인 수동적 자살과는 다르다고 할 수 있다. Robert N. Wennberg, *Terminal Choices: Euthanasia, Suicide, and the Right to Die* (Grand Rapids, MI: Wm. B. Eerdmans Publishing Co., 1989), 113; 최경석은 자발적 수동적 안락사의 경우를 다음의 세 가지로 나누어 설명하고 있다. 첫째, 의학적으로 무의미한 연명치료의 거부. 둘째, 의학적으로 통상적 치료나 환자의 주관적 입장에서 무의미한 치료로 여겨 연명치료를 거부하는 행위. 셋째, 단순 항생제 투여 등과 같은

노년기 목회돌봄과 상담

자신에게 주어진 삶을 충실하게 마무리하기 위해 자의적으로 치료를 거부할 권리가 있다.[505]

그런데 환자가 자연사하도록 시행하는 존엄사(allowing a patient to die)는 그 실행하는 방식에 '하는 것을 삼가는 것'과 '하고 있는 것을 하지 않는 것' 두 가지가 있다. 앞의 경우는 자연스러운 죽음을 가로막는 장애를 설치하지 않는 것이며 뒤의 경우는 자연스러운 죽음을 가로막고 있는 장애를 제거하는 것이다. 일반적으로 의료진의 입장에서는 두 번째 방법을 시행하는 일을 더 힘들어한다. 그러나 이러한 의료처치거부를 둘러싼 문제가 간단하지는 않다. 즉 '환자가 자신의 생명연장을 위한 의료적 처치를 받을 것인가 거부할 것인가의 권리를 어떻게 책임있게 행사할 것인가?'의 문제가 대두된다.

일반적으로 존엄사에서 환자 본인의 자유의사로 미리 회복의 가능성이 없는 경우 연명치료술이나 심폐소생술 등의 불필요한 의료조치를 하지 않도록 미리 문서화해 놓은 사전연명의료의향서(Advance Directive)나 연명의료계획서가 존재할 경우 환자의 의사를 존중하면 된다. 하지만 그러지 않은 상황일 때, 가장 가까운 보호자와 환자의 가족들이 '환자가 만일 의사표현을 할 수 있는 입장에 있었다면 생명연명장치나 생명유지처치를 원하지 않았을 것'이라는 믿음을 가지고 환자를 위한 결정을 해야 하는 경우가 문제가 될 수 있다.

지극히 통상적 치료의 거부. 최경석, "자발적인 소극적 안락사와 소위 '존엄사'의 구분 가능성", 65.

505 Wennberg, *Terminal Choices*, 113.

사실 2017년 10월부터 시작한 연명의료중단 시범사업 시행 한 달 동안 연명의료를 중단한 경우를 살펴보면 연명의료중단 사례 총 7건 중 환자 본인의 명시적 의사에 따른 경우는 2건에 불과하고 나머지 5건의 경우는 가족들의 의사에 따른 결정임을 볼 수 있다.[506] 이러한 사실은 성서적으로 하나님께서 인간 개개인에게 부여한 개인 생명에 대한 책임과 권리를 침해할 위험이 있다. 사실 법률이 기독교인들의 삶의 중요한 선택을 결정하도록 허용하지는 않는다. 기독교인들의 삶의 기준은 성서이기 때문이다. 따라서 교회가 존엄사를 일반 사회의 법률적 판단에만 의존하여 목회현장에 적용하고 실행하는 일은 기독교적으로 온당하지 않다. 따라서 다음에서는 이상에서 간략하게 제기한 존엄사 이해에서의 주요쟁점을 염두에 두고 교회현장에서 적용할 수 있는 존엄사에 대한 복음적 이해를 정리해보고자 한다.

3) 존엄사의 복음적 이해

존엄사와 관련한 한국기독교계의 입장은 크게 두 가지로 나눌 수 있다. 첫째는 보수적 입장으로 자연사만이 인간이 죽음을 맞는 방법이라고 보는 견해이다. 엄밀하게 말하자면 '자연사'란 야생의 생명들에서 볼 수 있다. 하지만 인간의 경우는 질병이 있으면 하나님이 주신 생명을 소중히 여겨 질병을 치료하여 때 이른 죽음을 피하는 동시에 죽음이 발생하는 경우 인위적으로 통제하지 않음으로 죽음에 대한 하나님

---

506   [온라인 자료] http://news.joins.com/article/22157983, 2017년 11월 29일 접속.

　　　　　　　　　　　　노년기 목회돌봄과 상담

의 주재권 역시 존중하는 입장이다.[507] 둘째는 진보적 입장으로 연명치료를 통해 죽음을 인위적으로 연장하는 기간까지를 하나님의 생명의 주권적 영역으로 보기보다는 현실에 맞는 존엄사의 기준이 필요하다고 주장하는 입장이다.[508] 본 연구에서는 성서적 임종인 자연사에 기초하여 임종환자의 삶의 질을 담보할 수 있는 연명치료의 중단을 존엄사의 복음적 이해로 보아 논의를 진행하고자 한다.

(1) 존엄사의 복음적 이해의 출발: 인간생명과 죽음의 기독교적 이해

존엄사의 복음적 이해의 기초는 인간론으로부터 시작된다. 인간이 하나님께서 창조하신 존재라는 인간 정체성의 이해가 그것이다.[509] 인간 생명의 근원을 알려주는 창세기 2장 7절에는 하나님이 흙으로 만든 인간에게 '생기(공동번역에서는 '입김')'를 그 코에 불어 넣자 '산 존재(현대인의 성경)'가 되었다고 기록하고 있다. 이 기록이 의미하는 바는, 생명을을 구성하는데 있어서 불가분의 관계이기에 영혼과 육체는 하나라

507 문성학, 「현대인의 삶과 윤리」 (서울: 형설출판사, 2001), 234; Wennberg, *Terminal Choices*, 118; 문시영, "문제의 자리: 존엄사-What, Why, and How?" 21-3. 이러한 점에서 기존의 존엄사에 대한 기독교의 부정적 견해의 이유는 대체로 다음과 같은 이유 때문이라 할 수 있다. 첫째, 존엄사를 안락사와 동일시하기 때문이다. 하나님의 신적 영역에 속하는 '삶과 죽음'의 문제를 인간이 인위적이고도 조작적으로 결정하는 것은 성서적 입장에 위배된다는 견해가 바탕이 된 입장이다. 둘째, 실용적 접근의 문제 때문이다. 존엄사를 '자연사(自然死)'의 입장에서가 아니라 개인의 경제적 또는 사회적 비용 측면에서의 효용가치로 접근하려는 우려에서 나온 문제이다. 셋째, 존엄사가 자칫 소극적 안락사를 비롯한 하나님의 주권적 영역인 생명의 문제에 대한 경시로 이어질 수 있는 우려 때문이다.
508 조재국, "인간의 생명과 존엄한 죽음에 관한 기독교적 이해", 176.
509 박원빈, "존엄한 삶의 비전을 세워가자", 「존엄사, 교회에 생명의 길을 묻다」 (서울: 북코리아, 2009), 문시영 외 5인, 127.

는 사실을 알려주고 있다. 이처럼 인간 생명의 근원이 하나님이시기에 모든 인간의 생명은 거룩하며 존귀하며, 인간의 몸과 영혼은 분리될 수 없는 하나이기에 신체적으로 인간이 기능하는 내내 인간의 영혼 역시 살아 존재하고 있다.[510] 인간의 생명은 하나님의 사랑의 행위로 말미암은 선물로 주어진 것이며 그 어떤 가치보다 우선시되어야 할 가치이다. 또한 하나님의 형상으로 창조된 인간은 그 본성 자체에 하나님으로부터 부여된 내재된 존엄성이 있다(창 1:27).[511]

동시에 성서는 인간 생명의 종착역인 죽음 역시 하나님의 섭리 아래 있음을 가르친다. 오늘날 의료현장에서는 죽어가는 환자를 돌보는 접근에 대해서 신학적 성찰 없이 이루어지고 있다.[512] 죽어가는 환자를 잘 돌보기 위해서는 먼저 죽음 및 죽어가는 과정에 대한 신학적 입장에 대한 정리가 필요하다. 예를 들어 "죽음은 모든 수단을 강구해서라도 저항해야 할 적인가?", "죽음을 연장하기 위해 모든 수단을 강구하는 것이 '생명옹호론(pro-life)'을 일관되게 유지하는 데 있어서 필수적인가?", "죽음이란 삶의 정상적인 한 부분인가?", "죽음을 삶의 한 부분으로 보는 입장은 죽음을 극복하기 위해 싸우는데 있어 어떤 한계를 설정하는가?", "존엄한 죽음(death with dignity)은 모순어법인가, 아니면 우리가 추구해야 할 목표인가?" 등이 그것이다.[513]

---

510 조재국, "인간의 생명과 죽음에 관한 기독교적 이해", 155.
511 이종원, "기독교 생명윤리적 관점에서 본 존엄사", 177.
512 Rae and Cox, 「생명윤리학」, 355.
513 Ibid., 355-6.

생명은 인생의 처음이나 끝이나 똑같이 신성하다. 생명이 신성하기에 목숨을 부지하기 위해 의술을 총동원해야 한다고 요구하는 기독교 신자들의 목소리가 그리스도인들로 하여금 일상적으로 잘 죽는 법을 가르치고 훈련하지 못하게 하는 원인이 되고 있다.[514] 성서에 나타난 생명주권의 가르침은 생명의 마지막 단계인 죽음이 생명의 주관자이신 하나님의 섭리아래에 있다는 것을 보여준다. 생명종결에 관한 결정은 오직 하나님께 속한 영역이며, 인간은 그 뜻을 존중하고 수용할 책임과 의무가 있는 것이다.[515] 20세기 의료기술의 발달로 과거와는 달리 인류역사상 처음으로 인간은 자신의 죽음을 예상할 수 있게 된 시대에 살고 있다.[516] 나아가서 의료기술의 발달은 인간수명 연장뿐만 아니라 죽음도 지연시킬 수 있게 만들었다.[517] 따라서 생명의 끝인 죽음을 자연적 과정이 아닌 인위적 방법을 통해 연장시키는 일 역시 성서적 입장에서 볼 때 하나님의 섭리를 존중하지 않는 행위가 되는 것으로 해석될 여지 역시 있다. 그러므로 연명치료를 선택할 때는 균형이 필요하다. 치료에 대한 욕구와 죽음이라는 하나님이 정한 시간 사이에서 균형을 잡는 존엄사에 대한 복음적 태도가 필요하다.[518]

치유 불가능한 상황임에도 생존에 대한 욕심 때문에 첨단 의료기술을 동원하여 수단과 방법을 가리지 않고 생명연장을 위해 애쓰는 것은

---

514 Rob Moll, 「죽음을 배우다」 (서울: IVP, 2014), 이지혜 역, 49.

515 이종원, "기독교 생명윤리적 관점에서 본 존엄사", 179.

516 Stephen Kiernan, *Last Rights* (New York: St. Martin's Press, 2006), 12.

517 이종원, "기독교 생명윤리적 관점에서 본 존엄사", 163.

518 Moll, 「죽음을 배우다」, 50.

오히려 생명의 주인이신 하나님의 뜻에 순응하는 행위가 아니라 생명의 주인이 되고자 하는 행위일 수 있다.[519] 만약 "교회에서 그리스도인이 어떻게 죽어야 하는지를 가르치지 않으면 잘 죽는 법을 훈련할 기회를 박탈당하고 말 것이다. 그러면 의료시스템이라는 강력한 세력이 우리의 죽음을 결정하게 된다."[520] 연명치료에 매달리다 가족과의 마지막 시간이나 자신의 주변 정리 또는 하나님과의 관계를 다시 돌아보는 신앙적 성숙 등의 기회를 놓치기 쉽다.

성서적으로 볼 때 하나님으로부터 주어진 인간의 생명은 그 어떤 것과도 비교할 수 없는 '천하보다 귀한' 존엄한 가치를 가진다. 그리고 성서에서의 이러한 인간 생명의 가치는 존엄사 논의에서 언급되는 그 어떠한 다른 가치와 견줄 수 없는 상위의 가치인 것이다.[521] 그리고 이러한 인간 생명 가치의 우선성은 그 인간 생명이 하나님께로부터 주어진 것이기에 신성하며 인간의 어떠한 의도에 의해서도 침해받아서는 안 됨을 보여주고 있다. 따라서 인간의 생명은 하나님으로부터 부여받은 소중한 선물이며 인간은 이 선물에 대한 청지기적 사명을 지니고 있는 것이다. 그렇기에 인간이 생명의 주인이 되어 작위적으로 인간생명을 단축하거나 죽도록 방치하는 일은 허용될 수 없는 것이다.[522]

하지만 하나님의 생명주권사상에서 생각해 볼 또 다른 측면의 문제

---

519 이종원, "기독교 생명윤리적 관점에서 본 존엄사", 179.
520 Moll, 「죽음을 배우다」, 72.
521 이종원, 「기독교생명윤리」 (서울: 북코리아, 2013), 170.
522 Ibid., 171.

는 인간생명을 인위적으로 연장할 수 있는 의학기술의 발달로 인한 문제이다. 성경은 사람이 하나님께서 허락하신 자신의 수명을 이 땅에서 누리고 사는 것이 하나님께서 주시는 복된 일임을 가르치고 있다. 그러나 이 땅에서의 삶이 끝나고 죽을 때가 왔을 때의 여러 경우에 관해서 구체적인 기록이 많지 않다. 성서시대는 심장제세동기나 혈액투석, 삽관을 통한 인공호흡 등 의학의 발달로 인한 오늘날과 같은 죽음과 관련된 복잡한 이슈, 예를 들면 임종연장과정과 생명의 유지 등의 문제들이 생겨나기 어려웠기 때문이다.[523] 생존욕망에 사로잡혀 현대의료기술을 동원하여 수단과 방법을 가리지 않고 인간의 생명을 연장하거나 죽음을 연기하는 행위가 과연 생명의 청지기로서의 합당한 자세인가를 생각해보아야 한다.

(2) 존엄사의 복음적 이해의 내용

i) 하나님의 생명주권에 순종하는 동기에 기초한
   환자의 자율성 존중

존엄사의 복음적 이해의 첫 번째 내용은 환자의 자율성이 반드시 연명치료중지의 근거가 되어야 한다는 사실이다. 그리고 그 자율성의 기초는 하나님의 섭리에 대한 순종에 기초해 있어야 한다는 점이다. 죽

---

523 Joni Eareckson Tada, *When Is It Right To Die?* (Grand Rapids, MI: Zondervan Publishing Co., 1992), 113-4.

음에 대한 하나님의 주권적 섭리에 순종하는 일은 언제나 일련의 과정
이 매우 주의 깊고 지혜로운 접근을 요구한다. 어떠한 상황과 조건에
서 연명의료를 중지할 것인가는 매우 어려운 일임에 틀림없다.[524] 연명
의료를 중단하는 기준에 관한 성서적 기준은 없다. 하지만 창조주 하
나님께서 자신이 창조하시고 인도해 오신 한 개인에게 생명을 연장하
는 데 따른 너무 과중한 부담을 요구하실 것인가를 생각해보아야 한
다. 예를 들어 회복이 도저히 불가능한 환자가 정상적 사고와 관계를
유지하기 어려울 정도의 견딜 수 없는 통증, 나머지 가족이나 가까운
이들에게 회복할 수 없는 심각한 경제적 부담이 주어질 경우, 생명의
연장이 당사자의 삶의 한 부분으로 인정받기 어려운 경우, 그리고 가
장 중요한 환자 자신이 자신의 죽음을 수용할 준비가 되어있는 경우
등이 여기에 속할 수 있겠다.[525]

이종원은 기독교에서 존엄사는 우선적으로 생명존중원칙의 우선성
에 기초하여 고통과 죽음에 대한 성서적 관점, 품위있는 죽음을 위한
배려 등을 고려하여 접근하여야 한다고 제안한다.[526] 기독교윤리학자
가이슬러(Norman Geisler)는 "불치병에 걸려 죽어가는 혼수상태의 사람
을 기계의 힘을 빌려 계속 살아가게 하는 일은 사실 비윤리적이라 볼
수 있다. 하나님께서 정하신 우리 죽음의 한계를 거슬러 싸우는 일반

---

524 Wennberg, *Terminal Choices*, 122.
525 Ibid., 124, 129, 134.
526 이종원, 「기독교생명윤리」, 168-74.

260   노년기 목회돌봄과 상담

적이지 않은 노력들은 하나님을 거역하는 일이다"라고 말한다.[527] 하나님의 정한 때에 죽음을 맞이하는 것이 인간의 합당한 태도라면 죽음의 인위적 연기는 자칫 인간생명의 주권을 인간 자신이 가지는 또 다른 인본주의적 태도라 할 수 있다.[528]

존엄사 논의에서 강조되는 성서에서의 '생명존중 원칙'과 환자의 '자율성 존중의 원칙'과 인간다운 죽음을 도와주어야 한다는 '선행의 원칙' 사이에는 대립과 긴장이 존재한다.[529] 존엄사에 대해 기독교의 보수적 입장은 생명존중의 원칙의 우선성을 강조하는 반면, 비기독교권이나 기독교의 진보적 입장은 환자의 자율성 존중 및 선행의 원칙의 중요성을 내세우고 있다. 따라서 존엄사의 복음적 접근이 취해야 할 입장은 다음과 같다. 연명장치의 거부나 중단은 반드시 환자의 자율적 결정에 기초해야 하며 환자의 이러한 자율적 결정은 인본주의적 동기가 아니라 생명의 주권이 하나님께 있음을 인정하고 그 마지막인 죽음의 순간을 수용하고 순종하는 동기에서 이루어져야 한다는 것이다. 이러한 점에서 환자의 직접적 의사표시가 없는 상황에서의 현행 '연명의료결정법'에서의 가족이나 법정대리인의 결정에 의한 연명치료중단은 기독교인의 한 사람으로서 동의할 수 없는 일이며 법적보완이 필요하다고 본다.

---

527 Norman L. Geisler, "The Nightmare Nears", *Moody Monthly* editorial (January 1992), 8, Tada, *When Is It Right To Die?* , 114 에서 재인용.

528 이종원 「기독교생명윤리」, 171.

529 Ibid., 169.

ii) 자연사에 이르는 과정으로서의 연명장치의 거부

존엄사의 복음적 이해에서 추구하는 연명장치의 거부는 환자의 사전연명의료의향서나 연명의료계획서에 의거한 자기결정에 기초해야 할 뿐만 아니라 연명장치의 거부 이후에도 환자의 기본적인 영양공급이나 통증 완화를 위한 의료 행위나, 물 공급, 산소의 단순 공급은 환자가 숨을 거둘 때까지 계속 유지하도록 하는 것을 의미한다. 이런 점에서 현행 연명의료법은 크게 문제가 될 것 같지 않다. 이미 한국 가톨릭계에서는 존엄사와 소극적 안락사를 구분하면서 "무의미한 연명장치를 거부하는 것은 가능하지만 영양공급을 중단한다든지, 기본적인 간호를 중단하는 것은 존엄사가 아니라 안락사로 본다"라고 설명한다. 또한 존엄사란 "모든 식물인간에게 적용되는 것이 아니고 더 이상 회복이 불가능하고 죽음이 임박한 환자에게 과도한 치료나 예외적인 수단으로 생명을 연장시키는 무의미한 연명치료의 중단"의 결과이며 여전히 "이런 판단이 남용될 여지"에 대한 우려를 표명하고 더욱 분명한 기준을 마련할 필요가 있음을 제안하고 있다.[530] 이러한 점에서 본 연구에서 존엄사의 복음적 이해가 추구하는 존엄사의 내용 역시 일단 연명의료조처가 시작되었다면 환자의 자연스러운 죽음 과정에 영향을 미칠 가능성이 있기에 기존의 조처를 제거하거나 중단하지 않는 것이 바람직하다는 점이다. 따라서 존엄사의 복음적 입장에 합당한 방향은 불치병 환자가 말기에 다다를 경우 환자가 미리 사전연명의료의향서

---

530 「중앙일보」, 2008, 12.1일, "가톨릭계 '소극적 안락사와 존엄사는 다르다'", 문시영, "문제의 자리: 존엄사-What, Why, and How?", 24에서 재인용.

나 연명의료계획서를 작성하여 보관하는 것이 바람직하다. 이러한 서류의 작성이 힘들 경우에는 환자 본인의 의식이 있을 동안에 영상이나 녹음을 통하여 자신의 의사를 밝혀놓는 것이 또한 도움이 된다.

이상에서 살펴본 바대로 존엄사의 복음적 이해의 신앙적 기초는 생명주재권자이신 하나님의 섭리에 순종하는 행위의 일환으로서 자연스러운 죽음을 수용하고 순종하는 동기이다. 그리고 현행 '연명의료결정법'에 비추어서 볼 때 존엄사의 복음적 이해의 내용은 하나님의 생명주재권에 순종하고자 하는 환자의 신앙적 동기에 기초한 자율성과 연명의료의 중단이나 제거가 아닌 환자의 사전 의사에 따른 거부라 하겠다. 다음에서는 이러한 존엄사의 복음적 이해에 따른 목회상담적 해결 내지는 돌봄 방안을 모색해보고자 한다.

2. 존엄사의 복음적 이해에 기초한 목회상담적 돌봄

한국인 가운데 10명 중 9명이 존엄사에 찬성하고 있으며 이러한 추세는 증가하고 있다.[531] 연명의료결정법의 시행으로 말미암아 사회적으로 연명의료의 중단이 합법화되었지만 기독교 신앙적 관점에서는 성서에서의 생명존엄가르침과 하나님의 생명주재권의 관점에서 문제가 여전히 존재한다. 따라서 기독교인으로서 존엄사의 영역은 최선을

---

531 「동아일보」, 2008. 10. 29일 "국민 10명 중 9명 '존엄사' 찬성", 문시영, "문제의 자리: 존엄사-What, Why, and How?", 26에서 재인용.

추구하지만 겸손하게 그리고 하나님의 최종적인 은혜와 사랑에 의지하여 최적을 찾고자 하는 영역이라 여겨진다. 따라서 본 연구에서 제시하고자 하는 목회상담적 돌봄방안 역시 의료기술의 발달과 인간수명의 연장이라는 요소에 의해 오늘날 제기되고 있는 존엄사에 관하여 최선의 노력을 기울이지만 한계를 인정하고 겸손하게 성령의 조명에 의지하여 최적을 찾아보는 과정이라 할 수 있다.

전통적으로 임상현장과 목회현장에서의 목회상담 실천 방안은 크게 두 가지로 나눌 수 있다. 한 가지는 예방적 또는 선지적 방안이며 다른 한 가지는 치유적 방안이다. 본 연구에서는 우선 존엄사와 관련하여 목회자가 목회현장이나 기타 임상현장에서 알아야 할 일반적인 돌봄의 유의점을 제시한 후 존엄사의 복음적 이해의 목회상담적 적용을 예방적 방안과 치유적 방안으로 나누어 제시하고자 한다.

1) 존엄사에 임하는 목회자가 알아야 할 돌봄의 유의점

일반적으로 시한부 삶을 선고받은 사람들은 인생과 자기를 둘러싼 세계 및 미래를 포함한 전인적인 영역에서의 변화와 혼란을 경험하게 된다. 즉, 죽음을 눈앞에 둔 당사자는 신체적 고통과 함께 열심히 살아온 자신에게 일어난 불치의 상황에 대해 하나님께 분노하거나 질병의 원인을 자신의 죄로 돌리며 죄책감을 느끼는 등의 영적 고통과 아울러 경제적 불안과 관계적 단절에 대한 두려움과 아쉬움의 사회적 고통, 자신의 무능력감과 삶의 무의미함 같은 실존적 고통, 그리고 친밀한 이들과의 관계적 단절과 정서적 고통 등에 노출된다.[532] 이때 불치병을 앓는 당사자는 선택을 할 기회를 가지게 된다. 이 때 어떤 이들은 인간답게 죽을 수 있는 권리, 즉, 흔히 말하는 존엄사(death with dignity)를 선택하는 경우가 있으며 어떤 이들은 비록 힘들지만 하나님께서 허락한 삶의 분량을 최선을 다해서 살아가기로 결심하기도 한다. 기독교 신앙에서 죽음도 인간 삶의 한 부분이기에 그 죽음을 맞이하는 과정 역시도 삶의 질을 평가하는데 중요한 부분이다.

홍순원은 존엄사는 윤리적으로 "선한 가치와 선한 가치 내지는 선한 가치와 악한 가치 사이의 관계를 통해서 형성되는 보편상황이 아니라 악한 가치들 사이에서 타협과 결단이 요구되는 윤리적 갈등 상황", 즉 "차악의 선택"이라고 규정하면서 존엄사를 "불가피한 상황 속"에서 발생했으며 "하나님의 본래적 의지가 아니다"라고 설명한다.[533] 목회자는 존엄사가 지니는 이러한 성격을 잘 이해하고 목회자는 환자가 시한부 삶을 알게 된 즈음에 간략하게 환자와 그 가족들과 함께 절망과 슬픔의 시작이 아닌 소망과 기대되는 성숙과 사랑하는 이들과의 관계의 질적 향상을 알려주고 기대하도록 하는 적극적인 돌봄을 제공할 필요가 있다.

죽음을 앞둔 이들은 대체로 다음의 세 가지 조건이 갖추어졌을 때,

---

532 불치환자가 경험하는 고통에 대한 더 자세한 설명은 Dame Cicely Saunders, *Cicely Saunders: Selected Writings 1958-2004* (New York: Oxford University Press, 2006), 218; David W. Kissane, "The Relief of Existential Suffering", *Arch Intern Med.*, 22 October 2012, 1502; Raphael J. Leo and Maria Theresa Mariano, "Psychological Distress and Psychiatric Comorbities in Palliative Care", *Essentials of Palliative Care*, eds., Nalini Vadivelu et. al. (New York: Springer, 2013), 23-5를 참조하시오.

533 홍순원, "안락사와 존엄사: 목회상담을 위한 메타윤리적 연구", 440.

자신들의 이전의 자아보다 영적으로 더욱 성숙한다. 첫째, 육체적인 고통으로부터 어느 정도 벗어날 수 있는 경우. 둘째, 적어도 약간의 회상할 혹은 인생을 돌아볼 시간이 있을 경우. 셋째, 성장하기 위하여 현재의 도전을 받아들이는 긍정적인 현실수용이 가능할 경우이다.[534]

따라서 이를 기초로 한 세 가지 영역의 돌봄이 필요하다.[535] 첫째, 임종이 임박한 환자에게 가족과의 의미 있는 시간을 최대한 누릴 수 있도록 통증조절치료를 통한 의학적 돌봄이 필요하다. 둘째, 마음으로 죽음을 잘 맞을 수 있도록 도와야 한다. 즉, 자신의 인생을 정리할 수 있도록 돕는 한편 가까운 사람들과 의미 있게 작별할 수 있도록 돕는 일이 그것이다. 셋째, 신앙적으로 영생의 소망을 지니고 죽음을 맞이할 수 있도록 돕는다. "본인이 믿음으로 지금 누리고 있는 영생을 감사하면서, 물리적 죽음도 주님과 함께 기쁨으로 받아들일 수 있도록 하고, 죽음 이후의 주님과의 교제를 갈망하며, 재림 때도 주께서 다시 일으켜 주시리라는 것을 믿고 기쁨으로 죽음에로 나아가게 해야 한다."[536]

목회자는 임종에 영향을 미치는 다음의 요소를 염두에 두고 돌봄에 임할 때 효율적 공감과 돌봄이 이루어질 수 있다.[537] 첫째, 환자의 연령의 고려이다. 임종환자의 연령에 따라 환자 자신은 물론이고 가족들의 죽음 수용이나 이해가 다르다. 둘째, 환자의 성별 고려이다. 여성 환

---

534 양병모, 「목회상담: 이론과 실제」 (대전: 그리심어소시에이츠, 2015), 359.

535 이승구, "죽어가는 환자를 어떻게 이해해야 하는가?", 377.

536 Ibid., 378.

537 양병모, 「목회상담: 이론과 실제」, 357-8.

자와 남성 환자가 임종에서 관심을 가지는 영역이 다르다. 여성은 가족에 대한 염려가 남성은 가장으로서 남은 가족의 경제적 문제가 주요 관심의 영역이다. 셋째, 질병의 종류와 치료환경의 고려이다. 환자가 겪고 있는 질병에 따라 임종기에 환자의 고통의 정도가 다르며 치료환경이 환자의 전인적 영역을 고려한 환경이냐가 환자의 임종과정에 영향을 미친다.

목회자는 또한 환자 가족들의 돌봄을 위해 다음의 사항에 유의하여야 한다.[538] 첫째, 환자와 환자 가족 관계의 질적 정도를 파악하여야 한다. 이러한 질적 정도가 가족들이 겪는 상실에 직접적 영향을 주기 때문이다. 둘째, 환자를 떠나보내는 상황과 과정을 파악하여야 한다. 환자가 충분한 의료적 관계적 돌봄을 받았느냐의 여부와 가족들이 환자와 충분한 시간을 가졌는지의 여부가 이후 사별에 따른 상실의 극복에 영향을 미친다. 셋째, 환자를 떠나보내는 시기를 파악하여야 한다. 환자가 가족들이 예상하는 시기와 방법의 임종을 맞이하는가 그렇지 않은가는 사별의 고통에 직접적 영향을 미친다.

2) 예방적, 치유적 접근방안

(1) 예방적 접근방안

목회상담은 종종 삶에서 일어나는 일들에 관해 성서적인 명확한 기

---

538 Ibid., 365-6.

준으로 성도들의 삶을 인도하거나 치유 또는 지탱하기도 하지만, 성서적 기준이 명확하게 제시되지 않은 영역에서 발생하는 성도들의 삶의 문제에 직면해서는 최선을 추구하지 못할 경우, 최적을 돌봄의 방식으로 제시하기도 한다. 앞에서 제시한 존엄사의 복음적 이해의 내용을 임상현장이나 목회현장에서 목회자가 실행할 수 있는 방안을 살펴보면 다음과 같다.

i) 사전연명의료의향서(Advance Directive)·연명의료계획서의 작성
사전의료지시서는 '사전진료동의' 또는 '사전의료동의' 등으로 부르는 것으로 "특정 의료행위에 대한 사전의사를 문서화하는 행위"이다.[539] 사전의료지시서는 회복의 가능성이 없는 환자에게 연명치료술이나 심폐소생술 등의 불필요한 의료조치를 하지 않도록 미리 환자 자신의 의사를 문서화해 놓은 것이다. 기독교인의 존엄사에 대한 이해는 현행 사회 법률이 정하는 최소한의 요건에서의 문제가 될 수 있는 가족이나 법정대리인이 환자의 연명치료를 중단할 수 있도록하는 것을 넘어 성서적 생명존엄과 하나님의 생명주재권을 실현할 수 있는 방향이어야 한다. 또한 환자의 생명에 인위적 영향을 줄 수 있는 연명의료 장치의 제거나 중단이 아니라 사전 거부를 명확히 할 필요가 있다. 따라서 현실 법체계에서 성서의 가르침과 부합하는 존엄사를 실현하기 위해서 교회는 회생가능성과 연명가능성이 낮은 환자가 의료기관에

---

539   이종원, "기독교 생명윤리적 관점에서 본 존엄사", 180.

입원하게 되었을 때 사전연명의료의향서나 연명의료계획서를 작성하도록 할 필요가 있다. 이때 목회자는 환자와 충분한 시간을 두고 환자의 정서적 영적 상태를 고려하여 몇 차례의 방문과 상담을 통하여 이러한 본인의 연명치료거부의사를 명확히 해 두도록 돕는다.

ii) 교회의 임종교육 및 완화돌봄 교육과 자원봉사의 기회 확대 필요

신앙인으로서 의미있는 죽음을 준비하기 위해서 이러한 사전의료지시서 작성에 앞서 먼저 죽음준비교육을 활성화하고 자신의 죽음을 미리 준비하여 자신의 죽음을 맞이하는 방식을 미리 작성해두는 것이 의료관계자와 가족이 어려움과 혼란을 겪지 않도록 돕는 일이다.[540] 특히 한국사회와 한국교회가 동시에 급격한 고령화를 겪고 있는 상황에서 이러한 교육은 매우 중요하다 하겠다. 교회는 '임종교육' 또는 '죽음·생명교육'을 통하여 생의 마지막에 의료적 도움을 받아야 할 때를 대비하여 미리 '사전연명의료의향서(Advance Directive)·연명의료계획서'를 작성하거나 유언이나 자신의 생을 정리할 시간과 기회를 제공하도록 할 필요가 있다.

교회는 기존의 경조부(慶弔部)와 함께 시한부 환자를 돕기 위한 완화돌봄 사역부서를 만듦으로 효과적인 완화돌봄 사역을 할 수 있다. 사실 대부분의 목회자들의 경우 임종을 눈앞에 둔 환자들을 돌보는 일은

---

540   Ibid., 181.

그렇게 낯설거나 불편한 사역은 아니다. 하지만 일반 평신도 사역자들의 경우, 제대로 완화돌봄에 대해 교육과 훈련을 받지 않을 경우 현장 사역에서 어려움을 겪는다. 따라서 완화돌봄 사역팀은 규칙적으로 환자가 겪는 외로움·소외감·두려움·우울감·분노·가족이나 사랑하는 이에게 짐이 됨에 대한 부담 등의 영적 정서적 필요를 효과적으로 돕기 위해 기초적인 경청 및 임종과 사별에 관련된 상담 교육을 받을 필요가 있다.[541]

이러한 완화돌봄교육을 통하여 완화돌봄을 받는 환자는 물론이고 여러 분야의 돌보는 이들 역시 환자를 돌보는 과정에서 삶의 소중함과 참가치를 깨닫고 배우게 된다. 목회자 역시 완화돌봄의 환자인 교인을 규칙적으로 심방하고 상담하는 과정을 통하여 영적으로 정서적으로 돌봄을 베풀기도 하지만 동시에 목회자는 환자 개개인의 고유한 인격과 독특한 경험 및 환자를 둘러싼 상황의 다양성으로 인하여 완화돌봄의 과정 속에서 배우며 자신과 공동체 및 하나님에 대한 깨달음을 확장해간다.[542]

iii) 의학계에서의 임종의료 및 임종의학 교육의 활성화

의학계는 오늘날 미증유의 급변하는 생명과학, 의과학, 유전자공학

---

541   Lindley Sharp Curtis, "Empowering, Educating, and Advocating: How Social Workers Can Help Churches Integrate End of Life Care into Congregational Life", *Social Work & Christianity,* vol. 37, no. 2 (2010): 128-41.

542   Tomasz R. Okon, "'Nobody Understands': On a Cardinal Phenomenon of Palliative Care", *Journal of Medicine and Philosophy*, vol. 31 (2006): 35-6.

등 분야의 발전과 의료환경의 변화에 둘러싸여 있다. 이러한 의학의 발전으로 인한 전 세계에 걸친 고령화 현상은 노년의 삶에서 직면하는 세 가지 어려움·빈곤·질병·고독의 문제를 더욱 심화시키고 있다.[543] 특히 교회를 둘러싼 한국의 사회 환경이 가져다주는 급격한 고령화로 인한 노인들의 삶의 질의 문제는 시급히 돌아보아야 할 과제라 하겠다. 이 가운데서도 전 국민의료보험제도로 공공의료가 비교적 잘 시행되는 현실에 한국사회가 새롭게 직면하게 되는 문제는 노년의 삶의 질과 직접적으로 연관되어 있는 '죽음의 질'의 문제라 하겠다. 이에 발맞추어 의학 역시 기술중심의료에서 전인적 인간돌봄중심의료로의 방향전환이 요구된다고 하겠다.

이의 일환으로 의료계의 힘상현장과 교육현장에서 임종의료나 호스피스진료 등과 관련된 죽음의 질에 관한 관심과 교육이 시급하다 하겠다.[544] 사실 의료선진국인 미국에서조차도 '임종의료(medical care dueing the last hours)'나 말기환자를 위한 '완화의료(palliative care)'를 주요 의학교과서에서 다룬 것은 최근의 일이라 한다.[545] 따라서 현행 '연명의료결정법'에서 의료진의 자질과 준비가 더욱 중요해지는 상황에서 삶의 질과 직접적으로 연관되어 있는 죽음의 질을 위한 의료교육기관에서의 교육과 이에 따른 임상교육이 시급히 요망된다고 하겠다.

---

543 김건열, 「존엄사 III: 임종의료와 의학교육」 (서울: 최신의학사, 2012), 머리말.
544 Ibid., 152.
545 Ibid., 196, 미국의 최신 내과학 교과서에서 이를 다룬 시기는 2008년부터로 나타나고 있다.

2) 치유적 접근방안 – 호스피스 완화치료를 통한 돌봄

호스피스란, 말기환자의 육체적, 정신적 고통을 완화시켜주고 편안한 죽음을 맞이하도록 환자를 돌봄으로써 임종을 앞둔 환자에게 남아 있는 인생을 인간으로서의 존엄성을 잃지 않도록 하고 평온한 죽음을 맞이할 수 있도록 도와주는 프로그램이다.[546] 호스피스에서 제공하는 완화치료 또는 완화돌봄은 치유될 수 없는 질환의 말기에 있는 환자들이 죽을 때까지 가능한 한 편안하고 풍성한 삶을 살 수 있도록 지지와 돌봄을 제공하는 목적으로 질환에 수반되는 증상을 조절하고 환자와 그 가족이 필요로 하는 정서적, 영적 지지를 제공하며 환자의 죽음을 준비할 수 있도록 돕고, 환자가 죽은 후에 가족이 사별에 적응하도록 돕는 전인적 돌봄의 한 형태이다.[547]

불치병 말기환자에게 완화치료를 통한 의료적 돌봄과 전문적 상담을 제공함으로 육체적 정신적 영적 어려움을 완화하여 자연스럽게 죽음을 맞을 수 있도록 돕는다.[548] 이러한 완화치료는 삶을 긍정하는 동시에 죽음을 자연스럽게 받아들이도록 돕는 의학적 조력방식이다. 현재 호스피스에서 통증완화치료를 통해 환자의 육체적 고통의 약 90% 정도까지는 없앨 수 있다.[549] 따라서 전문적인 통증조절을 통한 완화치료가 동반되는 호스피스돌봄은 존엄한 죽음을 위한 바람직한 방안이

---

546 김옥라, 「호스피스」(서울: 수문사, 1990), 30-4.
547 최화숙, "안락사와 호스피스", 「소극적 안락사, 무엇이 문제인가?」(서울: 예영커뮤니케이션, 2007), 기윤실 부설 기독교윤리연구소 편, 154.
548 이종원, "기독교 생명윤리적 관점에서 본 존엄사", 181.
549 Deeken, 「죽음을 어떻게 맞이할 것인가」, 99.

라 할 수 있다.[550]

　임종기에 다다른 환자는 자칫 비인간화되거나 인격적으로 품위를 잃기 쉽다. 인생의 마지막 단계에서 흔히 발생할 수 있는 비인격적 의료적 처치나 소중한 사람들로부터의 격리를 가능한 줄이며 인간적인 환경 가운데서 환자 개인적 필요와 실존적 두려움과 불안을 줄이도록 돕는 돌봄이 필요하다. 따라서 품위 있고 책임 있는 죽음을 맞이할 수 있도록 의료진과 가족들은 다음과 같은 돌봄을 제공하도록 노력하여야 한다. 첫째, 의학적으로 통증완화치료를 통하여 의식을 잘 유지하도록 돌보아야 한다. 둘째, 환자의 환경을 위생적으로 돌보아야 한다. 셋째, 정서적으로는 임종환자에게 인격적인 만남을 제공하며 사랑하는 사람들에게 둘러싸여 임종을 맞이할 수 있도록 돕는다.[551]

　하지만 현행 '연명의료결정법'은 연명의료의 중단 이후에도 '통증완화를 위한 의료행위'나 영양공급, 수분공급, 그리고 산소의 단순한 공급은 계속되어야 한다고 정하고 있으나 정서적 관계적 영적 돌봄에 관해서는 부족한 부분이 있다. 그러므로 존엄사의 복음적 이해에 기초한 목회상담돌봄 방안은 법에서 간과하고 있는 영역인, 전인적 존재로서의 인간의 필요인 관계 지속 및 영적인 필요의 계속 돌봄까지를 제공해야 한다고 본다.

　하지만 이러한 호스피스돌봄과 완화의료의 발전에도 불구하고 저술

550　이종원, "기독교 생명윤리적 관점에서 본 존엄사", 182.
551　이종원, 「기독교생명윤리」, 174.

가이자 저명한 예일 대학의 의사인 눌랜드(Sherwin Nuland)는 자신의 저서에서 많은 사람들이 그들의 말기 질병 동안에 계속해서 격심한 고통을 겪는 사례가 있으며 죽음이 얼마나 사람들을 망연자실하게 만드는지를 보여준다.[552] 따라서 완화치료와 호스피스돌봄의 발전에도 불구하고 존엄한 죽음을 위한 목회돌봄이 여전히 필요하다. 완화돌봄의 과정을 거치면서 신앙적으로 돌봄을 받는 환자들이 그렇지 않은 환자들보다 오히려 기대 생존율에서 평균보다 훨씬 오래 생존하였으며 환자와 그 가족들이 느낀 삶의 질적 만족 역시 훨씬 높은 것으로 보고되고 있다.[553] 이러한 점에서 볼 때 완화돌봄이 삶의 포기나 현실에 대한 패배적이고 수동적인 수용이 아니라 더욱 적극적인 삶의 수용과 인간 존중과 사랑의 돌봄이라 할 수 있겠다.[554]

사실 완화돌봄은 스스로의 힘으로 자신의 죽음을 결정하는 죽을 수 있는 권리로써의 안락사가 아니라, 죽음을 직시하고 죽음에 압도되는 것이 아니라 사랑의 하나님께서 원하시는 가장 질적인 죽음을 맞이할 수 있도록 존엄하게 삶의 마지막을 살아낼 수 있도록 돕는 돌봄 방안이다. 완화돌봄을 선택하고 그 과정을 밟아가는 일련의 과정은 삶의 포기나 생명에 대한 소중함을 간과하거나 하나님의 능력을 의심하는

---

552   Sherwin B. Nuland, *How We Die: reflections on Life's Final Chapter* (New York: Alfred A. Knopf, 1994), 263.

553   Michael J. Balboni and Tracy A. Balboni, "Reintegrating Care for the Dying, Body and Soul", *Harvard Theological Review*, vol. 103, no. 3 (2013): 352-3.

554   Lynne Lamberg, "'Palliative Care' Means 'Acitve Care': It Aims to Improve Quality of Life", *JAMA*. vol. 288. no. 8 (2002): 943-4.

일은 아니다. 완화돌봄은 질병의 치료 포기나 하나님께 대한 실망이 아닌 관계와 삶의 성숙으로 향하는 회복과 치유의 생산적 과정이 될 수 있다.[555] 또한 완화돌봄은 단순히 사회적 필요나 경제적 요구에 수동적으로 반응하여 이루어지는 돌봄이 아니라 하나님의 형상을 닮은 인간의 질적인 삶을 적극적으로 추구하기 위해 이루어지는 돌봄이라 할 수 있다. 사실 완화돌봄은 질병보다는 인간 자체의 가치와 존엄성에 중점을 두는 돌봄이다.[556] 따라서 목회자는 효과적인 완화돌봄을 통하여 영적으로는 숙명적이기보다는 하나님의 사랑을 확신하는 가운데 섭리적이며, 자신과 하나님 모두와 평화하는 동시에 자신의 삶의 재해석을 통하여 의미를 발견하고 긍정적으로 반추하도록 도움을 주어야 한다.[557]

2018년 2월 4일 자로 국회를 통과한 '연명의료결정법', 속칭 '존엄사법'이 시행됨으로 한국사회가 역사상 처음으로 법의 허용 아래 생명유지장치를 환자로부터 제거할 수 있게 되었다. 하지만 보수적 또는 복음적 기독교의 입장은 사회의 법적 허용에 대해 우려의 목소리를 내고 있다. 그것은 이 법이 안고 있는 환자 본인이 아닌 제3자에 의한 연명의료의 중단이나 제거를 할 수 있도록 허용하고 있는 점이며 또한 이

---

555 Joachim Widder and Monika Glawischnig-Goschnik, "The Concept of Disease in Palliative Medicine", *Medicine, Health Care, and Philosophy,* vol. 5, no. 2 (2002): 192.

556 Kathryn A. Holewa and John P. Higgins, "Palliative Care-the Empowering Alternative: A Roman Catholic Perspective", *Trinity Journal,* vol. 24, no. 2 (Fall 2003): 213.

557 재해석에 대한 구체적 단계와 방안은 Donald Capps, 「재구조화: 관점의 변화를 이끄는 목회상담과 돌봄사역」 (대전: 엘도론, 2013), 김태형 역, 41-3, 47-78을 참조하시오.

미 연명의료를 통하여 생명을 유지하고 있는 환자로부터 그 장치나 처치를 복수의 의료진만의 판단에 근거하여 중단할 수 있도록 한 점은 기독교의 생명존엄사상이나 하나님의 생명주재권에 반(反)하는 일이라 여겨지기 때문이다.

이러한 점에서 목회현장과 임상현장에서 수많은 기독교인들이 직면하게 되는 사회의 법이 허용하는 존엄사로 인한 혼란과 어려움을 조금이나마 해결해보고자 성서의 가르침을 근간으로 보수신학의 입장에서 존엄사에 대한 복음적 이해를 시도하고 그 현장 적용방안을 제시하였다. 물론 현행 '연명의료결정법'과의 비교에서 본 장에서 제시하고 있는 존엄사의 복음적 이해 역시 보수적 기독교 관점에서 볼 때 존엄사가 안고 있는 모든 쟁점을 명확히 해결한 접근이라 하기 어렵다. 여전히 환자 본인이 연명의료를 중단할 때 결정의 근거가 되는 의학적 판단은 의료진의 경험이나 질이나 의료기관의 수준에 따라 달라질 여지가 있으며, 환자가 '사전연명의료의향서'를 작성하였다 하더라도 환자 가족의 강력한 요청이 있을 경우 의료현장에서 사전연명의료의향서대로 실행하기 어렵다는 문제도 있다. 또한 의료현장이나 호스피스 완화돌봄 현장의 준비부족이나 교육부족 및 전문인력 부족으로 연구에서 제시한 목회상담의 실행방안이 제대로 적용되지 못하는 현실적 문제역시 있을 수 있다.

일본의 생사학전문가인 디컨은 존엄사를 폭넓게 '인간으로서의 존엄을 유지하면서 죽음을 맞이하는 것', 즉 신체적 통증의 돌봄뿐만 아니라 관계적 존재로서 인간의 외로움이나 관계 단절감 등의 영역까지도 돌봄을 받는 것을 포함하는 범주로 설명한다.[558] 생사학 전문가의 말이

노년기 목회돌봄과 상담

아니더라도 교회는 생명공동체로서 세상을 향해 인본주의적인 생명존엄의 길이 아니라 성서에 나타난 창조주로 말미암은 생명존엄의 길을 제시하며 죽음을 넘어 승리한 예수 그리스도 안의 부활의 소망을 지니고 오늘의 삶을 '집착의 자세가 아니라' 책임 있게 살아가는 삶의 존엄성을 보여주어야 하겠다.

---

558   Deeken, 「죽음을 어떻게 맞이할 것인가」, 100.

9장

노년기 임종(臨終) 및 사별(死別)과 목회돌봄

목회상담의 임종과 사별에서의 돌봄은 역사적으로 매우 중요하게 다루어져 온 목회돌봄의 영역이다. 인간의 삶이 중요한 만큼 그 죽음 역시 매우 중요하기에 목회사역에서 임종과 사별의 돌봄은 반드시 살펴보아야 할 영역이라 하겠다. 따라서 본 장은 목회자인 우리가 죽음과 임종을 생각하고 이해하고 태도를 변화시킴(수용)으로써 임종과 사별의 순간을 경험하는 당사자와 그 가족들이 두려움을 극복하고 이 과정을 통해 하나님을 더욱더 잘 이해하고 그리스도를 닮아가는 경험을 하게 만드는 데 도움을 주기 위해 준비되었다. 이를 위해 먼저 임종과 사별과 불가분의 관계에 있는 죽음에 대한 일반적 이해를 살펴보고, 다면적 접근을 통하여 죽음과 임종 그리고 사별에 관련된 주요 사안들을 알아보고, 나아가서 임종과 사별로 인한 슬픔을 겪는 이들을 효과적으로 돕기 위한 목회돌봄과 상담의 요소들을 살펴본다.

1. 죽음의 이해와 관련된 변화

죽음은 삶과 함께 모두 하나님께서 우리에게 허락하신 영원한 삶의 한 부분이며 과정들이다. 우리의 삶과 마찬가지로 죽음을 통해서도 하나님께 영광을 돌리는 동시에 죽음을 둘러싼 사람들의 영적성숙이 이루어지며 궁극적으로 그리스도를 더욱 닮아가도록 하는 과정이 필요하다. 죽음에 대해서는 모르는 것과 알 수 있는 것 각 세 가지가 있는데 그것들은 각기 다음과 같다. 먼저 모르는 것 세 가지는 언제 죽을지, 어디서 죽을지, 어떻게 죽을지 모른다. 반면 알 수 있는 것 세 가지는 '순서'가 없으며, 아무도 함께 갈수 없으며, 아무것도 가져갈 수 없다.

1) 죽음의 이해

각 사람들의 죽음에 대한 정의와 그 죽음의 의미는 다르다. 심지어 같은 사람일지라도 상황에 따라, 경험에 따라, 시간에 따라 죽음에 대해 생각과 태도가 다르다. 이같이 서로 다른 죽음에 대해 생각과 의미가 존재하나 이러한 서로 다른 죽음의 본질에 대한 이해가 죽음을 겪거나 맞이하는 순간에 다른 태도와 행동을 취하게끔 만든다(재산의 사회환원, 생명보조장치의 제거에 대한 결정, 장기기증의 결정 등). 그러면 죽음에 대한 일반적 이해를 위해 먼저 죽음의 정의에 대하여 살펴보기로 하자.

죽음의 정의는 개인적 경험·믿음·학습, 사회문화적 차이, 법적, 사전적, 생물학적, 의학적, 종교적으로 다르다. 전통적으로는 생명의 징

조들인 호흡·맥박·심장박동 등이 사라지거나 멈추는 현상을 의미한
다. 일반적으로 사망은 심폐기능이 정지된 시점으로부터 30분간을 관
찰하거나 소생술을 시행하여도 회복되지 않을 때, 그 30분을 소급하
여 사망시각으로 정하고 그로부터 24시간을 기다려서 죽음을 법적으
로 판정한다.

하지만 최근 뇌사(brain death)의 개념이 등장함으로 이러한 전통적인
죽음 이해가 복잡해지고 있다. 죽음의 정의에 뇌사(Brain Death)의 개념
이 처음 소개된 것은 1959년 프랑스 신경학자(Neurophysiologist) 몰라레
(P. Mollaret)와 구롱(M. Goulon)에 의해서였다.[559] 이들은 인공호흡기의
도움을 받아 숨은 쉬지만 뇌파의 활동이 전혀 없는 환자를 사망한 사
람이라 규정하였다. 이후 하버드 의대에서 1968년 Journal of American
Medical Association에 발표한 보고서 "Ad Hoc Committee of the Har-
vard Medical School to Examine the Definition of Brain Death"를 통하
여 '비가역성 혼수'에 대한 정의형식으로, 다음과 같은 뇌사에 대한 다
섯 가지 하버드 기준이 발표되었다. i) Unreceptive and unresponsive:
깊은 혼수상태에서 몸 안팎의 어떠한 감각자극도 수용하지 수용하거
나 반응하지 않는다. ii) No movement and no breathing: 1시간 동안 관
찰하여도 아무런 자발적인 몸의 미세한 움직임도 없다. 3분 동안 인공
호흡기를 떼어내는 경우 자발적인 호흡이 없다. iii) No reflexes: 신체
신경반응조사에 무반응(예를 들어 동공에 빛을 비추었을 때 동공의 변화가 없

---

559   P. Mollaret & M. Goulon, "The Depassed Coma" *Rev Neurol*, vol. 101 (1959): 3-15.

는 경우)으로 척수반사를 포함한 모든 반사가 소실된다. iv) A flat EGG (Electroencephalogram): No brain waves. 증폭률을 5mv/cm 최대화시켜도 평탄한 뇌파. v) No circulation to or within the brain.[560] 이상의 5가지 기준이 저온이나 수면제 등 약물복용으로 뇌기능이 저하되지 않은 상태에서 나타나며 24시간 후 다시 반복 검사하였을 때도 변함이 없어야 뇌사로 인정한다. 하지만, 현실적인 어려움으로 말미암아 일반적으로 i) ii) iii)의 전통적인 기준으로 사망을 정의하기 어려울 때, iv)와 v)를 추가로 참조하게 된다. 뇌사의 지속기간은 2주 정도이나, 임산부의 경우는 2개월 이상 지속된 경우도 있다.

이 하버드 뇌사기준은 1968년 호주 시드니에서 열린 22차 세계의사회의 시드니선언에 영향을 주어 뇌사를 공식적으로 인정하게 된다. 시드니뇌사판정의 기준은 다음과 같다. i) 도의적으로 허용 가능한 아픔을 가하여도 반응이 전혀 없고, ii) 모든 자발적 운동, 특히 호흡의 결여(인공호흡기를 사용 중인 경우 3분간 스위치를 끈 후 관찰), iii) 각종 반사소실, iv) 평탄뇌파.

우리나라의 경우는 대한의사협회를 중심으로 1993년 3월 '뇌사판정 기준 및 뇌사자 장기이식 의료기관 요건'을 제정했으며, 1998년 10월에 개정안을 마련, 1999년 2월 8일 제정된 〈장기 등 이식에 관한 법률〉에 반영하게 되었다. 이 법률은 그 후 1999년 9월, 2002년 8월 2

---

560 Robert J. Kastenbaum, *Death, society, and Human Experience,* 3 ed. (Columbus, Ohio: Charles E. Merrill, 1986), 9-10.

회에 걸쳐 개정됐으며 우리나라의 경우는 〈장기 등 이식에 관한 법률〉 제16조 제2항에 6세 이상인 사람과 미안인 사람이 구분되어 명시되어 있다.

뇌사판정기준(〈장기 등 이식에 관한 법률〉 제 16조 2항)

1. 6세 이상인 자에 대한 뇌사판정기준
다음의 선행조건 및 판정기준에 모두 적합해야 한다.

  가. 선행조건
    (1) 원인 질환이 확실하고 치료될 가능성이 없는 기질적인 뇌병변이 있어야 할 것
    (2) 깊은 혼수상태로서 자발호흡이 없고 인공호흡기로 호흡이 유지되고 있어야 할 것
    (3) 치료 가능한 약물중독(마취제·수면제·진정제·근육이완제 또는 독극물 등에 의한 중독)이나 대사성 또는 내분비성 장애(간성혼수·요독성 혼수 또는 저혈당성뇌증 등)의 가능성이 없어야 할 것
    (4) 저체온상태(직장온도가 32℃이하)가 아니어야 할 것
    (5) 쇼크상태가 아니어야 할 것

  나. 판정기준
    (1) 외부자극에 전혀 반응이 없는 깊은 혼수상태일 것
    (2) 자발호흡이 되살아날 수 없는 상태로 소실되었을 것
    (3) 두 눈의 동공이 확대·고정돼 있을 것
    (4) 뇌간반사가 완전히 소실돼 있을 것 : 다음에 해당하는 반사

가 모두 소실된 것을 말한다.

(가) 광반사(Light Reflex), (나) 각막반사(Corneal Reflex), (다) 안구두부반사(Oculo-Cephalic reflex), (라) 전정안구반사(Vestibular-Ocular Reflex), (마) 모양체척수반사(Cilio-Spinal Reflex), (바) 구역반사(Gag Reflex), (사) 기침반사(Cough Reflex)

(5) 자발운동·제뇌강직·제피질강직 및 경련 등이 나타나지 아니할 것

(6) 무호흡검사 결과 자발호흡이 유발되지 아니해 자발호흡이 되살아날 수 없다고 판정될 것

※ 무호흡검사 : 자발호흡이 소실된 후 자발호흡의 회복가능 여부를 판정하는 임상검사로서 그 검사 방법은 다음과 같다. 100% 산소 또는 95% 산소와 5% 이산화탄소를 10분 동안 인공호흡기로 흡입시킨 후 인공호흡기를 제거한 상태에서 100% 산소 6ℓ/min를 기관내관을 통해 공급하면서 10분 이내에 혈압을 관찰해 혈액의 이산화탄소분압이 50torr 이상으로 상승함을 확인했음에도 불구하고 자발호흡이 유발되지 아니하면 자발호흡이 되살아날 수 없다고 판정하고 검사가 불충분하거나 중단된 경우에는 혈류검사로 추가 확인해야 한다.

(7) 재확인 : (1)내지 (6)에 의한 판정결과를 6시간이 경과한 후에 재확인해도 그 결과가 동일할 것

(8) 뇌파검사 : (7)에 의한 재확인 후 뇌파검사를 실시해 평탄뇌파가 30분 이상 지속될 것

(9) 기타 필요하다고 인정되는 대통령령이 정하는 검사에 적합할 것

2. 6세 미만인 소아에 대한 뇌사판정기준

제1호의 선행조건 및 판정기준에 적합해야 하되 연령에 따라 재확인 및 뇌파 검사를 다음과 같이 실시한다.

    가. 생후 2월 이상 1세 미만인 소아
       − 제1호 나목(7)에 의한 재확인을 48시간이 경과한 후에 실시하고 제1호 나목(8)에 의한 뇌파검사를 재확인 전과 후에 각각 실시한다.

    나. 1세 이상 6세 미만인 소아
       − 제1호 나목(7)에 의한 재확인을 24시간이 경과한 후에 실시한다.

여러 가지 죽음의 정의와 관련한 자료들이 있으나 간략하게 죽음을 정의하면 "되돌릴 수 없는 삶의 과정의 정지"로 표현할 수 있다.[561] 이러한 생물학적 의학적 죽음 이외에도 유사 죽음인 사회적 죽음, 현상학적 죽음 등이 있다. 사회적 죽음이란 사회적으로 금기시되는 일 혹은 행동을 함으로써 그 집단으로부터 절연되는 경우를 말하는 것으로 관계적 죽음이라고도 한다. 현상학적 죽음은 실제 죽음이 아니나 자신이 중요하다고 여기는 신체의 일부분 혹은 특정 부분을 상실함으로 전체적인 자아의 상실을 경험하는 경우를 말한다. 즉 살아도 산 것이 아

---

561   Kastenbaum, *Death, society, and Human Experience*, 17.

니라는 느낌이나 상태, 깊은 실연의 경험 등이 이 경우라 할 수 있다. 이렇게 정의되는 죽음은 여전히 그 의미와 본질이 사회문화적 변화와 변동에 따라 계속적으로 생성되고 변동되어가고 있다.

2) 죽음과 관련된 변화

죽음과 관련된 우리 주변의 변화를 살펴보면 다음과 같다. 첫째, 죽음의 원인이 달라졌다. 죽음의 원인이 의료기술의 발달과 경제발전에 의해 전염병이나 감염에 의한 사망이 아니라 만성질환인 암이나 심혈관 또는 대사 계통의 질환에 의한 경우가 증가하고 있다. 둘째, 의학의 발달로 인한 평균수명이 길어졌다. 1970년도 한국인 평균수명은 62세였으나 1997년 남성의 평균 기대수명이 처음으로 70세 이상이 된 이후, 2014년 현재 한국인의 평균수명은 경제협력개발기국(OECD) 평균을 넘어선 81세이다.[562] 평균수명의 증가로 인하여 생존기간이 길어짐으로 고령에 따른 질병으로 인한 스트레스가 많아지는 동시에 돌봄의 필요가 증가하고 있다. 셋째, 임종과 장례문화가 변화하였다. 임종 장소가 이전에는 가정이었으나 요즈음은 병원으로 바뀌었다. 이전에는 병원에서 임종을 맞이할 때가 되면 객사(客死)에 따른 사회적 인식으로 인하여 집으로 급히 모셔 왔으나 최근에는 가정에서 임종을 맞을 때가 되면 병원으로 옮긴다. 즉 임종과 장례의 장소가 가정에서 병원과 장례식장으로 변화하였다. 사실 이러한 임종장소의 변화는 이 세상을 마

---

562 「충청투데이」, 2014년 9월 30일, 10면.

지막으로 떠나는 임종하는 이들이 겪는 외로움, 비인간화, 단절의 문제를 가져온다.[563]

2. 죽음에 대한 인식

죽음의 의미를 찾는 이유는 다음과 같은 인간의 필요 때문이다.[564] 첫째, 죽음을 뜻깊게 만들기 위해. 둘째, 죽음의 공포를 덜고 죽음을 비교적 쉽게 받아들이기 위해. 셋째, 알지 못하는 두려움에서의 해방을 위해. 넷째, 죽음이 가져다준 좌절감을 해결하고자 하는 필요를 위해. 다섯째, 삶의 가치를 확인하고자 하는 욕구를 위해서이다.

1) 죽음에 대한 일반적 인식

인류 역사는 고대의 피라미드로 상징되는 영생, 즉 죽음을 회피 또는 극복하고자하는 끊임없는 인간의 노력을 보여준다. 성경에 나타나 있는 여러 기록들 역시 죽음에 직면한 인간의 무력함과 절망과 슬픔을 보여준다(요한복음 11장 17~53절의 나사로의 죽음에서 살아난 경험과 그를 둘러싼 사람들의 반응; 이사야 38장 1~20절의 히스기야의 죽음에 대한 예언과 이에 대한 히스기야의 반응). 이러한 죽음에 대한 사람들의 태도는 대

---

563 정현채, "죽음을 바라보는 사회적 시각의 변화", 한국죽음학회 웰다잉 가이드라인 제정위원회 편, 「죽음맞이」 (서울: 모시는 사람들, 2013), 68-9.

564 Paul E. Irion, "The Agnostic and the Religious: Their Coping with Death", in *Death and Ministry: Pastoral Care of the Dying and the Bereaved*, eds. J. Donald Bane, Austin H. Kutscher, Robert E. Neale, Robert B. Reeves, Jr., (New York: The Seabury Press, 1975), 208-9.

노년기 목회돌봄과 상담

체로 다음의 세 가지로 나누어 볼 수 있다. 부인(Denial), 무시·반항 (Ignorance·Rebellion), 죽음 후의 삶의 인정(Acceptance).

현대에 이르러 부인이나 무시 내지는 반항의 자세가 늘어가는 주요 이유들은 다음과 같다.[565] 첫째, 도시화로 인하여 삶과 죽음을 인간 삶의 한 부분으로 볼 수 있는 기회가 상실되어간다. 둘째, 사회적으로 노인이나 임종을 맞이하는 이들을 다른 구성원들과 격리하는 경향이 증가한다. 셋째, 핵가족화로 인한 전통적인 돌봄 체계의 상실과 이로 인한 가족들의 불안과 두려움이 있다. 넷째, 세속화로 인한 사회의 탈종교화가 죽음 인식에 대한 사회적 변화에 영향을 준다. 다섯째, 의학의 발달로 인한 인간 생명의 통제력에 자신감이 증가했다. 여섯째, 군사 기술의 발전으로 인한 대량살상에 대한 무감각함이 증가했다. 즉 오늘날 현대 전쟁이 가져오는 대량 살상 현상으로 인하여 한 개인의 죽음을 아무렇지도 않게 여기는 경우가 많다.

이상의 여러 원인으로 인해 오늘날 우리 사회의 문화는 죽음을 (의식적 무의식적으로) 부인하는 경향을 띠고 있다. 사실 성경은 사망을 적대적 부정적으로 보고 있기에 인류의 마지막 적(敵)이라 말하고 있다(고전 15:26, 52-4). 그리고 이러한 성경적, 사회적 이해에 영향받은 교회의 죽음에 대한 태도 역시 대체로 죽음을 영생의 한 과정 내지는 자연스러운 단계가 아닌 죽음을 부인 내지는 적대시하는 경향이 있다. 이

---

565 Therese A. Rando, *Grief, Dying, and Death: Clinical Interventions for Caregivers* (Champaign, Ill: Research Press, 1984), 7-8.

로 인하여 교회사역에서 치유가 가장 우선적인 돌봄의 목적이자 교회나 목회자의 능력을 가늠하는 잣대가 되고 있음을 볼 수 있다. 죽음은 분명 인류의 가장 큰 적이다. 하지만 죽음은 예수 그리스도 안에서 이미 정복된 대상이며 오히려 확실하게 다가오는 대상이다. 성경은 "한 번 죽는 것은 정하신 것이요 그 후에는 심판이 있으리니(히9:27)"라고 확언하고 있다. 확실히 다가올 미래가 죽음이라면 그 죽음을 회피하거나 부인하고자 하는 노력보다는, 그 죽음을 준비하기 위해 여러 가지로 애쓰는 자세가 바람직한 교인의 자세라 여겨진다. 이러한 점에서 가톨릭 신학자 카르 라너(Karl Rahner)가 "죽음이란 죽어감의 진정한 종말이며, 확실한 생명의 시작이다"라고 한 말은 의미 있는 언급이다. 사실 인간은 죽음과 싸우는 것이 아니라 시간과 싸운다.

2) 죽음에 대한 부정적 인식 이해 및 죽음의 기능과 긍정적 요소

(1) 죽음에 대해 부정적인 이유

세상의 직업들 중 죽음과 직접 대면하며 살아가는 이들조차도 자신들의 죽음에 대하여 생각하기보다는 다른 사람의 죽음에 대해 생각한다. 심지어는 목회자들조차도 죽음에 대해 불편해하고 그것을 대하는 데 잘 준비되지 못하고 힘들어하는 경우를 볼 수 있다. 또한 방송매체나 영상매체들 역시 죽음의 본래 모습이 아닌 희화된 혹은 미화된 모습을 이용한다. 주인공은 잘 죽지 않고 죽을 때도 특별하게 죽어간다. 심지어 죽음 그 자체를 삶에 대비시켜 강조함으로써 죽음에 대한 부정적 인식을 강화시킨다.

노년기 목회돌봄과 상담

우리가 이처럼 죽음을 두려워하고 부정적으로 인식하는 이유는 다름 아닌 정체성의 본질인 자기존재감과 안전감과 개인의 자기가치가 위협받기 때문이다. 이러한 죽음에 대한 불안은 후회스러운 감정이 많을수록 높고, 그중에서도 후회를 만회하며 살 수 있는 날이 짧을수록 더욱 심하다.[566] 즉 우리 자신의 삶의 의미에 대한 해석이 바로 죽음에 대한 불안과 상호작용하여 우리 현재의 삶에 영향을 미친다는 것이다. 그렇기 때문에 우리가 학교를 졸업할 때까지 삶이란 동전의 다른 한 면인 죽음에 대하여 심각하게 생각하거나 공부하는 시간이 없으며 생존에 필요한 것만 배우고 세상에 나아간다. 동일하게 불안과 두려움을 느낀다.

(2) 죽음에 대한 부정적 인식의 차이

이러한 죽음에 대한 두려움과 불안은 성별과 연령과 종교에 따라 그 정도가 다르게 나타난다. 이를 살펴보면 첫째, 일반적으로 여성이 남성보다 죽음에 대해 더 많은 불안감을 느낀다. 연령별로는 일반적으로 청소년 시기와 청년시기에 죽음에 대한 불안이 높고 이후 나이가 들어갈수록 조금씩 줄어드는 경향이 있다. 그러다 장년기에서 노년기에(40대 말부터 60대 중반) 이르러 다시 불안감이 증가하는데 이는 친구나 가까운 이들의 죽음으로 인한 경우가 많다. 그리고 이후 그러한 불안감

---

566 A. Tomer & G. Eliason, "Toward a Comprehensive Model of Death Anxiety" *Death Study*, vol. 20, no. 4 (1996): 343-365.

은 다시 조금 감소해 나간다. 이는 죽음에 대한 불안을 직면하고 내적 수용과정을 겪었기에 나타나는 현상으로 보인다. 끝으로 종교와 죽음의 두려움 관계는 상반된 연구결과가 있다. 그러나 개인의 신앙이 죽음의 두려움에 영향을 주는 사실은 틀림없다.

(3) 죽음의 기능 및 죽음인식의 긍정적 측면

죽음에 대한 이해는 개개인의 인간존재와 삶에 대한 정의, 관계 등을 이해하는 중요요인이 된다. 예를 들면 신학적으로 인간 이해에서의 전인적 이해, 이분법적 이해, 삼분법적 이해에 따라 삶에 대한 이해가 달라지는 경우를 들 수 있다. 다시 말해, 죽음의 상태에 대한 우리들의 이해는 우리의 사고와 감정과 행동에 영향을 미친다. 이처럼 죽음에 대한 이해는 또한 한 개인의 삶에서 사고·감정·행동에 영향을 미치게 된다. 즉 죽음인식이 반드시 부정적인 측면만 있는 것은 아니다. 시편 90편의 모세의 기도 12절은 죽음 인식이 가져다주는 긍정적인 측면을 다음과 같이 말하고 있다. "우리에게 우리 날 계수함을 가르치사 지혜로운 마음을 얻게 하소서."

죽음이 지닌 다음의 사회적 기능은 이러한 모세의 기도를 쉽게 이해할 수 있게 한다. 첫째, 죽음은 사회적 평판의 기능을 지닌다. 둘째, 죽음은 사회계급의 구분기능을 지니고 있다. 셋째, 죽음은 사회관계·조직의 와해나 응집을 가져온다. 이처럼 죽음은 기존 사회현상의 유지를 강화하거나 정치 사회적 변동을 촉진하는 기능을 지니고 있다.

이와 함께 죽음 인식은 삶에서 다음과 같은 **긍정적인 측면**을 우리에게 가져다주기도 한다.[567] 첫째, 우리로 하여금 살아있음의 느낌을 알게 한다. 개인적이고 사실적인 존재에 대한 느낌을 가지게 한다. 둘째, 죽음은 살아있음에 반대되는 상태의 기준을 보여준다. 셋째, 살아가는 데 있어서 용기와 인격적 삶에 의미를 부여함으로 우리로 하여금 우리의 확신을 효과적으로 표현할 수 있게 한다. 넷째, 중요한 결정을 의미 있게 내리는데 도움을 준다. 다섯째, 우리 삶에서 친밀함의 소중함을 일깨워준다. 장례식의 참예는 가족과 교회 및 친한 이들과의 관계가 소중함을 새삼 깨닫게 만든다. 여섯째, 우리 자신의 과거에 대한 새로운 의미를 발견하는데 도움이 된다. 일곱째, 인간 개개인의 이기적·개인적 차원을 넘어선 초월적 성취의 중요성이나 의미를 보여준다. 여덟째, 삶에서 개인적 성취의 중요성을 깨닫게 한다.

3. 임종과 목회돌봄

1) 임종의 시작과 단계

임종이란 다음의 네 가지 요소들 중 부분적으로 또는 전체적으로 이루어졌을 때 시작된다. 첫째, 임종의 시작은 의사가 객관적인 사실을 인지할 때부터 시작된다. 즉 의사가 확실한 판단을 내리기에 충분한 정보를 가지고 그것을 인식한 때부터 시작된다. 둘째, 임종 과정의 시작은 의사가 환자에게 그 사실을 알려줄 때부터 시작된다. 셋째, 환자가 현실을 인정하고 받아들이는 순간부터 시작된다. 넷째, 생명을 살리기

---

567   Rando, *Grief, Dying, and Death*, 1.

위하여 더 이상 할 수 있는 방법이 없을 경우 임종과정이 시작된다.

이러한 임종의 과정에 영향을 미치는 가장 중요한 두 가지 요소는 바로 확실성과 시간(때)이다. 즉 생명이 위독한 환자에 대해 가장 중요한 질문은 바로, "이 환자가 죽을 것인가 아닌가?" 그리고 "만약 죽는다면 언제인가?"이다. 이러한 확실성과 시간에 따른 네 가지 경우를 살펴보면 다음과 같다. 첫째, 확실하게 가망이 없으며 '거의 언제쯤 죽을 것이다'라고 아는 경우. 둘째, 확실히 가망이 없으나 언제 임종할지는 불확실한 경우. 셋째, 가망성의 여부가 불투명하나 만약 가망이 없을 경우 시간을 알 수 있을 경우. 넷째, 가망성이 불투명하며 가망성이 없을 경우라도 임종시간을 예측할 수 없을 경우.

최초로 불치암에 걸린 환자의 변화과정을 임상적으로 관찰 보고한 퀴블러-로스는 임종은 환자가 자신이 말기환자란 사실을 알게 되면서 시작된다고 주장한다. 퀴블러-로스는 불치병에 걸려 운명하는 당사자들은 다음과 같은 심리내적 단계를 겪는다고 보고한다.[568]

첫째, 부정·부인 단계이다. 이 단계에서는 자신에 대한 진단을 부정하며, "잘못 진단했을 거야. 내가 아닐 거야"라고 말한다. 이 단계는 불안에 의해 더욱 강화된다. 때때로 이와 같은 단계는 "충격"으로 묘사되어 아무 느낌을 느끼지 못하기도 한다.

둘째, 분노의 단계이다. 초기의 충격과 부정이 지나간 뒤, "왜 하필이면 나인가?"와 같은 분노가 하나님을 포함한 모든 대상에게 여러 가

---

568   Ibid., 27

지 방법과 표현으로 투사된다. 이 기간에는 좌절과 격분으로 인해 돌보는 이가 환자와의 관계를 원활하게 하기가 어렵다.

셋째, 흥정(Bargain)의 단계이다. 환자와 가족 혹은 친구, 의료진은 하나님과 임종 당사자의 현재와 상황 해결을 위해 몇 가지 시도를 해보는 단계이다. "원하는 것을 볼 때까지 생명을 연장해 달라"거나 아이의 돌, 졸업, 몇 살 때까지, 결혼식까지만 생명을 연장시켜달라고 말한다.

넷째, 의기소침(퇴행)의 단계이다. 여러 가지 부정적인 신체적 증상을 경험하면서 환자는 자신이 회복할 수 없음을 분명하게 인식하게 되고, 스트레스·긴장·죄책감이나 무가치함과 더불어 임박한 죽음을 두려워하게 되어 우울하게 된다. 이때 환자는 점점 외부와의 반응을 회피하고 자신의 생각과 감정이 죽음으로 인한 상실감에 의해 압도당하게 된다.

다섯째, 수용의 단계이다. 이 단계는 임박한 죽음을 자신의 것으로 인정하고 거의 아무런 느낌도 느끼지 못하는 상태이다. 이때는 고통과 투쟁이 멈추고 그냥 긴 여행을 떠나기 전의 아무런 생각이나 느낌이 없는 휴식과 같은 시간이다. 이 단계에서 의미 있게 삶을 마감을 할 수 있도록 돕는 일은 당사자와 남는 이들 모두에게 매우 중요하다.

이상의 5단계 전 과정에 계속적으로 존재하는 것은 희망(Hope)이라는 요소이다. 기적적인 치유에 대한 희망, 신약개발에 따른 가능성의 희망 등이 그것이다. 그리고 이러한 5단계는 순서대로 진행되기보다는 상황과 시간에 따라 5단계의 서로 다른 특징이 당사자에게서 나타나고 이러한 과정은 마지막 수용의 단계로 안정화되기까지 계속하여 반복된다.

2) 임종에 영향을 미치는 요소들

다음의 요소들은 운명하는 이가 자신의 죽음을 받아들이거나 관심을 가지는 영역 또는 삶의 질에 영향을 미친다. 첫째는 연령(나이)이다. 나이에 따라 자신의 임종과 사망에 대한 이해가 다르다. 어린아이의 자신의 죽음과 임종에 대한 인식과 성인이나 노인의 자신의 죽음에 대한 이해는 다르다. 또한 나이에 따라 자신의 임종 상황에 대처하는 권한이 다르다.

둘째, 성별의 요소이다. 성별에 따라 임종이 다가옴에 따른 관심의 영역이 다르다. 전통적으로, 여성은 자신의 가족의 운명과 상황을 자신의 죽음보다 더 중요하게 여기는 경우가 많다. 남성은 자신의 가장으로서의 정체성과 관련 있는 이슈, 즉 자신이 죽고 난 후에 가족들의 경제적인 여유, 가족들을 부양할 충분한 여유가 있는가에 관심이 있으며, 직장과 일에 관련된 관심이 높다.

셋째, 대인관계이다. 일반적으로 대인관계가 활발하고 좋은 환자가 좀 더 오래 생존한다. 친구나 가족관계가 적은 사람은 비교적 단명하는 경향이 있다. 거꾸로 스트레스를 더 많이 겪는 임종환자일수록 대인관계가 원만하지 못한 경우가 많다.

넷째, 질병의 종류와 치료여건 혹은 환경이다. 질병의 종류에 따른 고통의 차이, 의료기관의 질과 특성에 따른 환자 돌봄의 차이, 사회적 여건 혹은 환경에 따른 임종의 차이다.

이상에서 살펴보았듯이 운명하는 이들은 개개인의 특성이나 주위 여건에 따라 여러 가지 다른 역동적인 과정을 거친다. 하지만 대부분의 불치환자들의 소망은 다음의 여섯 가지로 대표할 수 있다. 첫째, 죽음을 준비할 수 있는 시간. 둘째, 자신에게 친숙한 환경에서의 임종. 셋째, 짧은 임종기간. 넷째, 사랑하는 이들이 지켜보는 가운데. 다섯째, 의식이 남아있는 상태에서. 여섯째, 고통이나 다른 힘든 증세 없는 임종. 그리고 이러한 임종하는 이들이 지닌 공통적인 필요 영역은 다음과 같다. 첫째, 신체적인 적절한 돌봄과 스트레스의 경감. 둘째, 심리적 안전감의 획득(살날이 남아 자신의 삶을 정리할 기회가 있음을 느낌). 셋째, 사회적 관계 지속의 필요. 넷째, 죽음과 그 죽음을 넘어선 소망과 의미의 발견 영역인 영적인 영역의 필요.

3) 운명하는 이를 위한 돌봄

임종을 눈앞에 둔 사람들은 일반 사람들과 마찬가지로 여러 가지 영적인 필요에 직면한다. 다른 점이 있다면, 운명하는 이들은 상황과 시간적으로 좀 더 긴급한 필요가 많다는 것이다. 때때로 죽음은 사람들에게 참으로 중요한 것이 무엇인가에 대한 새로운 관점을 갖게 해주거나 이전까지 자신의 삶에서 중요하게 여겨왔던 것들을 대수롭지 않게 여기게 만들기도 한다.

(1) 죽음을 눈앞에 둔 이들의 필요들

죽음을 맞이하는 이들은 자신에게 허락된 시간이 많지 않다는 사실을 인지하고 있기에 일반 사람들과는 다른 필요들을 지니고 있다. 이러한 필요들을 살펴보면 다음과 같다. 첫째, 자신의 과거와 현재 인생의 의미발견 필요. 둘째, 여러 가지 형태로 표현되는 희망(Hope)의 발견 및 유지. 셋째, 고립되지 않고 여전히 사회적 관계 속에서 자신의 존재를 느끼고자 하는 필요. 넷째, 수용 및 사랑의 필요. 다섯째, 자존감을 포함한 자기 자신과의 화해와 평화. 여섯째, 소중한 사람들과의 화해와 평화(용서할 대상과 용서받아야 할 대상들). 일곱째, 개인의 영적 혹은 종교적 상황에 따른 하나님(절대자)과의 평화. 여덟째, 비록 현실적으로 부분적인 자율성이나 존엄성은 상실되었으나 여전히 자신의 인간으로서 존엄성이나 자율성과 독립성을 유지하고자 하는 필요. 아홉째, 자신의 육체적 고통의 경감과 가족들의 미래에 대한 불안 감소의 필요.

기타 이밖에 자신을 육체적·정서적·영적으로 편안하게 해줄 여러 가지 것들을 표현해야 하는데 대한 불안·두려움·분노 혹은 내적 갈등 등이 있다. 또한 어떤 이들은 자신들의 질병으로 인한 사회적 낙인을 두려워하거나 갈등을 겪기도 한다.

죽음을 앞둔 이들은 대체로 다음의 세 가지 조건이 갖추어졌을 때, 자신들의 이전의 자아보다 영적으로 더욱 성숙한다. 첫째, 육체적인 고통으로부터 어느 정도 벗어날 수 있는 경우. 둘째, 적어도 약간의 회상할 혹은 인생을 돌아볼 시간이 있을 경우. 셋째, 성장하기 위하여 현재의 도전을 받아들이는 긍정적인 현실수용이 가능할 경우.

(2) 죽음을 눈앞에 둔 사람들의 영적필요를 나타내는 표현들

죽음을 눈앞에 둔 이들은 자신들의 영적필요를 대체로 의식적 무의식적으로 다음과 같은 표현을 통하여 나타낸다.

＊ 죄책감이나 후회의 형태. "내가 지난 세월 들을 그렇게 낭비하지
    않았더라면……"

* 삶의 의미 결여. "때때로 그 모든 것들이 무엇을 지향하는지 의아하다."

* 사람들로부터의 고립되었다는 느낌. "나는 ○○가 정말 나를 보고 싶다고 생각했는데."

* 자신이 속한 집단 혹은 하나님으로부터의 소외감. "내가 기도할 때, 종종 나는 나 자신에게 말하고 있다는 느낌이 든다."

* 의지할 대상이 아무것도 없다는 느낌. "내 말을 듣는 것보다 당신에게는 해야 할 더 중요한 일들이 있으리라 생각합니다."

* 사랑받고 있지 못하다는 느낌. "비록, 내가 환자의 한 사람이지만, 왜 모두들 여전히 내가 자신들의 문제를 해결해줄 것과 자신들을 보살펴 줄 것을 바라지요? 이제 자기들이 나를 돌보아주어야 할 차례가 아닌가요?"

* 하나님이나 다른 사람들에 대한 분노. "목사님께 말하라고요! 천만에요. 저는 15년이나 넘게 교회에 다닌 것으로도 충분해요!"

* 다른 이들이나 자기 자신과의 화평이 없음. "가끔, 나는 밤에 깨서, 가만히 누워있으면 모든 것이 염려스럽게 여겨집니다."

* 자신의 신앙이나 가치들을 가까운 이들이 몰라줄 때. "모두들 내가 결혼하지 않은 것을 후회한다고 생각해요. 아무도 내가 정말 내 인생을 즐겁고 의미 있게 살았다고 하면 믿지 않는 것 같아요."

* 통제/관리하고 있는 것을 놓지 못하고 있을 때. "저는 제 남편이 이제까지 제가 관리하던 재산들을 어떻게 처리할지 모르겠어요. 제발 쓸데없는데 투자하거나 속지 말아야 할텐데……"

* 희망의 결여. "틀림없이 나는 휠체어에서 일어날 수 있어요. 하지

만, 제가 가고 싶은 곳이 없어요. 그게 문제네요."

※ 관계에서의 의미의 결여. "저를 내버려 두세요. 말하고 싶지 않습
니다."

3) 운명하는 이의 영적 필요를 돕기 위한 방법들

(1) 회고의 방법

환자와 함께 환자 자신의 삶을 회고해보는 것은 그 환자로 하여금
삶의 의미와 그 속에 담겨있는 영적인 축복과 의미를 새롭게 발견하는
기회가 된다. 인생의 회고(Life Review)는 공식적 비공식적 방법을 통하
여 할 수 있다.

i) 공식적 방법

공식적 방법의 첫 번째는 환자로 하여금 사진이나 일기, 개인 기록
등을 통해 1~5년 단위로 기억할 수 있는 대로 주요 사건들과 그 사건
들에 대한 본인의 느낌 평가 등을 기록하게 하고 그것들을 환자 자신
의 관점으로 크게 분류하여 정리하게 한다(예: 황금기, 새싹기 등등). 두
번째는 환자가 사진이나 기타 사건을 구술하고 그것을 녹음하여 활자
로 정리한 후 환자 자신으로 하여금 이것을 재구성하여 의미를 재부여
하게 한다.

ii) 비공식적 방법

오래된 사진이나 개인소장품 혹은 방안에 있는 물건들에 대해 이야

기하도록 하고 그에 대해 목회자가 반응하는 방법으로 진행한다. 이를 통해 환자는 자신의 과거 삶에 대한 새로운 관점이나 자아수용을 얻을 수 있다.

(2) 명상이나 미술음악요법을 통한 긴장, 두려움의 이완

미리 준비된 이미지(그림, 사진 등)를 이용한 상상과 명상을 하거나, 미술이나 음악요법을 통하여 환자 자신의 사후에 관한 그림 또는 자신의 고통을 그리게 하거나, 환자의 안정과 평안과 의미의 재구성에 도움이 되는 음악을 듣게 한다.

(3) 편지(글)쓰기를 통한 돌봄

부치거나 부치지 않거나 미안함·고마움·사랑함 등을 표현하는 편지를 쓰게 한다. 죽음에 대한 두려움이 큰 환자의 경우는 본인이 바라는 바람직한 죽음(예를 들어 어떤 상황에서, 누가 있는 가운데, 마무리 지어야 할 일 등등이 포함된)을 써보게 한 후, 이를 통하여 바람직한 죽음에 꼭 필요한 요소들과 비본질적인 요소들을 함께 의논함으로써 죽음에 대한 막연한 공포와 두려움을 경감시킨다.

(4) 기도나 창조적인 희망의 의식을 통한 돌봄

신앙인의 경우 기도를 통하여 임종을 준비하는 일은 도움이 된다. 또한 아쉬움이 남는 미래의 일이나 사건의 경우, 창조적인 방법(미리 편지를 쓰고 봉한 후 남은 가족에게 대상이 되는 사람이 적정 연령이나 때에 펴보게 하거나, 선물을 미리 구입하여 잘 포장하고 글을 써서 남기는 방법, 영상편지

를 만들어 남기는 방법 등을 이용한 창조적인 희망의식을 통하여 임종을 맞이하는 이의 아쉬움이나 이슈들을 해결해주는 방법)을 사용한다.

4) 영적필요에 처한 사람들을 도울 때 사역자들이 유념해야 할 일반적인 사안들

(1) 일반 임종환자에 대한 돌봄

첫째, 당신 자신이 어떠한 신앙을 가졌던, 환자가 가진 신앙이나 가치체계를 존중하고 허용하라. 당신 자신의 신앙체계와 맞지 않더라도 신앙의 다른 색깔을 인정하고 허용하라. 단, 복음을 전하여야 할 상황이면 신뢰관계가 성립된 후 조심스럽게 접근하라.

둘째, 환자가 겪는 영적 혹은 신앙적인 혼란이나 아픔의 문제에 답하려고 하기보다는 환자의 질문을 함께 생각해보고 환자 자신이 스스로 올바른 결론을 내릴 수 있도록 도와라.

셋째, 종교나 목회자들에 대한 부정적인 반응을 주의 깊게 들어라. 환자들은 때때로 자신들의 부정적인 감정들을 종교인이나 목회자들에 대한 비난으로 투사한다. 주의 깊게 듣되 개인적으로 받아들이지 말라. 그리고 관계를 유지하고 돌보라.

넷째, 종교적인 형식이나 정해진 방식이 아닌 인격적이고 관계적인 환자의 영적 필요에 부응하라.

다섯째, 환자가 가진 영적, 종교적 필요에 대해 과소평가하지 말라.

여섯째, 비록 환자가 고통 속에 있고 가족적 상황이 어려운 가운데 있더라도, 환자가 영적으로 성숙해 갈 수 있음을 믿고 기대하라.

일곱째, 환자들 돌볼 때, 사역자 자신의 영적상태에 주의를 기울이라.

여덟째, 일반적으로 접하기 쉽지 않은 임종의 상황과 그에 따른 영적 필요에 관심을 기울이고 연구하라(어린아이·태아·영아의 죽음·자살·피살).

아홉째, 다른 종교의 사후관이나 죽음에 대한 관점을 연구하여 임종하는 이의 죽음에 대한 태도 이해를 증진하고 이를 통해 복음의 접촉점을 찾으라.

(2) 임종 아동에 대한 돌봄

임종 아동에 대한 돌봄 역시 일반 임종하는 이들이 지닌 공통적인 필요를 염두에 두고 다음의 사항에 유의하도록 한다.

첫째, 대화·놀이·그림·글 등을 통해 어린이 자신이 걱정되는 것들을 표현할 기회를 주라. 이를 통해 후회와 분노를 표현할 수 있는 기회를 제공한다.

둘째, 심각한 상태에도 불구하고 여전히 자신이 정상적이며 중요한 존재란 사실을 확신시켜주도록 하라. 제한된 공간과 한계 속에서 할 수 있는 일들을 하게 한다.

셋째, 가족들을 비롯한 중요한 사람들은 무슨 일이 벌어지더라도 함께 있을 것이며 지켜줄 것이란 사실을 확신시켜 주도록 한다.

넷째, 아이에게 모든 사람이 자신을 결코 잊지 않을 것이란 사실을 다시 확신시켜준다.

(3) 운명하는 이를 돌보는 데 따른 일반적 지침

첫째, 환자와 실제적(정서적·신체적)으로 함께 하라. 우리 자신의 불안과 불편 때문에 청소·일·기타 다른 일을 하려고 하는 경향을 인식하고 환자가 고통스러워할 때 함께 있도록 하라. 신체적으로 함께 있는 것이야말로 가장 중요한 돌봄이다.

둘째, 사랑하는 사람의 불치병이나 임박한 죽음에 대한 당신 자신의 반응을 잘 처리하라. 이를 위해 당신의 마음을 터놓고 이야기할 사람이나 당신을 도와줄 사람이 필요하다.

셋째, 비현실적이거나 잘못된 기대로 죽어가는 사람의 짐을 덜어주려고 하지 말라(예를 들어 "하나님이 고통을 해결해 주실 것이에요", "당신은 더 좋은 곳을 갈 거예요" 등). 비록 이와 같은 표현이 신학적으로 옳을지 몰라도, 이와 같은 말은 환자가 자신의 고통이나 죽음에 대한 두려움을 표현하는 기회를 제한하기도 한다. 임종하는 환자에게 영적으로 특별한 것들을 기대하지 말라. 가장 좋은 돌봄은 환자가 살아온 자기모습대로 그리고 가능한 솔직하고 열린 태도로 죽음을 맞이하도록 하는 것이다. 가장이나, 위선, 억압은 좋지 않다.

넷째, 자신을 영적으로 잘 준비하라. 규칙적으로 기도와 묵상을 하며, 교회출석과 사역자들의 조언을 구한다.

다섯째, 열린 마음과 비판단적 자세로 경청하라.

여섯째, 환자가 염려하고 있는 바깥일 처리를 도우라(전화, 아이들 돌보기, 여러 가지 영수증 등등).

일곱째, '요즘 영적으로 어떻습니까?'라는 질문을 통해 영적인 이슈에 대해 이야기를 나누고, 필요할 경우 기도하거나 영적으로 도움이 되는 책이나 음악을 읽어주거나 틀어주라.

여덟째, 환자가 자기 인생을 이야기할 정도의 기력이 있을 경우, 앨

범이나, 기타 사진들을 가지고 지나온 삶을 경청하라.

아홉째, 타인에게 못다 한 말(고맙습니다. 죄송합니다. 용서합니다. 사랑합니다. 잘 계세요 등등)이나 일들이 있을 경우 그것을 끝낼 수 있게 도우라 (편지를 쓴다든지. 전화를 걸어준다든지 혹은 영상 기록을 남겨놓는다든지 등등).

열째, 환자의 방이나 병실에 무엇인가 환자 본인이 특별하게 여기는 것을 걸어 주거나, 환자가 이용할 수 있게 좋아하는 책이나 음악을 가까이 두라.

임종에 따른 장례 절차에 대한 예시는 『침례교회 목회 매뉴얼: 조직, 예전, 봉사』를 참고하라. 여기에는 임종예식, 입관예식, 장례예식, 하관예식 등이 포함되어 있다.[569]

4. 사별과 목회돌봄

1) 사별의 슬픔에 영향을 주는 요인들

사별은 인생에서 가장 큰 상실의 경험 중 하나이다. 이러한 사별에서 나타나는 주요 감정들은 두려움·분노·죄책감·슬픔 등이다. 이러한 사별에서의 슬픔에 영향을 주는 요인은 여러 가지가 있으나 대체로 다음과 같다.

---

[569] 편찬위원회, 『침례교회 목회 매뉴얼: 조직, 예전, 봉사』 (대전: 침례신학대학교 출판부, 2014), 329-53.

첫째, 고인과 가졌던 관계(부부관계, 친구관계 등)의 성격과 정도·질에 따라 차이가 있다.

둘째, 상대를 상실한 방법·경우의 차이가 상실로 인한 슬픔에 영향 미친다(죽음을 둘러싼 환경인 장소·종류·원인·준비 정도·시기·예방의 가능성 등). 즉 상실이 갑자기 닥쳤는가 아니면 서서히 다가왔는가, 갑자기 닥쳤더라도 어떠한 방식으로 닥쳤는가 등 슬픔의 정도, 기간, 태도에 영향을 미친다(예를 들어 자동차 사고·익사·자살·범죄로 인한 타살, 남에게 알리기 부끄러운 죽음의 경우 등등).

셋째, 상실한 시기의 적절성 여부가 영향을 미친다. 비교적 견디기 용이한 상실의 슬픔은 일반적으로 예상하는 시기에 맞이하는 상실·죽음이며, 그렇지 않은 죽음·상실의 경우는 억울함·후회·원망 등을 야기한다.

2) 발달단계에 따른 사별의 이해

모든 어린이들은 임종과 사별을 이해하는 데 차이가 있다. 특히 임종과 사별의 이해 정도는 그들의 발달단계와 인지적 수준, 개인의 성격적 특성, 종교적 문화적 배경 그리고 부모나 주위 사람들 혹은 매스컴 등에 의한 임종과 사별에 대한 평소의 교육 정도에 따라 다르다.[570]

---

570 이 분야의 선구적 자료로는 *The Journal of Genetic Psychology*, 73에 발표한 Maria Nagy, "The Child's Theories Concerning Death" 이후 80년대와 90년대에 어린이의 슬픔과 상실에 관한 자료들이 많이 발표되었다.

(1) 유아(2~3세): 이 연령의 어린아이들은 부모가 슬퍼하는 것은 깨닫으나 죽음의 의미나 중요성을 이해하지는 못한다.

(2) 학령 전 아이(3~5세): 이 연령의 아이는 죽음을 되돌릴 수 있는 사건으로 생각하고, 죽음을 영원한 이별이 아닌 잠시간의 이별로 이해한다. 이 시기는 타인의 죽음을 자신의 필요와 연결시키는 경우가 많다. 유치원이나 초등학교 저학년 어린이들의 경우 사인을 어떤 특정 사건이나 마술적인 것 등과 연결시키기도 한다. 무감각함을 나타내는 경우도 있다.

(3) 초등학생(5~9세): 이 연령의 어린이들은 막 죽음을 완전한 생의 종말로 이해하기 시작한다. 그리고 어떤 조건이나 상황들이 죽음을 초래하였다는 사실을 이해한다. 하지만 여전히 어린이들은 죽음이 다른 사람에게 생긴 일이며 자신의 가족이나 사랑하 는 대상에게 이 일이 생길 것이라고는 생각하지 않는다.

(4) 초등학교 고학년~중학교: 이 연령의 어린이들은 죽음을 구체적으로 이해하기 시작하며 모든 신체적 증상의 중지가 죽음의 현상임을 이해한다. 이 시기의 어린이들은 어른들이 말하고 이야기하는 죽음에 관련된 추상적인 모든 내용을 완전히 이해하지는 못할 수 있다. 이 시기의 어린이들은 죽음에 반응하여 다양한 정서적 반응을 보이거나 슬픔에 적응하는 과정의 하나로서 자신을 해치는 행동을 하거나 과도한 활동 등을 한다.

(5) 고등학생: 대부분의 10대는 죽음의 상황을 정확하게 이해하고 슬픔을 겪는 친구나 가족들을 위로하려고 한다. 우울증 병력이 있거나 약물이나 알코올 의존성의 경험이 있는 청소년의 경우 심각한 슬픔을 경험할 경우 이전의 행위로 돌아가거나 자살의 위험이 있다.

3) 사별한 이들을 위한 일반적 돌봄의 10가지 유의점[571]

첫째, 부음을 전해야 할 경우 주의 깊고 사려 깊게 전해야 하며 가능하다면 돌아가신 분 곁에서 임종을 지켰던 사람이 전해주는 것이 좋다.

둘째, 일반적으로 과도한 신경안정제는 좋지 않다.

셋째, 가까운 가족들의 경우 돌아가신 분의 마지막 모습을 보기를 권하는 것이 좋으나 강요하지 않아야 한다.

넷째, 죽은 이의 환영을 보는 것이 치유적일 수 있으며 대부분의 경우 그것을 병적인 것으로 간주할 필요는 없다.

다섯째, 슬픔이 표현되어야 할 상황과 시점에서 슬픔을 표출하지 않는 경우 다음에 문제가 생길 수 있다.

여섯째, 애도기간 중 슬픔을 겪는 이가 자신의 사회적 도움체계(Support System)에 대한 일반적 분노를 표시하는 것이 이후에 발생할 문제의 전조일 수 있다.

일곱째, 슬픔을 당한 이들은 신체적 정신적으로 질병에 취약한 상태

---

571 M. L. S. Vachon, "Type of Death as a Determinant in Acute Grief", in *Acute Grief: Counseling the Bereaved*, eds. Otto S. Morgolis et al. (New York: Columbia University, 1981), 21-2.

에 놓여있다. 이때 일반적 범주를 벗어난 행동이나 신체적 반응은 진단이 필요하다.

여덟째, 불치의 병자의 경우 가족들의 참여가 중요하다. 이때 돌보미는 가족들 간의 내적관계에 주의를 기울여야 한다.

아홉째, 가능하면 임종이 가까이 오면 가족들이 임종하는 이의 병상을 오랫동안 지키는 것이 좋다.

열번째, 가족들의 담당 사역자나 목회자는 슬픔을 당한 가족들을 위한 후속 심방(전화·편지·방문)을 해야 한다.

4) 사별 유가족의 돌봄에 유의점[572]

사별을 겪은 유가족들은 정서적으로 매우 취약하기에 목회자들은 그들이 건강하게 슬픔을 극복할 수 있도록 다음의 사항을 유의하여 돌보아야 한다.

첫째, 유가족들이 자신들의 슬픔을 충분히 표현할 수 있도록 수용하라.

둘째, 유가족으로 하여금 죽은 이와 자신과의 관계를 회상하게끔 인도하라. 주요 사건, 죄책감, 자기 위안 등의 이슈에 주의를 기울이면서 돌보라.

셋째, 유가족으로 하여금 슬픔을 겪음으로 인해 생기는 심리적 신체

---

572 Arthur M. Arkin, "Emotional Care of the Bereaved", in *Acute Grief: Counseling the Bereaved*, eds. Otto S. Morgolis et al. (New York: Columbia University, 1981), 41-4.

적 현상에 대해 알려준다. 분노·죄책감 등으로 인한 신체현상으로는 대표적으로 불면·식욕부진·견비통·두통 등을 들 수 있다.

넷째, 죽은 이와의 미래의 내적·심리적 관계의 재정립을 도와주라('돌아가신 분이 당신이 어떻게 살아가기를 원하실 것 같으냐?'등의 질문이 도움이 된다).

다섯째, 유족들을 위한 정기적 프로그램에 참여하도록 격려하라(운동, 취미, 봉사활동 등).

여섯째, 유족들이 현실적인 어려움들을 헤쳐 나갈 수 있도록 도우라. 여러 가지 실제적인 문제들(재정·세금·관공서 신고·육아 등등)의 경우, 교회는 각 분야의 전문가에게 도움을 청하여 구체적으로 도울 수 있는 방안을 강구하는 것이 좋다.

일곱째, 필요하다고 판단 될 경우 의학적 정신적 진단 받을 수 있도록 도우라. 특별히 병적인 슬픔의 경우 적절한 도움을 제공하도록 하여야 한다.[573]

여덟째, 사별 유가족을 돌볼 경우, 하지 말아야 할 돌봄의 방법은 다음과 같다. i) 너무 깊은 수준의 혹은 무의식 수준의 심리학적·정신분석학적 해석이나 이해하지 않도록 주의하여야 한다, ii) 과도한 방문이나 과잉보호를 주의해야 한다.

---

573 세 가지 종류의 대표적인 병적인 슬픔에는, i) 보류된 슬픔(Delayed Grief), 기간이 한참 지난 후의 슬픔의 표현. ii) 억제된 슬픔(Inhibited Grief), 과도한 슬픔의 억제로 인한 신체적 정신적 어려움. iii) 너무 오래 지속되는 슬픔(Chronic Grief)이 있으며 이러한 경우 적절한 정신적 상담적 도움을 받아야 한다. Arkin, "Emotional Care of the Bereaved", 43.

10장

노년기 소망의 중요성과 목회돌봄

　　인간의 존재 자체를 순례의 여행으로 비유한 프랑스 현대 실존주의 철학자 마르셀(Gabriel Marcel)은 소망을 가리켜 순례의 길을 가는 인생 여정에 있어서 "추진력(a driving force)"이라 하였다.[574] 순례에서 목적지가 어떤 미래 시간에 도달할 장소를 마음속에 그리는 것이라 할 때, 인생의 순례 여정에서 소망은 각 개인이 목적지를 향해 걸어가는 데 요구되는 동력(動力)이며 노년기를 포함한 인간의 삶에서 필수불가결한 요소라 할 수 있다. '희망의 철학자' 블로흐(Ernst Bloch) 역시 소망을 인

574　Gabriel Marcel, Homo *Viator: Introduction to a Metaphysic of Hope*, trans. Emma Crauford (New York: Harper & Row, 1962), 11.

간의 본질을 이루는 주관적 혹은 사회심리적 요소인 동시에 나아가서 인간 존재 가능성의 요소로 보았다.[575] 이런 점에서 소망을 잃어버리는 것은 인간 존재의 핵심 요소인 인간의 정신과 마음을 죽이는 결과를 가져온다. 따라서 노년기는 인생 여정의 마무리 짓는 시기이기에 자칫 자아통합감이 결여될 경우 노년기 삶이 절망스럽고 비관적이며 냉소적이고 타성적이기 쉽다.[576]

소망을 인간 존재의 본질적 요소로 이해하고 있는 이러한 철학적 견해는 인간의 본질을 가장 잘 설명하고 있는 성서적 가르침에서 소망을 기독교 신앙의 핵심을 이루는 요소 중의 하나로 들고 있음에서도 확인할 수 있다(고전 13:13). 성서에 나타난 종말과 우주론의 신학적 논의를 바탕으로 몰트만(Jürgen Moltmann)은 기독교 신앙은 장차 오실 하나님을 기대하며 그것을 마음속에 그리는 인간의 능력에 기초해있으며 이러한 하나님 안에서의 미래에 대한 인간의 자각이 기독교 소망의 이유가 된다고 설명하고 있다.[577] 기독교인에게 있어서 소망은 객관적인 근거가 없는 막연한 소원(wish)이나 자기 암시가 바탕이 된 낙관주의와는 달리, 하나님의 약속이 종국적으로 실현될 것을 확신하면서 미리 그것을 실재로 마음속에 소유하는 것이다. 여기서 볼 수 있듯이 소망은 하

---

575 Ernst Bloch, *The Principle of Hope*, vol.1, trans. Neville Plaice, Stephen Plaice, and Paul Knight (Cambridge, Mass.: The MIT Press, 1995), 67. 오늘날 소망에 관련된 여러 분야의 학문적 발전은 현대 실존주의 철학자들의 연구에 힘입은바 크다고 할 수 있다.

576 Erik H. Erikson, *Identity and Life Cycle* (New York: International Universities Press, 1959), 166.

577 Jürgen Moltmann, *Theology of Hope* trans. James W. Leitch (New York: Harper & Row, 1975), 133-7.

나님께서 말씀으로 약속하신 미래라는 객관적인 요소와 그 객관적 요소를 내면화시켜 확신하고 그 확신한 바에 따라 행동으로 실행하는 행동 심리적 요소의 두 가지 측면을 지니고 있다.[578]

인지적 정서적 특성을 지닌 소망은 앞에 놓여있는 가능성의 인식이며, 문제들이 완화되거나 끝날 시간이 있음에 대한 믿음이며, 약속의 내일을 오늘 지금 살아가는 태도로 표현된다. 이러한 소망은 인간들을 열린 미래로 부르시고 구원과 해방을 약속하시는 하나님에 대한 신뢰에 기초해있다.[579] 신앙은 소망이 형성되는 기초이고, 소망은 신앙을 육성 발전시킨다. 소망은 항상 신앙을 새롭게 하며 활기를 주고 삶을 마지막까지 견딜 수 있도록 계속해서 활력을 제공한다.[580] 소망은 매 순간 내일의 기대를 품고 기다리며 현재를 인내할 수 있게 만들며, 개인 속에 내재해있는 잠재력을 개발시킬 수 있는 공간을 마련해주며, 사람들로 하여금 여러 가능성들을 탐색하며 새로운 일들을 경험하게 하며 변화를 기대하게 만들고 나아가서 성장을 기대하게 만든다. 반면, 소망이 없는 삶은 미래를 제한하고 새로운 일을 할 수 있는 능력을 잃게 만든다.[581] 그렇기 때문에 소망은 비록 그 결과가 기도하고 원하던 대로 이루어지지 않더라도 여전히 사람들의 내면에서 사라지지 않는 실체로서 고난과 고통 가운데서도 종국적인 구원과 문제의 해결을

578   J. I. Packer and Carolyn Nystrom, 「소망」, 김기호 역 (서울: 한국기독학생회출판부, 2003), 20.
579   Howard Stone and Andrew Lester, "Hope and Possibility: Envisioning the Future in Pastoral Conversation" *The Journal of Pastoral Care*, vol. 55, no. 3 (Fall 2001): 262.
580   Moltmann, *Theology of Hope*, 20.
581   Stone and Lester, "Hope and Possibility", 262.

확신하는 종말론적 신앙의 핵심이 된다.

이러한 종말론적 신앙에 근거한 소망이야말로 인류 역사 속에서 하나님의 뜻과 섭리가 이루어지게 되는 요인이 된다. 기독교인의 소망은 개인의 삶에서뿐만 아니라 인류 역사를 거쳐 오면서 역사적 상호작용의 과정 속에서 확증되고 깨닫게 되는 '굳센 확신(resilient conviction)'이기도 하다.[582] 어떠한 상황에 처해 있건, 현재 존재하고 있는 자체에 대한 실존적이고도 신앙적인 자각과 감사는 하나님의 성품과 그 성품에 기초한 약속이 바탕이 된 소망에 기초해있고, 이러한 소망이 고통과 고난 가운데서도 인간으로서의 인격적이고 의미 있는 삶을 가능하게 한다.[583] 이런 의미에서 온전한 기독교인은 소망의 사람이어야 한다.

이상에서 보듯 소망은 일찍부터 철학과 이론 신학에서 인간 이해와 관련한 중요한 주제로써 다루어져 왔다. 하지만 인간 이해가 학문적 영역에서 가장 중요하게 다루어지며 현장에서 인간의 고통과 고난을 직접 직면하는 목회상담에서 소망에 대한 본격적 논의는 1990년대에 이르러 비로소 활발하게 시작되었다. 학문의 특성상 그 시작부터 심리학의 영향을 강하게 받았던 목회상담학은 시간의 측면에서 전통 심리학의 주된 관심 영역인 과거와 현재가 주된 관심의 대상이었기에 미래

---

582 Walter Brueggemann, *Hope with History* (Atlanta, GA: John Knox, 1987), 2.

583 Packer and Nystrom, 「소망」, 12; 이와 관련하여 아우슈비츠 나치 강제수용소에서 수감생활을 하였던 의미요법의 창시자 빅터 프랭클은, 어떤 절망적인 상황에서도 첫 출발은 "모든 사람들은 여전히 숨을 쉬고 있는 육체를 소유하고 있는 행운아다"라는 자각과 감사임을 강조한다. Viktor E. Frankl, *Man's Search for Meaning*, trans. Ilse Lasch (Boston: Beacon Press, 2006), 53.

의 시간영역은 목회상담에서 간과되었기 때문이다.[584] 하지만 상담의 단기화에 대한 사회적 요구 및 해결중심상담이론의 발달, 그리고 목회상담에서 신학적 정체성 회복에 대한 관심의 증가 등의 요인으로 인해 오늘날 목회상담에서 소망에 관한 관심과 연구가 더욱 필요해지고 있다. 따라서 본 장에서는 목회상담에서 새로이 주목받고 있는 소망의 중요성과 목회상담자의 역할을 재조명한 후, 주요 목회상담학자들의 소망에 대한 견해를 통하여 소망의 목회상담적 이해를 살펴보고, 이를 바탕으로 노년을 위한 목회상담에서 소망의 적용 영역들을 찾아보고자 한다.

1. 목회상담에서 소망의 중요성과 목회상담자의 역할

1) 목회상담에서 소망의 중요성

소망은 하나님의 말씀에 의지하여 신앙생활을 하는 기독교인들에게 있어서 가장 중요한 삶의 방식이자 근본이라 할 수 있다.[585] 이러한 소망은 영적인 영역을 포함한 전인적인 영역에 영향을 미치기에 신체적인 영역에서의 소망의 중요성을 포함한 양적인 측면과 상담과 심리치료로 대표되는 질적인 측면에 한정하여 그 중요성을 살펴보고자 한다.

---

584 Andrew D. Lester, *Hope in Pastoral Care and Counseling* (Louisville, KY: Westminster John Knox Press, 1995), 4, 21.

585 Robert L. Carrigan, "Where Has Hope Gone? Toward an Understanding of Hope in Pastoral Care." *Pastoral Psychology*, vol. 25, no. 1 (1976): 42-3.

2) 양적 영역에서의 소망의 중요성

양적인 측면에서의 소망의 중요성은 인간의 신체건강과 질병의 치유에 미치는 영향이 대표적이다. 인간의 삶에서 소망은 신체와 건강의 영역에 직접적인 영향을 미친다. 수많은 의학 관련 전문학술지와 저술들은 한결같이 소망에 기초한 긍정적인 마음가짐과 태도가 환자의 질병 회복이나 병세의 방향 전환에 결정적인 영향을 미친다고 보고하고 있다. 마치 소망이란 인간의 몸속에 보이지 않지만 존재하면서 건강에 결정적인 영향을 주는 DNA와 같다고 할 수 있다.[586] 간략하게 소망이 인체 건강과 질병의 회복에 도움이 되는 사실을 살펴보면 다음과 같다.

소망은 인간의 면역기능 향상에 긍정적인 영향을 미치며, 암환자들에게서 유의미한 치유와 회복에 도움을 주는 것으로 보고되고 있다.[587] 암환자의 회복효과와 소망과의 관계에 대한 질적 연구는 '의미의 발견', '긍정적 인간관계', '내면적 자원들', '현재에 긍정적이고 충실한 태도', '생존에 대한 기대감' 등과 같이 소망과 직접적으로 관련된 요소들이 환자의 회복에 직접적으로 도움을 주고 있음을 보여준다.[588] 또한 소망은 인간의 기타 생리적 측면에 영향을 미치며 신경조직과 자율신

---

586 Georgia Gojmerac-Leiner, "Revisiting Viktor Frankl: His Contributions to the Contemporary Interest in Spirituality and Health Care", *The Journal of Pastoral Care & Counseling*, vol. 59, no. 4 (2005 Winter): 376.

587 Robert L. Richardson, "Where There is Hope, There is Life: Toward a Biology of Hope", *The Journal of Pastoral Care*, vol. 54, no. 1 (2000 Spring): 75-83.

588 J. Post-White, et al., "Hope, Spirituality, Sense of Coherence, and Quality of Life in Patients with Cancer", *Oncology Nursing Forum*, vol. 23, no. 10 (1996): 1571-9, Richardson, "Where There is Hope, There is Life", 82에서 재인용.

경 조절 및 엔돌핀을 포함한 신경전달 물질의 분비에도 직접적인 영향을 미친다.[589]

소망이 신체건강 및 질병의 치유와 회복에 직접적인 영향을 미치는 과정과 내용은 다면적이며, 이러한 다면성은 신체건강 및 질병 영역에서 소망이 적용될 수 있는 다양한 접근방법들이 필요함을 보여준다. 27년간 암환자들을 돌보면서 소망과 건강과의 관계를 연구 조사하여 소망이 인간의 질병 치유와 회복에 직접적인 영향을 미치는 사실을 저술한 「소망과 절망(Hope and Hopelessness)」은 이러한 소망이 지닌 내용의 다면적 특성을 보여준다.[590] 소망은 경험적인 과정이며, 영적(혹은 초월적)인 과정이며, 이성적이며 인지적인 과정인 동시에, 관계적인 과정으로 이루어져 있다. 즉, 소망은 가르치거나 학습하기보다는 경험적인 과정을 거치면서 비로소 내면화되고 신체적으로 정서적으로 긍정적인 영향을 미친다. 또한 소망을 갖는데 있어서 기도나 명상 등의 영적인 자원들이 도움이 되며 동시에 어떠한 목적에 대한 소망이 아닌 하나님에 대한 신뢰와 믿음에 소망의 기초를 두는 태도가 소망의 형성에 도움이 된다. 소망의 인지 정서적 차원은 대부분 사회심리적 영역으로 목회상담에서 주로 사용되는 방법이 이에 속한다. 즉, 현실적인 달성 가능한 목표를 설정하고 그것을 달성함으로 내담자에게 소망을 갖게

---

589 Jeanne Achterberg, 「상상과 치유」 (서울: 상담과 치유, 2005), 신세민 역, 176-7.
590 Carol J. Farran, Kaye A. Herth, and Judith M. Popovich, *Hope and Hopelessness: Critical Clinical Concepts* (Thousand Oks, CA: SAGE Publications, 1995), Richardson, "Where There is Hope, There is Life", 79에서 재인용.

해주며, 상황에 대한 변화가 여의치 않을 경우, 그 상황 혹은 현재 문제에 대한 내담자의 반응 변화를 목표로 설정하는 방법 등이 이에 속한다. 그리고 질병의 회복에 도움을 주는 매우 효과적인 소망의 영역은 관계적인 영역이다. 긍정적이고 지원적이며 신뢰할만한 가족이나 친구, 또는 상담자 및 치료자와의 관계는 소망의 형성과 유지에 매우 도움이 되며 환자의 회복과 유지에 직접적 영향을 준다. 이밖에 소망이 신체건강과 질병에 긍정적인 영향을 미치는 사실과 관련된 수많은 의학 및 대체의학의 연구와 자료들이 있다.

2) 질적 영역에서의 소망의 중요성

인간의 삶에 미치는 대표적인 소망의 질적 측면의 영향은 인간의 사회 심리적 영역, 즉 상담심리치료와 관련된 영역이다. 심리치료 영역에서 미래 지향적인 소망을 매우 중요하게 다루고 있는 학자는 의미요법의 주창자 프랭클(Viktor Frankl)과 에릭슨(Milton Erickson)을 비롯한 해결중심 단기치료요법 상담자들이다. 프랭클은 프로이드가 주장하는 욕구나 충동이 인간의 태도나 행동의 동인이 아니라 오히려 인간이 가진 의미와 그 의미의 추구가 인간의 행동과 태도를 결정하는 가장 중요한 요인이 된다고 보았다. 그는 아우슈비츠 유대인 강제수용소에서의 자신의 경험을 기록한 책「죽음의 수용소에서(*Man's Search for Meaning*)」에서 인간 개인이 지닌 의미형성과 의미추구의 동인이 되는 소망의 중요성에 대하여 다음과 같이 기록하고 있다. "(자신의) 미래에 대한 믿음을 잃은 수감자는 불행해진다. 미래에 대한 믿음의 상실과 아울러 그러한 사람은 자신의 영적인 힘을 잃어버린다. 자신을 내팽개쳐 정신적으로 육체적으로 쇠퇴해버린다."[591]

　사람에게 있어서 살아야 할 이유, 즉 목표에 도달했을 때 장차 그 자신을 기다리는 것이 있다는 사실은 매우 중요하다. 내담자가 상당한 기간 심리치료에도 불구하고 자신의 증세가 나빠졌다는 사실을 알게 되었을 때 미래에 대한 믿음과 확신을 상실하게 된다. 그리고 그 내담자는 그 이전의 자신의 삶으로 돌아갈 수 없다. 인간의 고통과 문제는 사람에게서 모든 것을 앗아가지만 단 한 가지, 주어진 상황에서 그 개인이 선택하는 태도만은 앗아갈 수 없다.[592] 따라서 내담자에게 있어서 자신이 할 수 있는 현실적인 선택 또는 목표는 문제 증상 자체가 아닌 두려움과 분노, 심지어 죽음까지를 포함한 문제 증상에 대한 그 자신의 반응과 태도의 변화이다. 즉, 분노하고 자책하고 두려움과 절망에 지배당하는 방향을 선택할 것인가, 아니면 하나님의 궁극적인 선하심과 사랑을 신뢰하고 그 신뢰에 기초하여 이제까지 살아온 인생에 대하여 감사하고 주어진 현재의 관계와 삶의 가치를 충분히 인식하고 오늘 하루를 충실히 살아가는 긍정적인 마음 자세로 목표를 설정하고 살아가려고 결심할 것인가는 매우 중요하다.[593]

　정신과 의사로서 단기해결중심상담의 대표적 학자 중의 한 사람인 에릭슨을 비롯한 해결중심요법 학자들은 적은 것이라 할지라도 현재

591　Frankl, *Man's Search for Meaning*, 74. 한국어로는 「죽음의 수용소에서」 (서울: 청아출판사, 2005), 이시형 역로 번역 출판되어 있다

592　Ibid., 66.

593　Gojmerac-Leiner, "Revisiting Viktor Frankl", 377.

상황에서 내담자에게 생긴 변화에 의미를 부여하고 이러한 변화가 다른 변화를 가져오는 기대와 소망을 제공하기에 다른 영역이나 더 큰 변화로 이어질 수 있다고 보았다.[594] 에릭슨은 "심리치료의 주된 목표는 불변하는 과거에 대한 깨달음이 아니라, 불만족한 현재와 더 나은 미래를 위한 변화이다"라고 주장한다.[595] 과거의 경험과 사건 속에서 희망을 확인하고 이를 바탕으로 미래를 소망 가운데 맞이하도록 하는 일이 상담자의 중요 과제이다. 사람들이 상담자에게 도움을 요청할 경우, 정도의 차이는 있지만 소망이나 기대가 없는 대화나 만남은 상상할 수 없다. 상담을 통해 위로를 얻어 새 힘을 얻고 싶거나, 이전과는 다른 새로운 삶을 살고 싶거나, 과거의 상처 회복이나 치유를 기대하거나 어떠한 경우든 상담자를 만날 때 내담자들은 변화와 개선과 성장과 성숙의 기대와 소망을 가지고 상담자와의 만남에 임한다. 그렇기에 소망은 상담과 심리치료, 특히 노년기 돌봄에서 가장 중요한 핵심적 요소 중의 하나이다.

이러한 소망의 중요성은 목회상담에서 더욱 잘 드러난다. 목회상담자는 목회자로서 대면상담 외에 설교나 가르침 또는 훈련을 통하여 내담자의 영원과 현재를 연결시키는 기능을 하며, 여러 가지 목회 돌봄을 통해 장래의 일들을 현재에 가져와 내담자의 현실과 접목시키는

---

594   Milton H. Erickson, "Foreword", *Change: Principles of Problem Formation and Problem Resolution*, Paul Watzlawick, John H. Weakland, and Richard Fisch, (New York: W. W. Nortin & Company, 1974), ix.

595   Ibid.

노년기 목회돌봄과 상담

(already, not-yet) 독특한 역할을 수행하는 존재이다. 즉 목양의 기저를 흐르는 세계관의 기초가 바로 영원한 소망이며, 목회(상담)자가 된다는 것은 영원한 '소망의 담지자(hope bearers)' 또는 '소망의 전달자'가 된다는 것을 의미한다.[596]

2. 소망과 목회상담자의 역할

소망의 '담지자'이자 '전달자'로서의 목회자의 역할은 상담에서의 소망 형성과 발전에 매우 중요하다. 목회상담자의 역할에 관하여 레스터(Andrew Lester)와 스톤(Howard Stone)은 목회상담자는 현실을 인식하는 동시에 그 현실을 바탕으로 자유로운 행동을 선택하여 미래를 향해 나아갈 수 있는 소망을 심어주는 일을 하여야 한다고 주장한다.[597]

소망의 안내자로서 목회상담자는 내담자인 교우들로 하여금 삶의 모든 영역에서 경험 또는 발생하는 일들에 담겨있는 하나님의 뜻과 손길을 발견하도록 도와야 한다. 이러한 경험들과 사건들이 비극적인 성격의 것일 수 있고 또한 즐겁고 유쾌한 일인 경우도 있다. 어떠한 종류이든 사람들이 그 사건 혹은 경험에서 하나님의 손길과 그분의 숨결을 발견하여 자신들의 개인적 이야기가 하나님의 이야기 속에 포함되어

---

596 Donald Capps, *Agents of Hope* (Minneapolis, MN: Augsburg Fortress, 1995), 3; C. W. Brister, *Pastoral Care in the Church*, 3rd. rev., and exp. (New York, NY: HarperSanFrancisco, 1991), 7, 8, 10.

597 Stone and Lester, "Hope and Possibility", 260; Lester, *Hope in Pastoral Care and Counseling*, 13.

있음을 깨달아 소망을 발견하고 새로운 삶의 의미를 발견하여 영적인 성장을 이루도록 돕는 역할을 하는 존재가 상담자로서의 목회자이다. 그리고 이러한 모든 목회상담 상황의 목회적 대화에서 내담자로 하여금 자신의 삶 이야기에서 소망을 발견하고 발전시켜 나가도록 인도하는 일은 목회상담의 핵심적인 과제이다.[598]

그렇다면 목회상담에서 핵심적 과제인 소망을 심어주고 확장시키기 위해 목회상담자는 어려움에 빠진 사람들에게 구체적인 도움이나 접근방법을 어떻게 제공할 것인가? 첫째, 상담에 임하면서 성서적 이해를 기초로 한 목회상담자 자신의 새로운 인간 이해가 필요하다. 즉, 구원받은 하나님의 자녀로서 성령에 의해 인도함을 받는 내담자를 과거와 현재에 의해 지배받는 수동적인 존재가 아니라 예수 그리스도 안에서의 '미래 지향적이고 의미 추구적 존재'로 이해하여야 한다.[599] 상담에 임하면서 목회상담자는 하나님 안에서 인간을 새로운 존재이자 삶의 의미를 중요시하며 그 의미를 추구하는 희망을 가지고 미래를 향하여 나아가는 존재로 이해하여야 한다.

둘째, 목회상담자는 대안적 목표의 설정이나 기존 목표에서의 의미 재발견을 촉진하는 역할을 수행하여야 한다. 소망의 시간적 위치는 사람이 가진 소망과 절망이 서로 갈등을 겪는 미래의 장(場)이라 할 수 있다. 사람들의 미래에 대해 태도는 이러한 소망과 절망의 관계에서 결

---

598 Stone and Lester, "Hope and Possibility", 259.
599 Frankl, *Man's Search for Meaning*, 34-6.

정된다. 개인이나 집단에 존재 의미를 가져다주는 비전, 소명, 헌신 등에 대한 태도는 자신들의 미래가 희망적인가 아니면 절망적인가에 대한 사람들의 '미래 이야기(future stories)'에 직접적인 영향을 받는다. 캡스에 따르면 절망은 비현실적인 목표나 비교적 단기간에 성취할 수 있는 대안적인 목표를 발견할 수 없을 때 발생한다. 따라서 목회(상담)자는 이러한 절망에 빠지거나 낙심한 내담자에게 환상이 아니라 현실적으로 성취 가능한 목표를 설정하도록 격려하며, 가능한 한 단기간에 달성할 수 있는 목표를 재설정하도록 돕거나 이전에는 중요하지 않아 보였던 목표들의 의미를 재발견하도록 함으로 소망 형성에 도움을 줄 수 있다.[600]

셋째, 목회상담자는 의사가 자신의 환자 상태에 대하여 진실하며 정직해야 하는 것처럼, 영혼의 의사로서 자신의 내담자들이 던지는 영적인 질문에 대하여 진실하며 정직하여야 한다. 그러므로 소망의 근원이신 하나님과의 교제가 중요하다. 신체적 정서적 고통이 인간의 영적인 영역에 영향을 미치는 사실은 부인할 수 없는 사실이다. 하지만 그러한 신체적 정서적 영역의 고통이 개인의 영적인 영역에 미치는 영향의 의미나 방향을 결정하는 일은 그 개인의 선택과 결정에 의해 직접적인 영향을 받는다. 내담자의 현실에 대한 강한 긍정적 수용과 인식은 현실 상황에 대한 내담자의 해석적 틀에 변화를 가져오는 시작이 될 수 있다. 따라서 소망의 기초가 불변하시는 하나님의 무한하신 사랑과 그 사

---

600 Capps, *Agents of Hope*, 99-107.

랑에 기초한 약속에 있다면, 소망의 담지자이자 전달자로서 목회상담자는 소망의 근원이 되시는 하나님과의 사랑의 교제를 나누는 일에 우선적인 관심을 두어야 할 필요가 있다.[601] 동시에 내담자 역시 소망의 형성과 성숙을 위해 하나님과의 교제를 나누는 일에 충실하여야 한다.

이상에서 살펴본 소망과 관련한 목회상담자의 역할은 목회상담자 자신의 소망에 대한 목회상담적 이해와 밀접한 관계가 있다. 따라서 다음에서 주요 목회상담학자들의 소망에 대한 간략한 이해를 통하여 소망에 대한 목회상담적 이해를 살펴보고자 한다.

2. 소망의 목회상담적 이해

목회상담학이 신학의 한 영역이기에 중요한 신학적 주제인 소망이 초창기부터 상담신학이나 목회 돌봄의 영역에서 다루어져 왔지만, 본격적으로 1990년대 이후 단기목회상담 및 해석학적 목회상담과 관련된 영역이 목회상담의 방법론으로 주목받으면서 소망이 목회상담에서 새롭게 주요한 관심의 대상이 되기 시작하였다. 이렇게 새롭게 조명되기 시작한 목회상담에서의 소망은 목회상담의 신학적 정체성의 재확립이란 과제와 연결되면서 목회상담 방법론뿐만 아니라 목회신학영역에 의미 있는 영향을 미쳤다.[602] 이러한 목회상담에서 소망의 이해를 대표적인 현대 목회상담학자들의 견해를 통하여 살펴보면 다음과

---

601   Packer and Nystrom, 「소망」, 32.

같다.

1) 클라인벨의 관점

비교적 일찍부터 소망을 목회상담에서 적용한 목회상담학자 클라인벨(Howard Clinebell)의 대표적인 목회상담적 접근은 '성장상담(Growth Counseling)'이다. 그의 성장상담은 소망에 기초해있으며 소망이 사람들이 절망의 고리를 벗어나게 만드는 힘인 동시에 자신감과 사랑을 잃어버린 사람들을 구원해주는 능력이 된다고 보았다. 사람들은 자신들이 변화할 수 있으며 성장할 수 있다는 사실을 조금씩 깨달아감에 따라 자신들의 소망과 자존감은 증대된다. 현실화된 소망은 더욱 강력하고도 현실적인 미래의 기대를 불러일으킨다. 이러한 소망에 대한 새로운 느낌과 자존감은 더 나은 성장을 위한 원동력을 제공한다.[603]

소망은 내담자로 하여금 자신들의 삶의 목표를 향해 나아가도록 만드는 동인이 되며, 목회상담자는 다양한 방법들을 사용하여 내담자의 삶에 변화가 일어날 수 있도록 소망을 불러일으키는 존재이다. 이 과정에서 목회상담자는 돌봄과 직면이라는 두 가지 태도를 통하여 내담

---

602 Wayne Oates, *An Introduction to Pastoral Counseling* (Nashville, TN: Broadman, 1959), 59; Howard W. Stone, "The Congregational Setting of Pastoral Counseling: A Study of Pastoral Counseling Theorists from 1949-1999", *The Journal of Pastoral Care*, vol 55, no. 2 (Summer 2001): 184-7. 목회상담학의 정체성과 관련한 더 자세한 논의는 양병모, "목회상담의 학문적 정체성 조망과 신학교육적 과제", 「복음과 실천」, 45집 (2010 봄): 357-82를 참조하시오.

603 Howard Clinebell, *Growth Counseling: Hope-Centered Methods of Actualizing Human Wholeness* (Nashville: Abingdon, 1979), 49.

자로 하여금 변화할 수 있는 능력이 있음을 믿게 하며, 변화하고자 하는 동기를 부여하며, 절망에서 벗어나 자신들의 목표를 향하여 나아가도록 격려하며, 내담자 자신의 이러한 결정과 행동들이 문제를 해결하는데 도움이 된다는 사실을 확신하도록 한다.[604]

소망은 또한 사람들로 하여금 더 큰 위험에 노출되는 것도 무릅쓰게 하며 변화가 방해받거나 지연될 경우에도 사람들이 계속하여 변화를 위해 노력하도록 한다. 문제로 인해 절망에 빠진 사람들을 돕기 위한 '소망을 일깨우는 존재(a hope-awakener)'로서의 목회상담자의 우선적 역할은 꺼져가는 소망의 불씨를 살려서 그들이 건설적 변화를 일으키는 데 필요한 힘을 얻도록 돕는 일이다. 인간관계에서 신뢰와 사랑이 약해질 때 소망은 잠재력 계발 과정을 활성화하는 힘을 공급함으로 절망하는 사람들의 삶 가운데서 신뢰와 사랑은 다시금 점진적으로 자라나게 된다.[605]

개념적으로 실존적 영적 영역에 속하는 소망은 인지적인 접근방법으로 적용할 수 있다.[606] 먼저 상담자는 내담자로 하여금 의도적인 변화를 일으키기 위한 창의적이고도 다양한 기법들을 습득하도록 코치하여야 한다. 내담자로 하여금 자신들이 목표를 향해 성장해가는 것을 마음속으로 그려보는 상상요법의 사용을 격려하는 일, 비록 작은 변화

---

604   Ibid., 30-1.

605   Ibid., 48.

606   Howard Clinebell, *Counseling for Spiritually Empowered Wholeness: A Hope-Centered Approach* (New York: Harworth, 1995), 90-1.

일지라도 자신들의 상황을 건설적으로 변화시키려는 조그만 시도들이 중요함을 확신시켜주는 일, 마지막으로 내담자와의 관계에서 돌봄과 직면의 두 가지 방법을 균형 있게 사용하는 일 등이다.[607]

2) 거킨의 관점

해석학적 방법론을 목회상담에 접목한 목회상담학자 거킨(Charles Gerkin)은 목회상담을 "자신의 이야기를 지닌 상담자가 내담자의 이야기를 경청하며 반응하는 '해석학적인 대화의 과정(a dialogical hermeneutical process)'"으로 보았다.[608] 그는 자신의 저서 「살아있는 인간문서(The Living Human Document)」에서 각 사람은 자신들의 인생여정에서 모든 종류의 이야기들을 경험한다고 설명하면서, 인생의 여정은 하나님의 종말론적인 섭리 안에서 미래를 향해 움직여 나아간다고 보았다. 거킨의 해석학적 목회상담의 관점은 '기준지평(controling horizon)'인 소망과 기대의 토대 위에서 개인적 체험을 해석하여 언어로 표현되는 내담자의 문제를 인식하고 해결을 시도한다.[609] 즉 상담의 핵심적 과제는 사건 그 자체와 함께 그 사건을 개인적으로 받아들이는 내담자 개인의 해석 변화와 관련된 것이다. 따라서 목회상담자는 미래를 향해가는 인생의 여정 가운데서 자신의 길을 잃어버린 사람들의 이야기를 기독교의 종

---

607 Clinebell, *Growth Counseling*, 49. 소망에 근거한 성장상담의 방법에 관련된 더 자세한 설명은 Clinebell, *Growth Counseling* 96-100을 참조하시오.

608 Charles V. Gerkin, *The Living Human Document: Re-Visioning Pastoral Counseling in a Hermeneutical Mode* (Nashville: Abingdon, 1984), 26-8.

609 Ibid., 62, 69.

말론적인 신앙 안에서 재구성하여 그들의 종말론적인 정체성을 회복하는 일을 돕는 역할을 담당해야 한다고 설명한다.[610]

자신의 이야기를 지닌 목회상담자의 도움으로 내담자는 소망의 틀에 기초하여 자신들의 과거를 새롭게 재해석하고, 이러한 재해석을 바탕으로 하여 자신이 속한 신앙공동체 및 하나님의 목적과 뜻의 입장에서 현재와 미래를 새롭게 인식함으로 소망을 새롭게 갖게 되어 적극적이고도 긍정적인 가능성을 향하여 새로운 삶을 살아가게 된다.[611] 소망은 개인으로 하여금 미래를 기대하고 살아가게 함으로 그 개인의 과거와 현재 및 미래는 물론 그가 속한 가족과 교회를 포함한 공동체까지도 상처와 고통으로부터 해방되게 만든다. 이런 의미에서 소망은 문제가 된 과거와 현재를 초월하여 미래지향적이며 삶을 변화시키는 원동력이 된다. 거킨의 목회상담에서 해석적 접근은 언제나 '하나님 나라'라는 기독교적 세계로 표현되는 소망에 기초해 있으며, 목회상담자의 주된 역할은 내담자의 삶과 경험이라는 '인간문서'의 해석을 통하여 소망을 현실의 삶 가운데서 구체화(actualize)시키는 노력을 하는 일이다. 그렇기에 거킨의 목회상담에서의 해석학을 "희망의 해석학"이라 할 수 있다.[612]

---

610 Ibid., 69-70, 102-17.
611 Ibid., 110-2.
612 안석모, "찰스 거킨", 「현대목회상담학자연구」 (서울: 도서출판 돌봄, 2011), 한국목회상담학회 편, 188.

3) 캡스의 관점

캡스는 일찍부터 목회상담에서 소망의 역할에 대하여 중요하게 생각하였고 목회상담자를 "희망의 중개인(agents of hope)" 또는 "희망의 담지자(the bearer of hope)"로 명명하였다. 캡스는 소망을 두 가지 유사하지만 다른 개념, '기대(hoping)'와 '바람(hopes)'을 사용하여 설명하고 있다. '기대'가 어떠한 일이 발생하기를 마음속으로 상상하며 기다리는 상태라면, '바람'은 개인의 구체적인 욕구들이 충족되기를 원하는 상태라 할 수 있다.[613] 소망을 지닌 사람은 바라던 일이 이루어질 것이란 사실을 볼 수 있고 믿을 수 있으며, 그렇기에 인내를 가지고 전진할 수 있다. 또한 소망을 지닌 이들은 자신들의 목표 달성의 실패도 견딜 수 있으며 나아가서 다른 목표를 향하여 자신들의 삶의 방향을 새롭게 만들 수 있는 영성을 소유하고 있다.[614] 희망을 위협 혹은 방해하는 요소는 절망·냉담(apathy)·수치심을 대표적으로 들 수 있으며, 목회상담자는 이를 예방하고 극복하기 위해 신뢰와 인내, 그리고 겸허함을 지니고 내담자를 돌볼 필요가 있다고 설명한다.[615]

캡스에게 있어서 소망은 미래지향적이며, 미덕에 기초해 있으며, 목표지향적이다. 이러한 캡스의 소망에 대한 이해는 '미래중심요법(a future oriented therapy)'을 주창한 스탠포드대학교의 멜기스(Frederick Melges)

---

613 Gerkin, *The Living Human Document*, 52.

614 Capps, *Agents of Hope*, 148-54.

615 이상억, "도널드 캡스", 「현대목회상담학자연구」 (서울: 도서출판 돌봄, 2011), 한국목회상담학회 편, 258.

의 영향을 받았다.[616] 소망을 지닌 사람은 매우 긍정적이며 분명한 목표를 지니고 미래를 위해 열심히 노력하는 동시에 삶의 질서를 신뢰하고 일의 유한성을 인정한다. 이러한 소망에 관한 캡스의 이해는 단기해결중심상담에 대한 그의 관심을 설명해 준다. 미래에 대한 상상과 과거 사건과 기억의 재구성은 사람들이 자신들의 삶에 소망을 효과적으로 키워나갈 수 있도록 만든다.[617] 목회상담자의 역할은 내담자의 현재의 부정적인 감정들을 공감하고 수용하되, 시각을 현재의 문제와 고통이 아닌 미래의 실현과 성취, 비현실적인 목표가 아닌 현실적인 목표, 신뢰할 수 없는 인간과 방법이 아닌 신뢰할 수 있는 하나님과 사람과 사건들, 과거의 문제가 아닌 과거의 긍정적인 관계와 돌봄을 볼 수 있도록 돕는 일이다. 나아가서 목회상담자의 역할은 소망을 제시하는 상담자 자신의 능력이 아니라 고통과 슬픔 가운데서도 내담자에게 하나님의 개입을 위한 통로를 열어주는 일이다.[618]

4) 레스터의 관점

레스터는 소망을 "신뢰할 수 있으며 우리를 열린 미래로 부르시는 하나님에 대한 이해에 기초한 한 개인이 확신하는 미래의 예상"으로 정의하고 있다.[619] 그는 자신의 저서 「목회돌봄과 상담에서의 소망(*Hope*

---

616 Capps, *Agents of Hope*, 101.

617 Ibid., 166.

618 Donald Capps, *Biblical Approaches to Pastoral Counseling* (Philadelphia: Westminster, 1981), 88-91.

619 Lester, *Hope in Pastoral Care and Counseling*, 62.

in Pastoral Care and Counseling)」에서 "목회신학은 인간의 '임시성(temporality)'이란 인간론의 기초위에서 소망과 절망에 관한 연구에서 시작되어야 한다"라고 주장한다.[620] 이러한 신념 하에서 레스터는 신학적 인간 이해를 바탕으로 한 소망의 연구를 통하여 목회돌봄의 방법을 제시하고 있다. 레스터의 소망에 대한 목회상담적 이해는 키에르케고르와 블로흐 등의 실존적 인간이해에 기초한 '인간의 임시성(temporality)'과 사회심리학적으로 인간의 자기 정체성 형성이 가능하게 하는 해석적 능력을 바탕으로 하고 있다.

존재론적인 본질로서의 인간의 일시성은 신체적으로나 사회심리적으로 인간을 현실적으로 한계 지워진 존재로 만든다. 하지만 이러한 현실적인 한계성은 인간의 본질을 구성하는 또 다른 내재적인 두 가지 요소인 '자유(freedom)'와 '가능성(possibility)'에 의해 극복된다. 즉, 일시적 존재인 인간이 피조된 존재로서 지닌 선천적 제한성을 지니고 있지만 동시에 그러한 제한성에도 불구하고 하나님의 뜻에 따라 주어진 자유의지로 인해 인간은 어느 정도 자유롭게 자신의 미래를 생각하고 그에 따라 자신의 행동을 자유롭게 결정하고 실천한다. 이로 인하여 비록 인간이 자신들의 과거로 인해 규제되고 한계 짓지만, 여전히 미래의 가능성을 자유롭게 추구할 수 있다. 미래의 가능성을 추구하는 이러한 자유는 현재에 대한 인간 자신의 해석적 선택에서 발견되며 이러한 선택적인 해석의 자유야말로 우리의 잠재력을 계발시키기 위해 우

---

620   Ibid., 22.

리의 한계를 극복하는 기회를 제공한다. 인간의 참된 자기됨은 바로 이러한 과거로 인한 인간의 한계성 가운데서도 미래에 대한 구체적인 기대를 가지고 현재를 열심히 살아가는 것을 의미한다.[621]

요약하면, 소망은 사람들로 하여금 현재의 상황을 새롭게 인식하게 하여 과거를 새롭게 인식된 현실에 알맞게 재구성하며 나아가서 장차 이루어질 미래를 향해 나아가게 하는 동력이 된다.[622] 레스터의 이러한 미래지향적 현실이해에 대한 입장은 그로 하여금 문제의 원인탐색에 치중해온 전통적인 과거지향적이고 문제중심적이며 장기적인 심리학적 접근보다는 미래지향적이고 해결중심적이며 단기적인 상담적 접근에 관심을 가지게 만들었다.[623] 그리고 그의 해석적 입장에서의 인간정체성에 대한 관점은 목회상담에서의 해석적 접근과 이러한 해석적 접근에 중요한 영향을 미치는 공동체에 대하여 관심을 가지게 만들었다.[624]

3. 소망의 목회상담적 적용

이상에서 살펴본 현대 목회상담학자들의 소망에 대한 이해에서 공통적으로 발견할 수 있는 목회상담적 접근과 관련된 특징적 사실은 다

---

621 Ibid., 12-4, 32-7.
622 Ibid., 15.
623 Ibid., 18.
624 Ibid., 37-9.

음과 같다. 첫째, 과거지향적이고 문제 원인 탐색 중심이 아니라 미래지향적이고 현재의 문제해결 중심적인 관점이다. 둘째, 신학적 전통에 입각한 목회상담방법으로서 해석적 접근 또는 이야기 접근을 시도하고 있다는 사실이다. 이러한 목회상담에서의 해석적 접근은 '해석적 틀(hermeneutical frame)'에 상호작용하는 중요한 요소인 사회적 상황과 신앙공동체의 중요성에 대한 재조명의 필요성을 제기함으로 목회상담에서의 소망의 이슈를 개인적 영역에서 사회적 영역으로 확장시켰다. 셋째, 장기상담이 아닌 비교적 단기상담을 지향하고 있다. 목회상담에서 소망으로 대표되는 미래 시간영역에 대한 관심은 내담자의 진단을 위한 과거탐색에 소요되는 시간을 줄이고 미래지향적이고 실용적인 접근을 시도하게 만든다. 이러한 미래지향적이고 실용적인 상담적 접근들은 오늘날 대부분의 단기해결중심상담에서 발견되는 특징이다. 이러한 특징을 바탕으로 소망의 목회상담적 적용을 다음에서 살펴보고자 한다.

1) 해결중심 단기목회상담으로의 적용

단기문제해결기법(brief solution-focused therapy)의 주창자 스티브 드세이저(Steve de Shazer)가 1969년에 처음으로 자신의 단기문제해결접근방식을 제안한 이후, 1980년대에 이르러 이러한 단기문제해결상담기법은 매우 활발하게 논의되고 사용되었다. 이 기법은 미래에 대한 긍정적인 태도의 중요성과 그에 따른 문제해결의 효율성을 인식함으로 인해 이전까지의 문제와 원인, 과거의 경험에 중점을 두었던 전통적인 상담기법과는 다른 접근방법을 제시하였다. 이전까지의 '문제중심접근(problem-oriented approach)' 대신 '예외(exception)'의 영향을 내담자에게 경험하게 하고 이러한 경험을 바탕으로 미래의 희망을 재구성하는 '해결중심(solution-focused)'방식을 제시하였다. 즉, 내담자를 문제에 압도당한 수동적이고 패배적인 존재로서 이해한 전통적인 상담적 입장과는 달리 내담자를 삶의 변화를 능동적으로 원하는 능력과 소망을 지닌 존재로 보았던 것이다. 따라서 내담자의 문제의 해법을 과거지향적이 아닌 미래지향적인 동시에 해결중심적인 태도로 접근하였다.[625]

이러한 소망에 기초한 해결중심 단기상담기법은 목회현장에서 노인 상담에도 매우 적합한 상담접근이라 할 수 있다. 목회를 둘러싼 많은 역할과 업무가 목회자로 하여금 장기 상담보다는 단기상담이 적합하게 한다. 게다가 상담은 대부분 초기인 두세 번의 상담기간에 내담자의 변화가 일어나기 때문에 효과적 측면에서 단기상담은 장기상담과 큰 차이가 나지 않는다. 즉 단기상담이 목회현장에 적합한 이유는 장기상담과 비교해서 그 효율성이 뒤떨어지지 않을 뿐만 아니라 그 목회 상황적 적합성으로 인함이다.[626] 따라서 소망의 목회상담에서의 적용은 무엇보다 그 효율성과 목회상황적 특성에 적합한 상담의 단기화 및 해결중심 접근의 방향으로 진행되어야 한다.

---

625 John L. Walter and Jane E. Peller, "Rethinking Our Assumptions: Assuming Anew in a Postmodern World", *Handbook of Solution-Focused Brief Therapy*, eds. Scott D. Miller, Mark A. Hubble, and Barry L. Duncan (San Francisco: Jossey-Bass, 1996), 9-26.

626 Howard W. Stone, 「해결중심 목회상담」 (서울: 한국장로교출판사, 2000), 정희성 역, 18-22.

2) 미래의 소망 발견하기와 재구성하기(reframing)로의 적용

소망의 목회적 적용에서 유의할 점 중의 하나는 상담자와 내담자가 상담과정에서 미래의 가능성과 이루어질 일들에 관해 주의를 기울여 탐색하는 일이다. 목회상담자는 여러 기법을 통하여 상담과정에서 내담자로 하여금 자신들의 삶의 미래 차원을 명확히 하도록 하는 한편 내담자가 기대하거나 두려워하는 것들을 의식하도록 하여야 한다. 또한 내담자가 자신들의 미래에 호기심을 갖도록 하며 미래이야기와 관련된 의문들에 대한 답을 찾을 수 있도록 격려하여야 한다. 또한 상담자는 내담자로 하여금 그들이 미처 발견하지 못한 무의식의 미래 이야기들이 문제해결의 열쇠라는 사실을 깨닫도록 하며 그러한 미처 발견하지 못한 미래이야기를 적극적으로 찾아내고 나눌 수 있도록 격려하여야 한다.[627]

첫 번 상담회기에서 상담자는 내담자의 관점을 미래로 향하게 하기 위해 과거와 현재의 상황을 탐색하는 일과 함께 미래에 대하여 대화를 나누는 일이 필요하다. 상담자는 가능한 빠른 시간 내에 내담자의 현재 상황에서 찾을 수 있는 미래의 소망을 상담 내용에 포함시키도록 하여야 한다. 이와 같은 방법에는 '내담자가 생각하는 앞으로의 자신의 삶의 모습을 말하도록 하는 것', '현재의 상황을 바탕으로 내담자의 앞으로의 삶의 모습에 대하여 함께 대화하는 방법' 등이 있다.[628]

---

627 Ibid., 109.
628 Stone and Lester, "Hope and Possibility", 263. 이러한 예들로는, "앞으로 상황이 호전되지
     않을 경우 어떻게 할 것인가?" 혹은 "지금까지 당신은 당신의 과거 살아온 일들과 현재

이러한 미래지향적 방향으로의 내담자의 사고틀(frame)의 전환과 함께, 내담자의 부정적 자아관과 비관적 현실 인식의 전환을 위해 예외를 찾는 방법 등을 통하여 잊혀 있던 사건이나 경험들을 재조명하도록 할 필요가 있다. 사람들은 자신들의 삶 속에서 이루어지거나 성취하였던 긍정적인 요소나 변화는 간과하고는 이루어지지 않은 또는 하지 못했던 일들을 기억하고 그러한 기억과 경험에 사로잡히는 경향이 있다.[629] 그러므로 상담자는 내담자의 이러한 경향을 이해하고 내담자의 일상과 경험 속에서 잊혔거나 간과하였던 예외적인 행동이나 태도를 보였던 경험을 기억하거나 되돌아보도록 격려할 필요가 있다.

소망을 목회상담현장에 적용하기 위한 목회상담자의 초기 과제는 내담자의 과거 중심의 틀을 미래중심의 틀로, 절망적 사고의 틀을 희망의 틀로 바꾸도록 돕는 일이다. 그리고 이를 통하여 내담자에게 문제와 고통을 야기한 과거의 경험과 사건들을 재해석하고 재구성하는 새로운 시각과 관점을 형성하도록 돕는 일이 그것이다.[630]

레스터는 내담자의 미래 중심의 틀을 형성하는 데 도움이 되는 대표적인 네 가지 방법을 제시하고 있다.[631] 첫째, 가장 기본적인 방법은 내

일어나고 있는 일들에 관하여 말했지만, 당신의 미래는 어떤 모습인가에 대하여는 말하지 않았는데 그것에 대해 말해주세요." "앞으로 육 개월 정도 후의 당신의 삶은 어떨 것인가에 대한 당신의 생각을 듣고 싶어요" 등이 있다.

629 Stone and Lester, "Hope and Possibility", 264; M. Weiner-Davis, S. de Shazer, and Wm J. Gingerrich, "Building on Pretreatment Changes to Construct the Therapeutic Solution: An Exploratory Study", *Journal of Marital and Family Therapy*, vol. 13, no., 4 (1987): 359-63.

630 Stone and Lester, "Hope and Possibility", 263.

631 Lester, *Hope in Pastoral Care and Counseling*, 110-4.

담자로 하여금 미래의 사건들을 구체적으로 이야기하도록 하는 방법이다. 경우에 따라 상담자는 내담자로 하여금 자신의 상상한 미래 시간 속에서의 문제의 변화된 모습을 글로 써보도록 과제를 부과할 수 있고 이러한 과제를 다음 회기에 다룰 주요 주제로 사용하는 것도 좋다. 두 번째 방법으로는 내담자로 하여금 이미지를 떠올리도록 유도하여 미래 이야기를 형성하도록 돕는 '이미지 유도(guided imagery)' 기법이다. 상상은 치유와 변화의 토대를 제공한다.[632] 목회상담자는 내담자가 상상하기 적합한 자세를 취하고 눈을 감도록 하고 특정 미래 시간대를 제시하여 그 미래 시간대에 문제와 관련된 특정 사건이나 인물 등을 마음속에 떠올려서 구체적인 일의 진행 상황이나 관련 인물들의 변화 등을 이야기해보도록 한다. 때로는 내담자가 자신이 좋아하는 그림을 그리거나 조각하는 방법을 사용할 수 도 있다. 세 번째 방법으로는 "만약 ○○○이라면"의 가정적 질문을 사용하는 기법이다. 이러한 기법은 불확실한 미래 상황으로 인해 불안해하는 내담자에게 효과적이다. 이 기법을 사용함으로 내담자는 현실화되지 않은 막연한 불안을 미리 가정해 봄으로 그 불안이 현실화될 경우를 잘 적응하도록 준비할 수 있다. 네 번째 방법은 '자유연상(free association)'의 기법이다. 정신분석에서 일반적으로 사용되는 기법으로 내담자로 하여금 자기 마음속에 떠오르는 것을 자유롭게 모두 말로 표현하도록 하는 방법이다. 상담자는 내담자로 하여금 미래에 관해 마음속에 떠오르는 것은 무엇이든지 이

---

632   Jeanne Achterberg, 「상상과 치유」 (서울: 상담과 치유, 2005), 신세민 역, 192-6.

야기하도록 한다. 만약 내담자가 전체적인 자유연상이 힘들 경우, 상담자가 내담자에게 의미 있을 것으로 여겨지는 단어나 낱말을 제시함으로 그 단어나 낱말에 관련되어 떠오르는 내담자의 마음속 생각이나 이야기나 단편적인 느낌 등을 말하도록 하는 것도 도움이 된다.[633] 이러한 미래지향적인 틀(frame)의 도움으로 내담자가 지닌 현재와 과거의 경험과 사건에 대한 의미가 달라지면, 내담자는 이와 유사한 일에 직면할 경우 이전과는 다른 감정과 사고와 행동을 하게 되고 반복되던 문제에서 해방되게 된다.

3) 이야기 상담으로의 적용

소망의 목회상담적 적용의 또 다른 경우는 방법적 측면에서의 이야기 상담의 사용이다. 이야기 상담에서는 자아개념이나 정체성이 과거의 핵심 이야기들로부터 형성되고 발달된다고 이해한다.[634] 즉 한 개인의 정체성은 현재 이야기에 영향을 미치는 과거의 이야기에 기초해 있을 뿐만 아니라 현재 이야기에 영향을 주는 미래의 이야기 또한 개인의 자기 이해와 자아관에 중요한 영향을 미친다.[635] 따라서 목회상담자는 미래의 이야기를 사용하여 개인의 현재 이야기(문제)에 영향을 미치고 있는 과거 이야기를 소망의 틀(frame) 안에서 새롭게 탐색하고 재구

---

633   Lester, *Hope in Pastoral Care and Counseling*, 112-3.

634   Ibid., 30.

635   Ibid., 40.

성하여 수용할 수 있도록 도울 수 있어야 한다.[636]

이야기는 사람들의 관점에 영향을 미친다. 그렇기에 목회상담자는 문제해결을 원하는 노인들에게 장래 기대되는 변화된 혹은 문제의 해결 이후의 삶의 모습이나 상태를 상상하여 이야기해보도록 격려한다. 상상되는 문제해결 이후의 삶의 변화에 대한 이야기는 내담자에게 기존의 고정관념이나 패배적 사고의 틀에 변화를 가져온다. 내담자의 미래이야기 형성에 도움을 주는 대화의 예는 다음과 같은 것을 들 수 있다. "만약 형제·자매님에게 오늘 상담 후에 원하시는 대로 문제가 해결되었다면 제게 어떤 내용의 문자를 보내시겠습니까?" "어느 날 형제·자매님에 관하여 정말 좋은 일이 생겼다면 그날 방송이나 인터넷 매체의 뉴스 란에 뭐라고 뜰 것 같습니까?" "당신 생각에는 앞으로 오년 후의 당신의 삶 또는 당신 가족의 삶은 어떠하리라 생각됩니까?" "만약 당신의 현재 문제가 해결된다면 당신과 당신 가족의 삶은 구체적으로 어떤 변화가 있으리라 생각합니까?" 이러한 질문에 대한 답을 준비하는 과정에서 상담자는 내담자에게 그 이야기의 구성을 좀 더 현실감 있게 돕기 위해 시간이나 장소, 관련된 사람, 그리고 그 이야기의 시작과 전개 및 종결에 대하여 구체적으로 예상되는 변화의 모습 등에 대하여 이야기하도록 돕는다. 이때 상담자는 이야기의 어떠한 부분에서 소망적인 관점이 필요한 것인지를 파악하고 그 부분에 동일한 인물, 동일한 이야기 흐름을 사용하여 전혀 다른 결과를 도출할 수 있다

---

636 Ibid., 41-2, 104.

는 사실을 함께 탐색하도록 한다.[637] 이야기 작성 시 신뢰할 만한 사람의 도움을 받아 다른 긍정적 관점을 발견하는 방법도 도움이 된다. 만약 노인 내담자가 이러한 이야기를 만들거나 구성하는데 어려움을 겪을 경우, 경우에 따라 상담자가 이야기를 만들 수도 있다.

소망은 목회상담의 신학적 토대이며 방법론적 기초가 된다. 내담자의 오늘의 문제를 내일의 하나님 나라 소망에서 바라보며 어제를 새롭게 재구성하는 목회상담의 본질상 소망은 상담자와 내담자 모두와 불가분의 관계에 있다. 초기의 목회신학적 관점에서의 소망에 대한 이해 이후, 지난 20여 년간 목회상담영역에서의 소망의 연구는 주로 심리역동적 또는 해석학적 접근에 기초하여 진행되어왔다. 이 접근들은 목회상담자가 일련의 상담회기를 통하여 절망적인 내담자를 도와 해석적 접근을 사용하여 내담자의 내면의 심리역동을 변화시키거나 재형성하는 노력을 통하여 소망이 다시 생길 수 있도록 하는 일련의 과정을 전제로 하고 있다. 이러한 소망에 근거한 최근 목회상담 접근은 이전까지의 과거지향적, 문제지향적, 심리역동적인 경향에서 벗어나 미래지향적, 단기해결지향적, 인지행동적인, 그리고 이야기 상담을 지향하게 만들고 있다. 이러한 과정에서 소망의 담지자와 전달자로서 목회상담자의 주된 역할은 자신의 이야기를 소망의 틀로 재구성하고, 이를 자원으로 하여 내담자로 하여금 자신의 문제 이야기와 문제 상황을 미

---

637   Richard A. Gardner, *Psychotherapy with Children of Divorce* (New York, NY: Jason Aronson, 1976), 58-9.

래 시간적 관점에서 볼 수 있도록 도움을 주는 일이다.

또한 앞으로의 목회상담에서의 소망에 관한 연구는 전통적인 개인주의적 접근방식과 함께 사회적이고도 공동체적인 접근방식이 병행될 필요가 있다. 공동체는 소망을 형성시키고 발전시키는 데 있어서 더 효율적인 환경을 제공한다. 즉 개인의 문제들 또는 문제가 되는 핵심 이야기들은 그 개인을 둘러싸고 있는 소망적인 공동체의 관계와 그 공동체가 지닌 이야기와 상호작용하면서 좀 더 자연스럽고 용이하게 개인으로 하여금 소망지향적인 공동체의 규범과 가치 등을 수용하고 내면화하는 과정을 겪게 만든다.

참고문헌

단행본

곽혜원, 「존엄한 삶, 존엄한 죽음」, 서울: 새물결플러스, 2014.

권중돈, 「노인복지론」, 서울: 학지사, 2004.

기윤실부설 기독교윤리연구소 편, 「소극적 안락사, 무엇이 문제인가?」, 서울: 예영
커뮤니케이션, 2007.

김건열, 「존엄사: 회복가능성이 없는 환자에 대한 연명치료 중단」, 서울: 최신의
학사, 2005.

「존엄사 II: 죽음의 바른 길을 성경에 묻다」, 서울: 최신의학사, 2011.

「존엄사 III: 임종의료와 의학교육」, 서울: 최신의학사, 2012.

김균진, 「죽음과 부활의 신학」, 서울: 새물결플러스, 2015.

「죽음의 신학」, 서울: 대한기독교서회, 2002.

김동건, 「빛, 색깔, 공기: 우리가 죽음을 대할 때」, 서울: 대한기독교서회, 2013.

김명 외 3인, 「노인보건복지 이론과 실제」, 서울: 집문당, 2004.

김애순, 「성인발달과 생애설계」, 서울: 시그마프레스, 2002.

「장·노년 상담」, 2판. 서울: 시그마프레스, 2018.

김옥라, 「호스피스」, 서울: 수문사, 1990.

박재간 외 8인, 「노인상담론」, 경기도: 공동체, 2006.

문성학, 「현대인의 삶과 윤리」, 서울: 형설출판사, 2001.

문시영 외 5인, 「존엄사, 교회에 생명의 길을 묻다」, 서울: 북코리아, 2009.

서혜경, 「노인죽음학개론」, 서울: 경춘사, 2009.

설순호·임선영, 「노년기 정신장애」, 「이상심리학시리즈」, 원호택·권석만 편, 서울:
학지사, 2016.

설은주, 「고령화시대의 노인목회」, 서울: 예영커뮤니케이션, 2005.

송선희 외 14인, 「노인심리」, 서울: 신정, 2013.

양병모,　「목회상담: 이론과 실제」, 대전: 그리심어소시에이츠, 2015.

「유기적 신앙공동체를 위한 목회학」, 대전: 침례신학대학교출판부,
2018.

윤영호,　「나는 죽음을 이야기하는 의사입니다」, 서울: 컬처그라프, 2012.

윤진,　「성인 노인 심리학」, 서울: 중앙적성출판사, 1985.

이관직,　「개혁주의 목회상담학」, 서울: 도서출판 대서, 2007.

이이정,　「죽음학 총론」, 서울: 학지사, 2011.

이장호 외 11인, 「임상노인심리학」, 서울: 시그마프레스, 2009.

이장호·김영경, 「노인상담」, 서울: 시그마프레스, 2006.

이주일 외 7인, 「성공적인 한국 노인의 삶-다학제간 심층인터뷰 사례」, 서울: 박학
사, 2008.

이종원,　「기독교생명윤리」, 서울: 북코리아, 2013.

임경수,　「인간발달 이해와 기독교 상담」, 2판, 서울: 학지사, 2013.

임은미 외 13인, 「인간발달과 상담」, 서울: 학지사, 2013.

장휘숙,　「성인발다락-성인발달, 노화, 죽음」, 서울: 박영사, 2006.

전세일,　「품위있는 마무리」, 서울: 가리온, 2014.

전영수,　「한국이 소멸한다」, 서울: 비즈니스북스, 2018.

정옥분,　「성인·노인심리학」, 개정판, 서울: 학지사, 2013.

최병현,　「노인의 죽음과 내세 준비」, 서울: 솔로몬, 2006.

한국기독교목회자협의회, 「한국기독교 분석리포트: 2018 한국인의 종교생활과 의
식조사」, 서울: 도서출판 URD, 2018.

한성열 편역, 「에릭슨, 스키너, 로저스의 노년기의 의미와 즐거움」, 서울: 학지사,
2000.

현외성 외 4인, 「노인상담: 이론과 실제」, 서울: 유풍출판사, 1998.

한정란,　「노인교육론」, 서울: 학지사, 2015.

Adams, Jay E. *Divorce and Remarriage in the Bible*, 송용자 역, 「결혼·이혼·재혼: 성경
의 가르침에 대한 새로운 통찰」, 서울: 부흥과 개혁사, 2008.

Albom, Mitch, 「모리와 함께한 화요일」, 강주헌 역, 서울: 세종서적, 2004.

Atchely, R. C. *Social Forces and Aging: An Introduction to Social Gerontology*. California: Wordsworth, 2000.

Ayako, Sono and Alfonse Deeken, 「죽음이 삶에게」, 김욱 역, 서울: 리수, 2012.

Barker, Robert L. ed., 「Social Work Dictionary」, 3d. ed. Washington D.C.: NASW press, 1995.

Bee, Helen L. *The Journey of Adulthood*. New York: McMillan Publishing Co., 1992.

Burns. David D, 「필링 굿」, 이미옥·차익종 역, 서울: 아름드리미디어, 2011.

Capps, Donald, 「인간 발달과 목회적 돌봄」, 문희경 역, 서울: 이레서원, 2001.

        「재구조화: 관점의 변화를 이끄는 목회상담과 돌봄사역」, 김태형 역, 대전:엘도론, 2013.

Clebsch, William A. and Charles R. Jaekle. *Pastoral Care in Historical Perspective*. *Englewood*, NJ: Prentice-Hall, 1964.

Cornes, Andrew. *Divorce & Remarriage: Biblical Principles & Pastoral Practice*. Grand Rapids, MI: William B. Eerdmans, 1993.

Deeken, Alfonse, 「죽음을 어떻게 맞이할 것인가」, 오진탁 역, 서울: 궁리출판, 2002.

de Ridder, Michael. [우리는 어떻게 죽고 싶은가?」, 이수영 역, 서울: 학고재, 2011.

Erikson, Erik H. *Childhood and Society*. New York: W. W. Norton, 1950.

        Identity and Life Cycle. New York: International Universities Press, 1959.

        Insight and Responsibility. New York: W. W. Norton & Company, 1964.

        The Life Cycle Completed: A Review. New York: Norton, 1982.

Erikson, Erik H. et al. *Vital Involvement in Old Age*. New York: W. W. Norton & Co., 1994.

Geist, Harold. *The Psychological Aspects of the Aging Process*. New York: Robert E. Kriefer Publishing Co., 1981.

Hgin, Kenneth E. Marriage Divorce and Remarriage, 오태용 역, 「결혼, 이혼 그리고 재혼」, 서울: 베다니출판사, 2016.

Hart, Archibald D, 「우울증 상담」, 심상권 역, 서울: 두란노, 1995.

Kahn, Robert and John Rowe, 「성공적인 노화」, 최혜경·권유경 공역, 서울: 신정, 2001.

Kagan, Shelly, 「죽음이란 무엇인가?」, 박세연 역, 서울: 엘도라도, 2012.

Kastenbaum, Robert J. *Death, society, and Human Experience*. 3 ed. Columbus, Ohio: Charles E. Merrill, 1986.

Kiernan, Stephen. *Last Rights*. New York: St. Martin's Press, 2006.

Kübler-Ross, Elisabeth. *On Death and Dying*. 1st Touchstone edition. New York: Touchstone, 1997.

Kübler-Ross, Elisabeth ed. *Death: The Initial Stage of Growth*. Englewood Cliffs, NJ: Prentice-Hall, 1975.

Leming, Michael R. and George E. Dickinson. *Understanding Dying, Death, and Bereavement*. 6th ed. Belmont, CA: Thomson Wadsworth, 2007.

Lewis, Michael. Shame: *The Exposed Self*. New York: The Free Press, 1995.

McCormick, Richard A. *Corrective Vision: Explorations In Moral Theology*. Kansas City, KS: Sheed and Ward, 1994.

Moll, Rob, 「죽음을 배우다」, 이지혜 역, 서울: IVP, 2010.

Money, Royce. *Ministering to Families*. Texas: A.C.U, 1987.

Nouwen, Henri J. M, 「죽음, 가장 큰 선물」, 홍석현 역, 서울: 홍성사, 1998.

Nouwen, Henri J. M. and Walter J. Gaffney. *Aging: The Fulfillment of Life*. New York: Doubleday, 1990.

Nuland, Sherwin B. How We *Die: reflections on Life's Final Chapter*. New York: Alfred A. Knopf, 1994.

Oliviere, David, et al., *Good Practices in Palliative Care*. Burlington, VT: Ashgate, 1998.

Papalia, Diane E. 외 2인, 「인간발달 II」, 정옥분 역, 서울: 교육과학사, 1992.

Peck, Robert C. "Psychological Developments in the Second Half of Life", *Middle Age and Aging*. Ed. Bernice L. Neugarten, 88-92. (Chicago: the University of Chicago Press, 1968.

Rae, Scott B. and Paul M. Cox, 「생명윤리학」, 김상득 역, 서울: 살림, 2004.

Rando, Therese A. Grief, Dying, and *Death: Clinical Interventions for* Caregivers. Champaign: Research Press, 1984.

Saunders, Dame Cicely. *Cicely Saunders: Selected Writings 1958-2004*. New York: Oxford University Press, 2006.

Segal, Daniel L. 외 2인, 「노인정신건강과 노인상담」, 홍주연 역, 서울: 학지사, 2016.

Stuart-Hamilton, Ian, 「노화의 심리학」, 이동영 외 2인 역, 서울: 서울대학교출판문화원, 2017.

Tada, Joni Eareckson. *When Is It Right To Die?*, Grand Rapids, MI: Zondervan Publishing Co., 1992.

Tournier, Paul, 「아름다운 노년을 준비하라」, 한준석 역, 서울: 기독교연구소, 2006.

Vaillant, George E, 「10년 일찍 늙는 법, 10년 늦게 늙는 법」, 이덕남 역, 서울: 나무와 숲, 2002.

Wennberg, Robert N. *Terminal Choices: Euthanasia, Suicide, and the Right to Die*. Grand Rapids, MI: Wm. B. Eerdmans Publishing Co., 1989.

정기간행물 및 에세이

강경미,　　"인락사의 생명윤리적 문제에 대한 기독교적 고찰", 「복음과 상담」, 12권 (2009): 69-92.

강덕구,　　"'1인 가구 사역'의 이해와 전망", 한국복음주의실천신학회, 「복음과 실천신학」, 53 (2019): 9-33. https://doi.org/10.25309/kept.2019.11.15.009.

배희,　　"한국사회의 이혼실태 및 원인에 관한 연구", 박사학위논문: 이화여자대학교 대학원, 2002.

　　　　"한국사회의 노년이혼 증가와 그 특성", 대한스트레스학회, 「스트레스 연구」, 15권 4호 (2007): 321-24.

구혜경·유영달, "기혼부부의 결혼만족도, 이혼고려 정도 및 이혼장애요인에 관한 연구-부부간 차이를 중심으로-", 한국가족학회, 「가족과 문화」, 20

(2008): 1-34.

김경신·이선미, "노년기 부부갈등에 관한 고찰", 한국노년학연구회, 「한국노년학연구」, 9 (2000): 89-106.

김길현·하규수, "노년기 부부관계 요인이 결혼만족도 및 이혼의도에 미치는 영향", 한국콘텐 츠학회, 「한국콘텐츠학회논문지」, 12 (2012): 256-71. (http://dx.doi.org/10.5392/JKCA.2012.12.05.256);

김병수 외 6인, "한국 노인 우울증의 발현증상 특성", 「노인정신의학」, 7권 2호 (2003): 163-77.

김성은,　"노년기 기독여성의 죽음인식 경험과 목회신학적 돌봄", 「기독교상담학회지」, 24권 2호 (2013): 9-34.

김숙·한정란, "성인들의 죽음에 관한 인식, 죽음준비, 죽음불안", 「인구교육」, 5권 (2012): 23-48.

김숙자,　"최근 10년간의 한국의 이혼현상", 명지대학교 여성가족생활연구소, 「여성가족생활연구」, 12 (2008): 1-96.

김순성,　"실천지향적 신학교육을 위한 방법론 및 실천적 제언", 한국복음주의실천신학회, 「복음과 실천신학」, 38 (2016): 9-37.

김신미 외 2인, "노인과 성인이 인식하는 '좋은 죽음'에 대한 연구", 「한국노년학」, 23권 3호 (2003): 95-110.

김윤정,　"노인이 인식하는 좋은 죽음", 「한국콘텐츠학회논문지」, 13권 6호 (2013): 283-99.

김은수,　"노인 우울증 치유 방안에 관한 연구", 「국제신학」, 9권 (2006): 317-60.

김준수,　"교회 안에 가정 목회, 어떻게 할 것인가?", 「목회와 신학」, 5 (2003): 61-3.

김준환,　"노년기 정신건강", 「충북 Issue & Trend」, 2012년 6월, 64-70.

김지현·민경환. "노년기의 죽음에 대한 태도와 죽음 대처 유능감에 영향을 주는 변인에 대한 연구", 「한국심리학회지: 사회 및 성격」, 24권 1호 (2010): 11-27.

김지현 외 3인, "성공적 노년기의 자아통합감에 대한 인식에 영향을 주는 변인들에 대한 연구: 죽음에 대한 태도를 중심으로", 「한국심리학회지: 사회 및 성격」, 23권 4호 (2009): 115-30.

나예원·김형수, "노년기 부부의 결혼생활 만족도와 삶의 만족도에 영향을 미치는 환경요인에 관한 연구", 한국산학기술학회, 「한국산학기술학회 논문지」, 17 (2016): 646-62.

노원석,　　"노년기 우울증에 대한 이해와 상담을 통한 치유", 「개신논집」, 14권 (2014): 120-40.

문도호,　　"의미 없는 치료의 중단과 대안", 「소극적 안락사, 무엇이 문제인가?」, 기윤실 부설 기독교윤리연구소 편, 138-53, 서울: 예영커뮤니케이션, 2007.

문시,　　　"존엄사-What, Why, and How?", 「존엄사, 교회에 생명의 길을 묻다」, 12-29, 문시영 외 5인, 서울: 북코리아, 2009.

박미란,　　"양로원 할머니들의 죽음인식과 교육과의 관계 고찰", 「교육인류학연구」, 12권 1호 (2009): 203-32.

박선영,　　"이혼 여성들을 위한 교회 내 프로그램 연구", 한국성경적상담학회, 「성경과 상담」, 5권(2005): 52-72.

박원빈,　　"존엄한 삶의 비전을 세워가자", 「존엄사, 교회에 생명의 길을 묻다」, 126-41, 문시영외 5인, 서울: 북코리아, 2009.

박종한,　　"노년기 우울증의 특징", 「생물치료 정신의학」, 3권 1호(1997): 14-20.

박충구,　　"현대 기독교 생명윤리의 관점에서 본 안락사", 「한국기독교신학논총」, 67권 1호 (2010): 263-85.

박형규,　　"노인의 죽음에 대한 태도 결정요인에 관한 연구", 「사회복지」, 112권 (2010 여름): 101-19.

성한기,　　"한국부부의 이혼: 경향과 대책", 대구가톨릭대학교 사회과학연구소, 「사회과학논총」, 2 (2003): 39-52.

손선영,　　"호스피스 완화간호와 삶의 질", 「간호학 탐구」, 16권 2호 (2007): 121-34.

송길원,　　"황혼이혼을 넘어서 무덤 이혼까지 있는 세상?", 두란노서원, 「목회와 신학」 2019년 5월: 164-75.

심영희,　　"개인화의 두 유형에 관한 연구: 가족 중심 생존 지향형과 황혼 및 가정 내 이혼형을 중심으로", 한국이론사회학회, 「사회와 이론」, 23 (2013):

277-312.

여한구,   "저출산 고령시대의 목회설계", 한국복음주의실천신학회, 「복음과 실
            천신학」, 29 (2013): 118-46.

오병훈,   "노인 우울증의 최신치료", 「대한임상노인학회지」, 4권 3호 (2003):
            13-29.

            "노인 우울증의 진단과 치료", 「대한임상노인의학회지」, 7권 1호 (200
            6): 83-92.

원경림,   "한국에서의 안락사 논쟁 고찰: 보라매 사건을 중심으로", 「소극적 안
            락사, 무엇이 문제인가?」, 기윤실 부설 기독교윤리연구소 편, 63-99, 서
            울: 예영커뮤니케이션, 2007.

유순희·정민자, "황혼이혼 결정과정에 관한 연구", 한국가정관리학회, 「한국가
            정관리학회지」, 36 (2018): 54-71. http://dx.doi.org/10.7466/jkh
            ma.2018.36.2.54.

이명희,   "현대 가정의 이해와 사역 전망", 한국복음주의실천신학회, 「복음과 실
            천신학」, 5 (2003): 9-24.

이무영·이소희, "이혼발생에 영향을 미치는 요인 분석", 한국가족복지학회, 「한국
            가족복지학」, 8 (2003): 39-61.

이상원,   "안락사는 정당한가?", 「신학지남」, 68권 4호 (2001): 253-76.

이선혜·고정은, "노인의 우울증상 식별력에 영향을 미치는 요인", 「한국노년학」 29
            권 2호 (2009): 529-46.

이승구,   "죽어가는 환자를 어떻게 이해해야 하는가?", 「한국개혁신학」, 27권
            (2010): 351-83.

이윤로·유시순, "노인 부부의 결혼만족도에 영향을 주는 요인에 관한 연구", 한국
            임상사회사업학회, 「임상사회사업연구」, 1 (2004): 1-21.

이종원,   "기독교 생명윤리적 관점에서 본 존엄사", 「기독교사회윤리」, 17집
            (2009): 161-88.

이지영·이가옥, "노인의 죽음에 대한 인식", 「한국노년학」, 24권 2호 (2004): 193-
            215.

이혜수·이영숙, "황혼이혼에 대한 태도유형 연구", 한국생활과학회, 「한국생활과학
            회 학술대회논문집」 (2013): 286-87.

임종희,　　“연명의료결정법의 문제점과 개선방안”, 「인문사회 21」, 8권 2호 (2017): 991-1012.

장경은,　　“빈곤여성노인들은 어떻게 죽음을 인식하고 준비하고 있을까?”, 「한국 사회복지학」, 62권 4호 (2010): 325-47.

정연표·이홍직, “노년기 결혼불안정성에 영향을 미치는 요인”, 경기연구원, 「GRI 연구논총」, 13 (2011): 151-80.

정원범,　　“안락사 문제에 관한 대한의사협회의 윤리지침과 기독교”, 「소극적 안 락사, 무엇이 문제인가?」, 기윤실 부설 기독교윤리연구소 편, 374-98. 서울: 예영커뮤니케이션, 2007.

정유석,　　“의사가 말하는 존엄사”, 「존엄사, 교회에 생명의 길을 묻다」, 30-49, 문 시영 외 5인, 서울: 북코리아, 2009.

정인숙,　　“노년기 우울증에 대한 이론적 고찰”, 「부산여자대학논문집」, 23집 (20 01): 293-302.

정현주 외 4인, “한국 노인의 우울증과 관련된 요인”, 「대한임상노인의학회」, vol. 2 no. 2 (2001): 81-95.

조명옥,　　“노인이 인식한 죽음의 의미와 준비에 관한 문화기술적 탐색 사례연 구”, 「한국노년학」, 17권 3호 (1997): 1-35.

조재국,　　“인간의 생명과 죽음에 관한 기독교적 이해”, 「신학과 실천」, 24권 2호 (2010): 143-81.

조진희·김분한, “중년여성의 성공적 노화인식과 우울”, 「한국생활환경학회지」, 19 권 2호(2012): 259-66.

최경석,　　“자발적인 소극적 안락사와 소위 ‘존엄사’의 구분 가능성”, 「한국의료윤 리학회지」, 12권 1호 (2009): 61-76.

최종규,　　“변화가 필요한 시니어 사역”, 2019년 5월 18일, 한국복음주의실천신 학회.

최화숙,　　“안락사와 호스피스”, 「소극적 안락사, 무엇이 문제인가?」, 기윤실 부설 기독교윤리연구소 편, 154-165, 서울: 예영커뮤니케이션, 2007.

한규량·김기정, “죽음에 대한 인식 및 태도 분석: 청년집단, 중년집단, 노년집단 간 비교를 중심으로”, 「과학과 문화」, 2권 4호 (2005): 83-99.

한미현,　　“이혼으로 인한 가정해체의 실태 및 가정회복을 위한 방안의 탐색”, 한국아동복지학회, 「아동복지연구」, 2권 2호 (2004): 215-31.

현유광,　 "실전신학의 과제와 전망-한국복음주의실천신학회를 중심으로", 한국
　　　　복음주의실천신학회, 「복음과 실천신학」, 26 (2012): 9-39.

홍근미,　 "중년여성의 위기에 대한 이해와 기독교상담", 한국복음주의실천신학
　　　　회, 「복음과 실천 신학」, 25 (2012): 217-44.

홍순원,　 "안락사와 존엄사: 목회상담을 위한 메타윤리적 연구", 「신학과 실천」,
　　　　30권 (2017): 439-60.

홍영택,　 "이혼 및 재혼 위기 가족을 돌보기 위한 교회 프로그램 연구", 한국기독
　　　　교학회, 「한국 기독교신학논총」 55 (2008): 229-69.

홍진의,　 "의료현장에서 바라보는 죽음의 문화", 「죽음맞이-인간의 죽음, 그리고
　　　　죽어감」, 한국죽음학회 웰다잉 가이드라인 제정위원회 편, 200-7, 서
　　　　울: 모시는사람들, 2013.

　　　　"호스피스·완화의료", 「죽음맞이-인간의 죽음, 그리고 죽어감」, 한국죽
　　　　음학회 웰다잉 가이드라인 제정위원회 편, 210-7, 서울: 모시는사람들,
　　　　2013.

Anwar, Dominique., et al., "Communication in Palliative Care." *Essentials of Palliative
　　　　Care*. Eds., Nalini Vadivelu et. al., 73-87. New York: Springer, 2013.

Asgeirsdottir, Gadlaug Helga, et. al. "In the Shadow of Death: Existential and
　　　　Spiritual Concerns among Persons Receiving Palliative Care," *Journal of
　　　　Pastoral Care & Counseling*, vol. 68, no. 1 (2014): 4:1-11.

Badham, Paul. "기독교인들은 자의적 안락사의 타당성을 수용해야 하는가?", 「교회,
　　　　안락사를 말하다」, Robin Gill 편, 김승호 역, 50-73, 서울: 한국장로교
　　　　출판사, 2011.

Balboni, Michael J. and Tracy A. Balboni. "Reintegrating Care for the Dying, Body
　　　　and Soul", *Harvard Theological Review*, vol. 103, no. 3 (2013): 351-64.

Baile, Walter F. and Patricia A. Parker. "Breaking Bad News", *Handbook of
　　　　Communication in Oncology and Palliative Care*. Eds. David W. Kissane,
　　　　et. al., 101-12. New York: Oxford University Press, 2010.

Curtis, Lindley Sharp. "Empowering, Educating, and Advocating: How Social Workers
　　　　Can Help Churches Integrate End of Life Care into Congregational Life",

Social Work & Christianity, vol. 37, no. 2 (2010): 128-41.

Chi I, Chou KL. "Social support and depression among elderly chinese people in Hong Kong", Int. *J Aging Hum Dev*, vol. 52, no 3 (2001): 231-52.

Clark, Peter A. "The Transition between Ending Medical Treatment and Beginning Palliative Care: The Need for a Ritual Response", *Worship*, vol. 72, no 4 (1998): 345-54.

Curtis, Lindley Sharp. "Empowering, Educating, and Advocating: How Social Workers Can Help Churches Integrate End of Life Care into Congregational Life", *Social Work & Christianity*, vol. 37, no. 2 (2010): 128-41.

Geisler, Norman L. "The Nightmare Nears", *Moody Monthly*. Editorial, January 1992.

Heaven, Cathy and Peter Maguire. "Communication Issues." *Psychosocial Issues in Palliative Care*. Ed. Mari Lloyd-Williams, 21-47. New York: Oxford University Press, 2008.

Holewa, Kathryn A. and John P. Higgins. "Palliative Care-the Empowering Alternative: A Roman Catholic Perspective", *Trinity Journal*, vol. 24, no. 2 (Fall 2003): 207-19.

Jarvik, Lissy F. "Aging and Depression: Some Unanswered Questions". *Journal of Gerontology*, vol. 31, no. 3 (1976): 324-6.

Kissane, David W. "Forword", *Psychosocial Issues in Palliative Care*. Ed. Mari Lloyd-Willams, v-viii. 2nd edition. New York: Oxford University Press, 2008.

    "The Relief of Existential Suffering", *Arch Intern Med.*, 22, October 2012, 1501-5.

Lamberg, Lynne. "'Palliative Care' Means 'Acitve Care': It Aims to Improve Quality of Life", *JAMA*. vol. 288. no. 8 (2002): 943-4.

Leo, Raphael J. and Maria Theresa Mariano. "Psychological Distress and Psychiartic Comorbities in Palliative Care". *Essentials of Palliative Care*. Eds., Nalini Vadivelu et. al., 23-48. New York: Springer, 2013.

MacLeod, Rod. "Setting the Context: What Do We Mean by Psychosocial Care in Palliative Care?", *Psychosocial Issues in Palliative Care*. Ed. Mari Lloyd-Williams, 1-20. New York: Oxford University Press, 2008.

노년기 목회돌봄과 상담

Martens, Andy and Brandon J. Schmeichel. "Evidence that Thinking about Death Relates to Time-Estimation Behavior", *Death Studies*. Vol. 35 (2011): 504-24.

Miller, S. J. "The Social Dilemma of the Aging Leisure Participant", in A. M. Rose and W. A. Peterson (ed)., 77-92. *Older people and Their Social World*. Philadelphia: F. A. Davis, 1965.

Mitra, Sukanya and Nalini Vadivelu. "Multidisciplinary Approach and Coordination of Care", *Essentials of Palliative Care*, Eds. Nalini Vadivelu, et. al., 7-21. New York: Springer, 2013.

Mollaret, P. and M. Goulon. "The Depassed Coma", *Rev Neurol*, vol. 101 (1959): 3-15.

Okon, Tomasz R. "'Nobody Understands': On a Cardinal Phenomenon of Palliative Care", *Journal of Medicine and Philosophy*, vol. 31 (2006): 13-46.

Ryan, Angele. "Symptom Management", *Essentials of Palliative Care*, Eds., Nalini Vadivelu, et. al., 107-35. New York: Springer, 2013.

Rumbold, Bruce. "The Spirituality of Compassion: A Public Health Response to Ageing and End-of-Life Care", *Aging, Spirituality and Palliative Care*, ed. Elizabeth MacKinlay, 31-44. Binghamton, NY: The Haworth Pastoral Press, 2006.

Schulz, R., R. A. Drayer & B. L. Rollman, "Depression as a risk factor for non-suicide mortality in the elderly", *Biol Psychiatry*, vol. 52, no. 3 (2002): 205-225.

Scott, Katrina, et al. "The Essential Elements of Spirituality in End-of-life Care", *Chaplaincy Today*, vol. 24, no. 2(2008): 15-21.

Tomer, A. & G. Eliason. "Toward a Comprehensive Model of Death Anxiety", *Death Study*, vol. 20, no. 4 (1996): 343-365.

Tornstam, Lars, "Gero-Transcendence: A Theoretical and Empirical Exploration" in L. E. Thomas and S. A. Eisenhandler, eds., *Aging and the Religious Dimension* (Westport, Conn.: Auburn House, 1994).

Waerna, M., E. Rubennowitzb & K. Wilhelmsonb, "Predictors of suicide in the old elderly", *Gerontology*, vol. 49, no. 5 (2003): 328-34.

Ware, Kallistos. "Go Joyfully: The Mystery of Death and Resurrection", *In The Inner Kingdom*. Crestwood, N.Y.: St. Valdimir's Seminary Press, 2000.

Widder, Joachim and Monika Glawischnig-Goschnik. "The Concept of Disease in Palliative Medicine", *Medicine, Health Care, and Philosophy*, vol. 5, no. 2 (2002): 191-7.

미간행물 및 기타자료

박선왜,   "시설거주노인과 재가노인의 죽음인식과 생활만족도 간의 관계에 관한 연구", 석사학위논문, 순천대학교 사회문화예술대학원, 2013.

정연표,   "노년기 결혼불안정성에 영향을 미치는 요인에 관한 연구", 박사학위논문: 강남대학교 사회복지전문대학원, 2010.

조영순,   "노년기 부부의 이혼의도에 영향을 미치는 요인 연구-남·여 노인의 비교를 중심으로-", 박사학위논문: 백석대학교 기독교전문대학원, 2013.

차성희,   "노년기 부부갈등이 이혼행동에 미치는 영향-사회적 자원 활용과 문제해결 능력을 중심으로-", 박사학위논문, 경기대학교 정치전문대학원, 2005.

이상빈,   "죽음에 대한 인식과 죽음 불안의 관계", 석사학위논문, 전북대학교 교육대학원, 2015.

조남연,   "고령사회에 필요한 의료시설을 고려한 주택 공급", [온라인 자료] http://siminilbo.co.kr/news/newsview.php?ncode=179511951992877, 2019년 3월 7일 접속.

"한국, 2040년까지 노동인구 감소율 세계최고… '가속화 우려'", [온라인 자료] https://www.yna.co.kr/view/AKR20191206073200003?input=1195m, 2019년12월 9 일 접속.

"2050년 인구재앙 덮친다… 대통령도 놀란 '역피라미드'", [온라인 자료] https://www.hankyung.com/economy/article/2019110436571, 2019년 11월 5일 접속.

"초고령사회 예상 2025년 노인진료비 58조 원…… 8년 새 83%↑", [온라인 자료] https://www.yna.co.kr/view/AKR20191004151400017?input=1195m, 2019년 1월 6일 접속.

"한국노인 OECD 최고의 자살률… 노인들이 가장 힘들어 하는 것은?", [온라인 자료] http://news.kbs.co.kr/news/view.do?ncd=4292513&ref=A, 2020년 1월 6일 접속.

"Aging and Depression", [온라인 자료] https://www.apa.org/helpcenter/aging-depression, 2019년 7월 31일 접속.

[온라인 자료] https://www.jiguchon.or.kr/contents.php?gr=5&page=11, 2020년 1월 8일 접속.

[온라인 자료] http://news1.kr/articles/?3575634, 2019년 7월 22일 접속.

[온라인 자료] http://www.donga.com/news/article/all/20190816/9698 4176/1, 2019년 8월 16일 접속.

"「깊어가는 고령화사회」 노부부 동거생활 만족", 2020년 8월 10일 접속, 해당 싸이트: http://www.econotalking.kr/news/articleView.html?idxno=108334.

2020년 8월 18일 접속, 해당 싸이트: http://www.famtimes.co.kr/news/articleView.html?idxno=500567.

2020년 8월 20일 접속, 해당 싸이트: https://www.yna.co.kr/view/AKR20200311094100005?input=1195m.

"작년 암 사망자 75,334명, 전년대비 1,575명 증가", [온라인자료] http://www.datanews.co.kr/site/datanews/DTWork.asp?itemIDT=1002910&aID=20140923134644460, 2014년 10월 22일 접속.

황상익, "한국인과 암 사망률", [온라인자료] http://news.khan.co.kr/kh_news/khan_art_view.html?artid=201402212045285&code=210100, 2014년 10월 22일 접속.

"암환자 말기 진료비, 호스피스 비용보다 훨씬 많아", [온라인자료] http://news.naver.com/main/ranking/read.nhn?mid=etc&sid1=111&rankingType=popular_day&oid=001&aid=0007307997, 2014년 12월 18일 접속.

"내년 하반기부터 호스피스·완화의료 건강보험 적용", http://www.yonhapnews.co.kr/bulletin/2014/12/19/0200000000AKR20141219044600017.HTML?input=1195m, [온라인자료] 2014년 12월 27일 접속.

http://www.who.int/cancer/palliative/definition/en/, [온라인자료] 2014년 12월 25일 접속.

"2045년 세계 최고령국", [온라인자료] http://news.sbs.co.kr/news/endPage.do?

news_id=N1001233365&plink=OLDURL, 2015년 1월 15일 접속.

최보식, "임종 앞둔 여성, 딸의 한마디에 표정 바뀌며……", [온라인자료] http://news.chosun.com/site/data/html_dir/2012/07/29/201207290 1394.html, 2015년 1월 15일 접속.

"고찬근 신부가 전하는 김수환 추기경 투병기", http://cafe.naver.com/fiatfiat/4583, 2016년 1월 9일 인터넷접속.

변해정, "복지부, '가정 호스피스제도 도입", 「뉴시스 인터넷판」, http://www. newsis.com/ar_detail/view.html?ar_id=NISX20151211_0010472151& cID=10201&pID=10200, 2015년 12월 16일 인터넷 접속, http://star. mbn.co.kr/view.php?no=23329&year=2016&refer=portal, 2016년 1월 12일 인터넷접속.

[온라인 자료] http://www.yonhapnews.co.kr/bulletin/2017/10/30/0200000000 AKR20171030078000017.HTML?input=1195m, 2017년 10월 30 일 접속.

[온라인 자료] http://www.huffingtonpost.kr/2017/10/25/story_n_18381834. html?utm_id=naver, 2017년 11월 2일 접속.

[온라인 자료] http://www.medipana.com/news/news_viewer.asp?NewsNum=208 543, 2017년 11월 2일 접속.

[온라인 자료] http://www.yonhapnews.co.kr/bulletin/2017/10/23/0200000000 AKR20171023185700017.HTML?input=1195m, 2017년 11월 2일 접속.

[온라인 자료] http://news.naver.com/main/read.nhn?mode=LPOD&mid=sec&oid =001&aid=000671307&isYeonhapFlash=Y&rc=N, 2017년 11월 9일 접속.

[온라인 자료] http://news.joins.com/article/22157983, 2017년 11월 29일 접속.

[온라인 자료] http://www.yonhapnews.co.kr/bulletin/2017/11/22/0200000000 AKR20171122031800017.HTML?input=1195m, 2017년 12월 3일 접속.

[온라인자료] http://terms.naver.com/entry.nhn?docId=3385743&cid=43667&cate goryId=43667, [네이버 지식백과], 2018년 1월 14일 접속.

보건복지부, 「국민건강증진종합계획 Health Plan 2010」, (2005).

「2017년도 노인실태조사 결과보고서」.

통계청,   『2012년 혼인·이혼 통계』.

통계청,   『2019 고령자 통계』, 1. 인구추이. 2020년 8월 10일 접속, 해당 싸이
         트: https://www.kostat.go.kr/portal/korea/kor_nw/1/1/index.board?
         bmode=read&aSeq=377701.

통계청,   『2019 고령자 통계』, 5. 고령자 가구.

통계청,   『2019 고령자 통계』, 6. 이혼 및 재혼.

통계청,   『2019 고령자 통계』, [이혼·재혼에 대한 견해].

「국민일보」, 2008. 11. 28.

「기독교초교파신문」, 2009. 4. 2.

「동아일보」, 2008. 10. 29.

「중앙일보」, 2008. 12. 1.

노년기 목회돌봄과 상담

초판 1쇄 인쇄 2023년 11월 16일
초판 1쇄 발행 2023년 11월 24일
지은이 양병모
편집 도서출판 맑은샘

펴낸이 손용순
펴낸곳 엠씨아이(MCI)
출판등록 제2019-000031호
주소 대전광역시 유성구 은구비로 2 4층 (지족동)
전화 070) 4064-8014
팩스 0504) 345-8014
홈페이지 www.mcinstitute.co.kr
이메일 mci-0520@naver.com

ISBN 979-11-963169-3-8(03330)